在40多年的小学语文教研生涯中，我将职业作为事业去完成，将事业作为专业去研究，将专业作为科学去探索，将科学作为艺术去追求，经过岗位的浸润，逐渐学会了当教研员。

——白金声

· 教育家成长丛书 ·

白金声
与小学语文教研艺术

BAIJINSHENG YU XIAOXUE YUWEN JIAOYAN YISHU

中国教育报刊社 · 人民教育家研究院 组编

白金声 著

北京师范大学出版集团
BEIJING NORMAL UNIVERSITY PUBLISHING GROUP
北京师范大学出版社

图书在版编目（CIP）数据

白金声与小学语文教研艺术/中国教育报刊社人民教育家研究院组
编；白金声著. —北京：北京师范大学出版社，2020.9
　（教育家成长丛书）
　ISBN 978-7-303-26086-7

　Ⅰ.①白…　Ⅱ.①中…　②白…　Ⅲ.①小学语文课－教学研究
Ⅳ.①G623.202

中国版本图书馆 CIP 数据核字（2020）第 124808 号

营　销　中　心　电　话　　010-58802135　010-58802786
北师大出版社教师教育分社微信公众号　　京师教师教育

出版发行：北京师范大学出版社　　www.bnup.com
　　　　　北京市西城区新街口外大街 12-3 号
　　　　　邮政编码：100088
印　　刷：北京玺诚印务有限公司
经　　销：全国新华书店
开　　本：787 mm×1092 mm　1/16
印　　张：19.25
字　　数：290 千字
版　　次：2020 年 9 月第 1 版
印　　次：2020 年 9 月第 1 次印刷
定　　价：68.00 元

策划编辑：伊师孟　　　　　责任编辑：梁宏宇　张柳然
美术编辑：焦　丽　　　　　装帧设计：焦　丽
责任校对：康　悦　　　　　责任印制：马　洁

教育家成长丛书

编委会名单

总　顾　问：柳　斌　顾明远

顾　　　问：叶　澜　田慧生　林崇德　陈玉琨

编委会主任：杨春茂

编　　　委：（按姓氏笔画为序）

于　漪　王瑜琨　方展画　田慧生

成尚荣　任　勇　刘可钦　齐林泉

孙双金　李吉林　杨九俊　杨春茂

吴正宪　汪瑞林　张志勇　张新洲

陈雨亭　郑国民　施久铭　徐启建

唐江澎　陶继新　龚春燕　程红兵

赖配根　鲍东明　窦桂梅　魏书生

主　　　编：张新洲

副　主　编：赖配根　王瑜琨　汪瑞林

总 序

　　教育是国家发展的基石，教师是基石的奠基者。古人云："国将兴，必贵师而重傅。"兴国必先强教，强教必先重师。党中央、国务院高度重视教师队伍建设。2013 年教师节，习近平总书记在给全国广大教师的慰问信中指出："百年大计，教育为本。教师是立教之本、兴教之源，承担着让每个孩子健康成长、办好人民满意教育的重任。"2014 年，在第 30 个教师节前夕，习总书记到北京师范大学视察并发表重要讲话，指出："一个人遇到好老师是人生的幸运，一个学校拥有好老师是学校的光荣，一个民族源源不断涌现出一批又一批好老师则是民族的希望。"《国家中长期教育改革和发展规划纲要（2010—2020 年）》也明确提出，"有好的教师，才有好的教育"，要"努力造就一支师德高尚、业务精湛、结构合理、充满活力的高素质专业化教师队伍"。"倡导教育家办学"，要创造有利条件，鼓励教师和校长在实践中大胆探索，创新教育思想、教育模式和教育方法，形成教学特色和办学风格，造就一批教育家。"两个一百年"奋斗目标的实现、中华民族伟大复兴中国梦的实现，归根结底要靠人才、靠教育，而支撑起教育光荣梦想的，是千百万的教师。

　　时代呼唤好老师。有一流的教师，才有一流的教育；有一流的教育，才有一流的国家。出名师、育英才、成伟业，是时代赋予我们教育战线的神圣使命。"所谓大学者，非谓有大楼之谓也，有大师之谓也。"好学校、好教育的最重要标准，就是要有好老师。一所学校、一个地区，乃至一个国家，如果教师有理想、有爱心、有学识、有高超的教育艺术，那么即使硬件设施有些简陋，家长、学生也会心向往之。教师是中国梦的奠基者。教师的重要使命，就是为每个孩子播种梦想、点燃梦想，并帮助他们实现梦想。每一间平凡的教室，每一节朴实的课，都不仅是知识的传递，而且是人类文明精神的接续、人生梦想的起航。正是有亿万个孩子梦想的放飞、绽放，中国梦才更加光彩夺目。如果说中国梦最坚实的土壤是学校，那么教师就是最伟大的"筑梦师"，他们用默默无闻、孜孜不倦的智慧劳动，让每一颗年轻的心灵都与中国梦激情相拥。

倡导教育家办学，造就一批好老师，首先要尊重、珍惜我们的本土智慧、本土创造。教育家不是凭空产生的，而是扎根于自己的民族文化土壤，同时吸收人类文明成果，从而创造出独特而生动的教育实践、教育智慧和教育文明。五千年源远流长的中华文明，不但形成了有我们民族特色的教育理论体系，而且涌现出了千千万万优秀的教育家，有被推崇为"大成至圣先师""万世师表"的孔子，有"匹夫而为百世师，一言而为天下法"的韩愈，有"捧着一颗心来，不带半根草去"的人民教育家陶行知，等等。改革开放40年来，随着教育改革的不断深入，教育战线涌现出了一大批杰出教师。他们痴情于教育事业，坚守理想信念和教育良知，在三尺讲台上默默耕耘、刻苦钻研，同时以敢为天下先的精神大胆创新，不断进取、不断超越，形成了各具特色的教育思想和教学风格。正是他们的成功探索和实践，创造了具有中国风格的教育经验，丰富了具有中国特色的教育理论宝库。原由教育部师范教育司组织编写，现由中国教育报刊社人民教育家研究院组织编写的"教育家成长丛书"，就是要向这些宝贵的本土创造性的教育经验致敬。

当前，教育领域综合改革正在深入推进，考试招生制度改革的大幕已经拉开，立德树人、培育和践行社会主义核心价值观成为大中小学教育的头等任务。可以预见，中国教育将发生深刻的变革，将从"中国制造"向"中国创造"转变。"没有革命的理论，就没有革命的运动。"没有适合中国土壤、具有中国智慧的教育理论，就不可能为未来的中国教育改革提供有效的指导。我们的教育要向"中国创造"飞跃，

必然要首先创造属于我们自己的教育理论，而不是"言必称希腊"或者老是贩卖欧美的教育理论。170多年前，美国思想家、诗人爱默生发表了著名演说《美国学者》，号召美国知识界："我们依赖旁人的日子，我们师从他国的长期学徒期时代即将结束。在我们周围，有成百上千万的青年正在走向生活，他们不能老是依赖外国学识的残余来获得营养。"由此，美国迈入精神立国阶段。

如今，我们也面临与爱默生同样的情形。随着我国GDP已从世界第二向第一迈进，我们的经济崛起已成为事实，但在道德文明、文化精神等方面，我们还需奋起直追。没有文明的崛起，经济崛起就难以持续。当务之急，是我们需要化解内心深处的文化自卑情结，摆脱对他国文明的精神依附，自觉养成强烈的"中国意识"，独立的中国文化品格，并由此去俯视世界，去改造本土实践，去创造属于我们自己的精神养料——这在教育界显得尤为紧迫。"教育家成长丛书"，旨在把我们本土教育实践中蕴含的中国智慧提炼出来，从而形成具有时代意义的中国特色的教育话语体系，再以此去观照、引领、改造中国的教育实践，为伟大的教育改革提供经验、理论支持，也为未来的教育家提供丰富、可资借鉴的精神养料。

让我们为中国教育的伟大未来一起努力吧！

2018年3月9日

前　言

　　见证着中国基础教育半个世纪的春华秋实，代表着中国基础教育教学成果的最高成就——"首届基础教育国家级教学成果奖"，闪耀着李吉林、窦桂梅、吴正宪、张思明、洪宗礼、唐江澎、邱学华、于永正、孙双金、薄俊生、龚春燕等一大批优秀教师的名字。而上述这些教师杰出代表恰恰都是《人民教育》"名师人生"栏目中最受读者喜爱的名师，都是"教育家成长丛书"的作者。

　　"教育家成长丛书"（以下简称"丛书"），是在第 20 个教师节前夕，为了研究、总结、宣传和推广我国众多优秀中小学教师的先进教育思想和鲜活的宝贵的教育教学经验，培养造就一大批德才兼备的优秀教师和杰出的教育家，促进教师队伍整体素质的提高，根据教育部党组安排，由师范教育司组织编写的一套凝聚着一大批教育家成长智慧的大型教育丛书。

　　"丛书"自 2006 年问世以来，不但得到国务院和教育部领导同志的高度重视，而且先后印刷多次尚不能满足广大读者的需求。这其中的奥秘何在？

　　当你翻开"丛书"，每一部著作都讲述着一位教育家成长的故事。这些著作主要从"成长历程""思想概述""课堂实录"和"社会反响"等方面全景式反映其教育思想、教育智慧、专业精神和专业人格的形成过程与教学实践过程。这是教育家成长的基本素质所在。

　　当你沿着教育家成长的足迹走近他们的时候，你会融入这些带有"草根色彩"，扎根中华教育实践大地，充满田野芳香的真实感人的教育故事中。

当你从"丛书"中，从这些当年和自己一样的普通教师，成长为今天受人尊敬的教育家的成长过程中受到启迪，当你触摸着自己的心，把学生的成长和祖国的未来紧紧连在一起的时候，你会真切地感受到教育家离我们并不遥远。

当你用整个身心蘸着自己的生活积累去品味"丛书"中的每一部著作的"成长历程"时，在一位位名师不断学习、不断超越自我、不断超越学科教学的求索足迹中，你会读懂"教育是事业，其意义在于奉献"的丰富内涵。

当你研读"丛书"中的每一部著作的"思想概述"，和每一位名师展开心灵对话的时候，都会深深地感受到，一名教师对教育独立的理解与执着的追求有多么重要。从一名普通的教师成长为受人尊敬的教育家的过程中，你会读懂"教育是科学，其价值在于求真"的深刻含义。透过"丛书"，你会看到一代代教师用爱与智慧塑造民族未来的教育理想。

随着我们从"知识核心时代"走向"核心素养时代"，教师教育教学活动的视野已拓展到人的生存与发展的方方面面。教师要结合自己的教学实践去感悟"教育理念是指导教育行为的思想观念和精神追求"，应该把爱化为自己的教育行为，让爱充盈课堂，触摸到一个个灵动的生命，让爱产生智慧，让爱与智慧在学生心中留下岁月抹不去的美好回忆，让教育者和受教育者都感受到教育的幸福。这是"丛书"给我们的启示，也是每位教师应有的胸怀和视野。

时代呼唤教育家。为了进一步把我们本土教育实践中蕴含的中国智慧提炼出来，从而形成具有时代意义的中国特色的教育话语体系，以此去观照、引领、创新中国的教育实践并在更大范围加以推广，"丛书"将由中国教育报刊社人民教育家研究院继续组织编写，希望能够在更广大教师的心田中播种教育家成长的智慧，从而出更多的名师，育更多的英才，成就中华民族复兴的伟业。这是时代赋予广大教育工作者的神圣使命。如果广大教师能在每位教育家成长、探索教育智慧的过程中受到启迪，形成自己的教育智慧，则实现了我们编辑这套"丛书"的初衷。

"教育家成长丛书"
编委会
2018 年 3 月

目 录
CONTENTS
白金声与小学语文教研艺术

[第一辑　往事如斯]

家　乡 ……………………………………………………………… 3

书　铺 ……………………………………………………………… 6

领　读 ……………………………………………………………… 8

听　写 ……………………………………………………………… 9

诗　教 ……………………………………………………………… 11

指　点 ……………………………………………………………… 13

杂　忆 ……………………………………………………………… 14

恩　师 ……………………………………………………………… 25

教　材 ……………………………………………………………… 27

上　课 ……………………………………………………………… 31

钟　声 ……………………………………………………………… 34

中　师 ……………………………………………………………… 36

妻　子 ……………………………………………………………… 40

双　亲 ……………………………………………………………… 43

抉　择 ……………………………………………………………… 47

实　验 ……………………………………………………………… 51

第二辑　教研小品之课程篇

我的小学语文教育观 ······························· 57

70 年的叩问：语文是什么 ····················· 60

"语文"姓"语"名"文"字"实践" ··········· 62

素养·语文素养·语文核心素养 ··············· 64

中国传统语文教育启示录 ······················· 66

永远持守着语文本色 ····························· 68

语文教学的本位 ································· 70

莫让语文教学成"蝲蛦" ······················· 72

民国先生的语文课 ······························· 75

语文课堂教学的无效劳动 ······················· 81

语文教学贵在涵泳 ······························· 87

家常菜与语文课 ································· 89

语文课堂亟须去假归真 ························· 90

练好死记硬背的"童子功" ······················· 92

透析小学语文教学"躐等"现象 ··············· 94

学语文不只是做卷子 ····························· 95

第三辑　教研小品之识字篇

适宜·适度·适合·适量 ························· 101

关于儿童识字的几个问题 ······················· 103

打好小学写字教育的基础 ······················· 107

关注学生的写字姿势与习惯 ·························· 111

引导学生在生活中主动识字 ·························· 113

美女教师的"爪子脸" ····························· 115

至博而美的识字教学 ······························· 118

识字教学,首先教的是文化 ·························· 120

第四辑　教研小品之阅读篇

也谈阅读教学的主要任务 ···························· 125

让语文教学回归本位 ······························· 127

请尊重文本 ····································· 129

倡简·务本·求实 ······························· 131

一字未宜忽,语语悟其神 ···························· 135

小学古诗教学误区种种 ····························· 137

好的提问在于相机诱导 ····························· 140

古诗背诵当戒有口无心 ····························· 142

板书乱象的背后 ································· 144

为"讲"正名 ···································· 146

第五辑　教研小品之作文篇

我的小学作文教育观 ······························· 151

作文教学的十个主张 ······························· 160

作文教学积蓄的理性思考 ···························· 163

"教师下水"：作文教学成功的经验 ……………… 169

作文贵在立诚 ……………………………………… 172

小学生喜欢什么样的习作批语 …………………… 176

作文教学的经典传统 ……………………………… 180

应用文，小学语文教育的"一池春水" …………… 183

日记，那块青青的芳草地 ………………………… 185

也谈写话、习作"夹用拼音" …………………… 187

作文批改应提倡"一文一得" …………………… 188

第六辑　教研小品之教师篇

工欲善其事，必先利其器 ………………………… 193

说东道西话备课 …………………………………… 196

老校长的三句话 …………………………………… 202

书房·课堂·文章 ………………………………… 204

由艺谚想到的 ……………………………………… 208

贾志敏的拿手绝活 ………………………………… 210

跟于永正老师学范读 ……………………………… 212

听于永正唱京剧有感 ……………………………… 214

使用教学参考书有门道 …………………………… 215

有一种智慧叫倾听 ………………………………… 217

板书设计应该注意的几个问题 …………………… 219

杂课·闲书·短文 ………………………………… 221

语文老师的看家本领 ……………………………… 222

少点儿无效提问 …………………………………… 224

[第七辑　教学留痕]

"动物大世界"教案设计 ································· 229

咬文嚼字课 ······································· 234

指导学生写红杏 ···································· 240

激情造境　有效指导 ································ 243

"为中华之崛起而读书"综合活动课实录 ·········· 247

莫让语文迷失自我　不为时尚丢弃永恒 ·········· 253

[第八辑　他人评说]

"此情无计可消除" ························· 周一贯 267

最有故事的教研员 ························· 刘显国 269

名师白金声印象记 ························· 王丽华 272

我与师傅白金声 ··························· 刘正生 277

[后　记]

第一辑　往事如斯

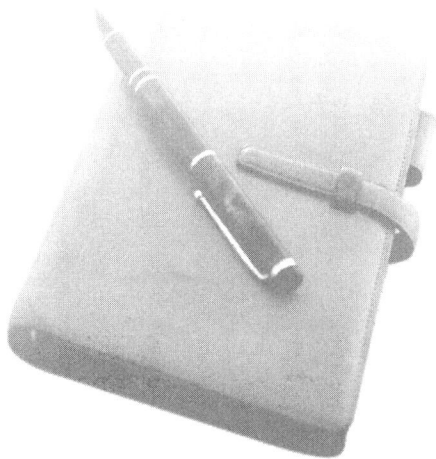

双城，又称双城堡，清嘉庆八年（1803）建城设治，因境内有金代达禾、布达两座古城，遂定名为双城堡。双城，是一个历史文化积淀非常厚重的地方。八百多年前，女真先祖们曾在这块土地上纵横驰骋，书写下一部不可磨灭的民族融合史。在这里，除了留下了鹰飞虎啸、叱咤风云的历史壮歌外，一处处滚烫的遗迹仿佛还凝聚着历史的烟尘。

家　乡

松花江，这是一条古老的江，她的江水汩汩流淌，一贯的坚忍执着，一如既往的自然洒脱。在她的怀抱里，有一座古堡——双城。

双城，又称双城堡，清嘉庆八年（1803）建城设治，因境内有金代达禾、布达两座古城，遂定名为双城堡。南有辽阳府，北有双城堡。双城，是一个历史文化积淀非常厚重的地方。八百多年前，女真先祖们曾在这块土地上纵横驰骋，书写下一部不可磨灭的民族融合史。在这里，除了留下了鹰飞虎啸、叱咤风云的历史壮歌外，一处处滚烫的遗迹仿佛还凝聚着历史的烟尘。散落在双城大地的十七座古城，每一座都包容着一个古老的故事，都和大金帝国有着千丝万缕的联系。遥想当年，踌躇满志的完颜阿骨打鞭指漠北，凛然不可一世：“辽以镔铁为号，取其坚也。镔铁虽坚，终亦变坏，惟金不变不坏。金之色白，完颜部色尚白。”于是，金太祖定国为金。而日夜流淌不息的阿什河为金子的河，金兴于此，故称金源。阿什河、松花江、拉林河围绕起一片草木葱茏的肥沃黑土，令各路枭雄魂牵梦萦的这块宝地，就是后来被富老中堂屯垦而成的双城堡。

不到双城堡，不知其古朴。

双城堡有三大标志性建筑：双城堡火车站、承旭门和魁星楼。

双城堡火车站位于哈尔滨和长春之间，是哈尔滨的咽喉要冲，是进入哈尔滨的必经之路，建于光绪二十五年（1899）。车站开始是俄式建筑，后来改为具有中国古典风格的宫殿式建筑。绿瓦黄墙，飞檐斗拱，尽显雍容华贵之气。微风吹拂，檐角的惊雀铃叮咚作响。实为震古烁今之杰作，尽现华夏匠心之机巧。当过往旅客在看惯了中东路上黄白相间的俄罗斯式站舍后，猛然见到这色泽艳丽、玲珑剔透、古色古香的中国古代建筑时，顿觉耳目一新，心旷神怡，为中华不朽的民族文化而无限的自豪。

承旭门，又称东城门楼。始建于清同治七年（1868），楼高 11.5 米，占地 66 平方米。城墙由青砖砌就，西造回廊，东修垛口。城墙上是名木结构的城楼，碧瓦红檐，雕梁画栋，气宇轩昂。廊檐上雕绘精美的花纹图案，并有工笔山水画数幅。楼脊上有龙头鸱吻，楼檐下风铃叮当。六条翘脊骨上各蹲五只怪兽，形态惟妙惟肖。城门旁有石狮石凳，前有护城河、护城桥。河槽由水泥砌筑，上有铁制栏杆，坚固而美观。承旭门是双城悠久历史的象征，也是劳动人民智慧的结晶。

和双城堡火车站、承旭门遥遥相对的另一标志性建筑，是闻名遐迩的魁星楼。魁星楼，又称关东第一楼。清光绪十八年（1892）修建。高百尺，四根通天大柱，擎起了斗拱飞檐。雕梁画栋，尽精工之巧；玲珑牖窗，极镂刻之术。四面临风，铁马叮咚，有燕雀绕梁，人可上下通行。面面有景，风光迥异。上层偏北，面南矗立魁星雕像，左手提墨斗，右手执朱笔，做点状元之势。

我生于丁亥年（1947）。我刚懂事的时候，就经常和家人到火车站、承旭门、魁星楼玩耍。去火车站看风驰电掣的火车，到承旭门观车水马龙的街景，登魁星楼眺阡陌纵横的碧野。解放初期，我家住在双城东大街，离承旭门和魁星楼较近，我几乎每天都到这两个地方去玩耍，对那里的环境特别熟悉。

每当红日喷薄，雾霭散尽，承旭门便沐浴在旭日晨光之中。真不枉了当年命名者的一片苦心，双城第一眼见到太阳的，或第一线阳光照射到的门楣，就是这秀美的古城门。当其时，游人如织，谈笑风生，或瞻仰拍照，或对弈聊天，更有画家墨客写生作赋，无不心旷神怡，流连忘返。

魁星楼正前有两块竖石，上刻"满汉文武官员军民人等至此下马"。门前有一对雄壮的石狮子卧于左右，蔚为壮观。游人拾级而上，登临楼顶，凭栏远眺，心旷神怡。这座楼飞檐翼角高翘，檐下诸多彩绘，令人叹为观止。什么竹林七贤、八仙过海、太公钓鱼、子仪庆寿、刘海戏蟾、松鹤延年，尽为先贤掌故。而四壁高悬的金字巨匾"文运昌明""平步青云"和"文光射斗"，皆出自达官显贵、书法名人之手笔。

有一次，我老叔领我登楼，他指着明柱的楹联，大声朗诵道："五百里封疆，奔来眼底，看东达珠河，西接长岭，南环榆树，北控松江，自去岁半付匪烟兵燹，惟此层层三起楼，体质壮严，仍光联奎碧。我故乡白叟黄童，凭栏赏目，把酒临风，幸勿忘土木兴时研科学，才养栋梁，门栽桃李。数千年往事，注到心头，想辽传断腕，金纪胜陀，明建崇祯，清修演武，迄今日尽成碎瓦颓垣，独兹巍巍十余丈，规模宏大，犹矗立云霄。有双城青年学子，飞黄腾达，直上青梯，果孰是霓裳泳处会群群仙，腰挎牛斗，手摘星辰。"叔叔那铿锵有力的声音深深地打动了我。我虽然不

懂那副楹联的意思，但我觉得魁星楼是个神圣的地方。正因为双城堡建造了魁星楼，以致双城历代的文人学士层出不穷。

双城堡还有一座老爷庙，庙宇位于城郭西大街路北，距离西门和十字街各1250米，全部青砖对缝，彩色琉璃瓦铺顶，属大屋顶建筑，砖木结构。庙顶四角的飞檐翘起，黑瓦檐头蹲着五脊六兽，各个形神兼备。其建筑结构为名木凿臼咬合镶嵌而成。隔檐板上绘着名人掌故，什么精忠报国、刮骨疗毒、六出祁山、献帝托孤等，均出自名家之手。庙宇山门广场上，有两根直刺青天的旗杆。山门为朱红颜色，园内林木遮天蔽日。老爷庙的第一殿是马殿，内有一匹泥塑的枣红赤兔马，马前站立着圆睁环眼扛着青龙偃月大刀的周仓。正殿内香烟缭绕，巨大的红烛映照着跪了一地的善男信女。关老爷身披墨绿战袍，内穿金黄铠甲，面如重枣，五绺长髯，一脸端严威武的神色。两边各挂着条幅，上联为"忠义性成神圣之至"；下联为"护法伽蓝勇武无边"。

有时候，我四姑还拎我去庙头看皮影戏。双城堡的庙头就坐落在关帝庙前，是双城最热闹的地方。所说的庙头，就是关帝庙前的自由市场，是小摊小贩最集中的地方。那里有卖葱的、卖蒜的、卖米的、卖面的、叽里咕噜卖鸡蛋的，有耍猴的、玩刀的、舞剑的、相面的、拉洋片的……五行八作，干什么的都有。庙头的皮影戏园子坐落在东神道，艺人们用四个小木方支个影窗，在灯光的映照下，白色帷幔上出现了兽皮作的形形色色人物。他们时而飞天入地，时而隐身变形，时而劈山蹈海。

图1 绿瓦黄墙的双城堡火车站

银幕上虽然舞动的都是平面偶人之影，但非常好看，再加上艺人们那古朴自然的唱腔，无不牵动观众的心。在"一口叙说千古事，双手对舞百万兵"的皮影戏中，我最爱看的是《封神榜》。开锣之前，老艺人先"打欢喜"，他唱道："一门五福，二仪呈祥，三阳开泰。四季平安，五福临门，六合同春，七星高照，八节康宁，九子十成。"随着老艺人那沙哑的嗓音，妖魔鬼怪出场了，刀枪剑戟，喷火吐烟，活灵活现，场面奇幻，好不热闹。

这座东北历史名城——双城，这一方水土的灵性和关东古朴的文化哺育了我幼小的心灵。

书　铺

孩提时代的我，最大的快乐就是与小人书为伴。

小人书，那行云流水的线条、形象鲜明的人物、简洁生动的文字，让我有了一种忘我和沉醉的阅读体验，不但洞开了我的未知世界，而且也为我的人生添加了一抹教育底色。

那时，我在双城第一完小读三年级。六十多年前的学校的情景已然模糊了，只记得北二道街有几栋大屋檐的平房，黑瓦灰砖墙，门窗的油漆已经剥落。但有一件事情现在还历历在目。

学校大门的拐角处，有一家小小的书铺。屋中有一张长条桌，桌上摆满了小人书。只要花1分钱，便可以租一本，能够坐在小板凳上，美美地看上半天。

一天中午，我独自在校外盘桓，无意中走进这家书铺。一位老婆婆正在纳鞋底，她略抬头，给我一个暖暖的笑，又低头做事。我在桌子上瞥见一本《鸡毛信》，这是一本描绘抗日小英雄海娃坚贞顽强、机智勇敢的小人书。我如获至宝，一个人躲在角落里静静地看，一下子沉浸在惊险跌宕的故事情节之中，完全忘掉了周围的世界。不知过了多久，老婆婆拍了拍我的肩膀，操着山东口音说道："娃子，该走了。"这时，隐隐地传来了学校预备上课的钟声。说时迟，那时快，恍然大悟的我掏出1分钱，扔在桌子上，夺门而出，屋里传出众人的笑声。

20世纪50年代，双城新华书店在西大街，坐北朝南，紧靠几家商铺，读者络

绎不绝。书店里看不到职场经验、公务员考试、教辅和性事的书，几乎都是社会科学、自然科学和文学艺术方面的读物，可谓琳琅满目。

星期天，我去书店蹭书。一进门，迎面便是连环画柜台。当时，《铁道游击队》第一册《血染洋行》刚刚出版，吸引很多小朋友前来购买。怎奈囊中羞涩，我只好站在人群后边张望。佛说，一切皆有因缘。这时恰巧遇见了书铺的老婆婆，她也来买《血染洋行》。我想，她买书肯定是为了出租，我与其买书，不如租书。果然不出所料，第二天中午，我去书铺，看见了一本崭新的《血染洋行》摆在桌子上。于是，我迫不及待地付上 1 分钱，将书拿到手。我还没有读到一半，学校上课的预备钟响了。老婆婆笑道："欲知后事如何，明天请驾光临。快去上课吧！"无奈，我悻悻地离开了书铺。

第二天，我如期而至。老婆婆见状，笑道："我料你今天午间一定会来的，早给你留好了。"说着，便把《血染洋行》和一本字典塞给我。她的意思我明白，看书不能囫囵吞枣，遇到不认识的字，要请教"老师"。临走的时候，我要付租金，老婆婆硬是不收，弄得我怪不好意思的。

不久，我父亲决计举家迁徙双鸭山。临行前，我特意去书铺向老婆婆告别。

依稀记得，那是一个秋末的下午，阳光从高高的窗口斜斜地射入书铺。我和老婆婆全身被阳光映照着，仿佛披上一层金光。这时，老婆婆放下手中的活儿，从桌子上拿起那本《血染洋行》，然后用报纸小心翼翼地将其包好，塞到我的手里，依依不舍地说道："我知道，你喜欢这本小人书，拿着吧，留做纪念。"此时，我不知如何是好，一行热泪涌出了眼眶，一下子依偎在老婆婆的怀里，连声说道："谢谢！谢谢！"

1963 年，我父亲下放，全家又搬回双城。那时，我就读的学校已经更名为双城县第一小学，还是那几栋大屋檐的平房。可是，学校拐弯处的书铺不见了。据说，老婆婆早已过世。听到这个消息，我很伤心，向学校大门拐弯处深深地鞠了一躬。

2007 年，我定居哈尔滨。不知为什么，我经常无端地忆起六十多年前的双城，忆起书铺里的那位老婆婆。每当这时，耳边便响起了："西边的太阳快要落山了，微山湖上静悄悄，弹起我心爱的土琵琶，唱起那动人的歌谣……"这是电影《铁道游击队》的插曲，也是我怀念老婆婆的心曲，因为我得到了她的亲炙。

领　读

　　小学三年级下学期，我的班主任是一位戴着眼镜的男老师，姓毕，四十来岁，据说他是哈尔滨师道学校早期毕业生。

　　毕老师教语文有个特点，常常手捧书本，在桌间走动，摇头晃脑地训练我们朗读。毕老师训练朗读，方式很多，其中有一种便是领读。所谓领读，就是他读一句，我们模仿着读一句，这样可以强化语感，增进直觉领悟，帮助理解课文内容。毕老师的领读很得要领，对于较长或较短的语句，不受标点符号的限制，根据内容灵活处理停顿。如长句子，先按意群分节，一节一节读熟后，再读完整的句子。领读时，毕老师还注意听我们的朗读是否准确表现了文章的内容，对仿读不合要求的地方，他反复领读，直到我们读正确、读流利、读出感情为止。

　　毕老师的声音特别好听，富有磁性，就像现在的中央电视台播音员的声音一样。我很喜欢他。爱屋及乌，由于喜欢毕老师，我喜欢上了语文，喜欢上了朗读。

　　那时，早晨一进校门，就能听见我们班朗朗的读书声。这声音像一首首绝妙的乐曲，在学校上空绕来绕去，吸引不少过往行人驻足欣赏。

　　早自习的领读者通常由班长担任，领读的内容一般是当天要学的课文，或开头、或结尾、或全文、或片段，所有这些由班长自己说了算。尽管领读者与跟读者都很认真，但难免显得幼稚和单调些，比如朗读的速度不当、语气不准、重音不对、停顿的地方差了，有时还把字音给读错了，等等。针对这些现象，毕老师总结出了"眼看、耳听、口读、心想"的"同步学读法"，我们深受其益。

　　为了培养全体学生的朗读能力，毕老师还有意安排大家轮流担任领读。一次，轮到我做领读者了。还依稀记得，我领读的是《刘胡兰》。这篇课文讲的是刘胡兰被捕后，在敌人面前英勇斗争，宁死不屈，最后英勇就义的事迹。课文的第二段写道：

　　1947年1月12日，蒋军包围了云周西村，把刘胡兰抓去，在村边的大庙里拷问。敌人问："你叫刘胡兰？"刘胡兰说："我就是刘胡兰。"敌人说："已经有人供出你是共产党员。"刘胡兰说："我就是共产党员。"敌人问："村子里还有谁是共产党

员？"刘胡兰说："就是我一个。"敌人问："你认得谁是八路军？"刘胡兰说："谁也不认得。"敌人气得发疯，拍着桌子叫喊："你小小年纪，好嘴硬！你不怕死吗？"刘胡兰镇定地说："要死就死，我什么也不知道。"

前一天晚上，我在家里练习朗读。为了读出敌人凶残的语气，读出刘胡兰坚贞不屈的思想感情，在小里屋昏暗的灯光下，我脱掉外衣，光着膀子，站在地桌旁，手拿着课本，进入角色地大声读课文。当读到"敌人气得发疯，拍着桌子叫喊：'你小小年纪，好嘴硬！你不怕死吗？'"这句时，我使劲拍一下地桌，桌子上的暖水瓶被震掉在了地上。只听"砰"的一声，暖水瓶炸开了，满地都是冒着白气的热水。我母亲三步并作两步急忙从外屋跑进来，见状喊道："不好啦，金声疯了！"这时，正赶上我父亲下班回来，他抱住我说："你这是演的哪出戏？"我不好意思地将事情的缘由如此这般说了一遍。父亲听后充满信心地说："明天的领读，你一定能成功！"

第二天，果不其然，我的领读受到了毕老师的肯定，我被评为最佳领读者。

听　写

上小学四年级的时候，班主任请了产假，校长临时给我们代课。校长的姓名我早已忘记了，但是他的大体长相还依稀记得：个子不高，微胖，秃顶，额下有一颗黑痣。

这位校长，给我们代了一个多月的语文课。他上课很"另类"，每天都有一个固定的教学环节，即听写。或课始、或课末、或课中，或词语、或句子、或片段，或课内、或课外，循环往复，花样总是不断翻新。听写的时候，他一边在桌间走动，一边用带有磁性的男中音读听写的内容，有时还俯下身来查看。谁的坐姿不正，谁的执笔方法有误，他都用手轻轻地敲一下桌子，提示你纠正。一来二去，同学们都称他为"听写"校长。

一次，上完课照例听写，校长给出的音节是"wàng jì"。写毕，我与同桌互批，我写的是"忘记"，同桌写的是"旺季"，我们的答案不一致。校长说都对，这是异形同音词。接着，他又举出几个例子，大概是"著名"与"注明"、"经历"与"精力"之类，我们都工工整整地记在听写本上。

"请同学们打开听写本。"一天，校长说，"咱们先听写一句话，并加上标点符号。"

同学们动作迅速，很快地准备好了听写本和笔。这时，校长有感情地朗读道：

这是英雄的中国人民坚强不屈的声音　这声音惊天动地　气壮山河

这句是我们将要学习的《狼牙山五壮士》的最后一句话。我根据校长朗读时的语气和情感，分别用上了惊叹号、逗号和句号。翻开书一对照，全对了。

接着，校长以这句话为线索，领着我们读课文、画句子、学语言，感受五位战士的英雄壮举。

现在想起来，校长如此开讲设计，别开生面，不落俗套。姑且不论此，单就"听写"这一教学手段的运用，就让同学们受益无穷。

一晃，一个多月的时间很快就过去了。就在这一个多月里，我的听写本几乎用了一大半，上面还留下了几处校长的批语。校长的批改与众不同，他只批不改，在错别字下或打上"×"，或划上"问号"，让同学自己去改。记得听写"武艺"一词时，由于我把"武"字多加了一撇，校长写了这样一句话："武官不挎刀，'武'写错了，请改正。"就因为写错这一个字，我在周评比中失去了"听写能手"的称号。

当了四十多年的小学语文教研员，我逐渐认识到了听写的价值。通过听写活动可以培养学生听话注意力、听话记忆力和耳脑手三者并用能力，有益于智力的开发。通过听写活动还可以使学生加深对某些关键词语的识记，促使他们确切地掌握字的音形义，提高认读能力和快速准确的书写能力。总之，"听写"训练是以语文能力为核心，是语文能力和语文知识、语言积累、语言规律、思想感情、思维品质、审美情趣、学习方法、学习习惯的融合。它不仅表现为有较强的识字写字能力，而且表现为有较强的综合运用能力，这正是语文素养的丰富内涵。

然而，现在有不少老师认为，听写是传统的教学手段，所以无论是自己备课上课，还是全校性的公开课，抑或多种形式的竞赛课，几乎很少看到有老师让学生去听写。看到当前的语文教学，我不免想起了"听写"校长，能不能像他那样，浅浅地教语文，让听写回归语文课堂呢？

诗 教

四姥爷家同婶母是远房亲戚，婶母称他四叔。论起来，我当然叫他四姥爷。

据说，四姥爷祖籍在钟灵毓秀的安徽歙县，他与陶行知既是同乡，又是同学。徽州的山川风物、粉墙黛瓦是他学童时饱览的第一卷书。四姥爷年轻的时候，教过书，当过校监，爱国忧民，固穷自守，不失寸步。后来他父亲病逝，家道中落，流亡东北。解放初期落脚双鸭山，过上了"一窗疏竹，两袖清风，几卷书本，万壑雨润"的赋闲生活。

四姥爷号称"诗癫"。他与"诗仙"李白、"诗圣"杜甫不同，四姥爷一生不写诗，却爱读诗、赏诗、教诗，他的身上流淌着诗文化的精神血液。

记得有一天，大概是清明节前夕，我在街上碰见了四姥爷。那天，整个双鸭山都笼罩在近乎雾的蒙蒙细雨之中，针尖似的雨点吻在我的手背上、脸上，凉极了。令人奇怪的是，六七十岁的四姥爷，既没穿雨衣，又没打雨伞，手里拎着一个空瓶子，径直地向我走来。

他沉静地问道："孩子，哪里有卖酒的地方？"当时我想，四姥爷可能冷了，想喝点酒暖暖身子，也可能是累了，想找个酒店歇歇脚。于是，我用手指了指前方说："四姥爷，您顺着我的手瞧，那边就有个小酒馆。"这时，四姥爷用皖南口音大声吟诵道："清明时节雨纷纷，路上行人欲断魂。借问酒家何处有，牧童遥指杏花村。"不知为什么，我一下子就记住了杜牧的这首脍炙人口的小诗《清明》。清明节那天，我学着四姥爷的样子，手里拎着酒瓶子，在屋里踱来踱去，口中念念有词："清明时节雨纷纷……"逗得大家哈哈大笑。

后来我才懂得，四姥爷旅居在外，思念亲人，惆怅苦闷，难以自禁，想借酒消愁。我呢，学的只是皮毛，不过是插科打诨而已。

还有一次，四姥爷带我去秋游。山间，一条石块铺的小路弯弯曲曲地延伸向山的远处，在那白云飘浮缭绕的地方，隐隐约约有几户人家。那经过霜打的枫树如丹似霞，美丽极了。我坐在斜阳浅照的石阶上，欣赏着这般生机勃勃的景色。

四姥爷以他一贯沉静的语音对我说："孩子，你知道吗？一千多年前有位诗人写了一首诗，叫《山行》，这位诗人叫杜牧。"

我似懂非懂地点着头。这时，四姥爷站在一块山石上，面对满山红叶抑扬顿挫地念出四句诗："远上寒山石径斜，白云生处有人家。停车坐爱枫林晚，霜叶红于二月花。"

"你知道这是什么意思吗？"

我茫然地摇摇头。

"就是现在的景色啊！诗的前两句中'远''斜'二字，写出山势的高峻，'白云生处'不但加深了这种高峻的印象，还给人一种幽远缥缈的感觉。诗的三四句用夕阳中枫树秋色和二月的花朵对比，突出了红叶特有的美，歌颂了瑰丽的秋天，体现出一种勃发向上的精神。"

我瞪大了好奇的眼睛在琢磨。年幼的我尚未入道语文，怎么也想象不到一位一千多年前的诗人，能为一千多年后的我们留下如此美丽的诗句；也没想到，四姥爷在我纯净空廓的心灵里，撒播下如此神奇的诗歌种子。从"诗言志"到"诗可以兴，可以观，可以群，可以怨"，从"诗成泣鬼神"到"腹有诗书气自华"，中华民族的文化底蕴在《诗经》、《楚辞》、唐诗、宋词中得到传承，一路走来，气象万千。"不读诗，无以言"，跟四姥爷学诗，真是一种幸福！

我从小智力平平，生性顽皮，不爱学习，但非常喜欢听四姥爷赏析古诗。四姥爷的古诗赏析，不管你懂不懂，甚至连看你一眼也不看，只管自个摇头晃脑，高声吟哦，还要不断地赞叹："神来之笔，弦外之音！"四姥爷常说，我国是一个美丽的诗的国度，古典诗词是民族精神铸成的民族瑰宝。在浩浩荡荡的中华文明历史长河中，无数仁人志士、文人墨客为我们留下了难以计数的脍炙人口的诗词歌赋。这一篇篇经典绝妙的诗文佳作无不具有极高的美学价值。一首好诗本身就是一曲美妙的音乐，一幅优美的图画。只有通过读，才能充分感受到诗的语言美、形象美、意境美；只有通过读，才能把躺在纸上的死的文字变成你心中活的语言。

如今六十多年过去了，往事历历。四姥爷教我学古诗，让我朝吟暮赏，日熏月陶，怡然自得。我本想拥有一缕春风，却得到了一个春天。

指 点

　　五十多年前，那时我还是一个追梦的青涩学子。在语文课上，一位戴着深度眼镜的庞老师给我们讲《学记》。其实，因为庞老师有些胖，同学们都称他为"胖老师"。对于这样的称呼，庞老师倒也不介意，在他看来，心广体胖，胖人有福。站在讲台上，他念道："虽有嘉肴，弗食，不知其旨也；虽有至道，弗学，不知其善也。是故学然后知不足，教然后知困。知不足，然后能自反也；知困，然后能自强也。故曰：教学相长也。"

　　稍停，庞老师说："《学记》是我国教育史上的经典，这段话何尝不是至理名言呢？它只是其中给予人的豹之一斑。将来你们当中哪位当了老师，须慢慢研读，慢慢体会。下课！"庞老师蹒跚地走出教室。

　　后来，我真的做了老师。一个下乡"知青"，对教育、教学原理、原则、方法一无所知，居然站在三尺讲台上，岂非咄咄怪事？于是，我想到了庞老师。那时正值"文化大革命"，时隔五六年，上哪儿去找庞老师？几经打听，费尽周折，终于在县城东南隅一间破旧的泥草房中见到了他。此时的庞老师瘦多了，说话的声音沙哑了，唯独没变的是那副深度眼镜还架在鼻梁上。在造访中我了解到，庞老师在学校成了"反动学术权威"，批斗中被造反派打伤了腿，在家养病，由妻子照料。

　　庞老师得知我当了民办教师，很是高兴，他站起来，拄着拐棍，从床底下找出一本书，原来是顾树森的《学记今译》。然后，庞老师在扉页上用钢笔工工整整地写下"教学相长"四个大字。

　　他说："做老师的不能不读《学记》，拿去吧，做个纪念！"我双手接过书，一边鞠躬一边道谢。

　　不久，庞老师和他的妻子被遣送回山东老家，从此便音信皆无。

　　1976 年，我在公社教育办做了兼职教研员。在给小学语文老师讲课时，才真正明白了"学然后知不足，教然后知困"这句话的意思。为了拥有"一览众山小"的从容与自信，在"自返"与"自强"中，我开始拼命地读书。那时可读的书特别少，"文化大革命"劫后，百废待兴，书店和图书馆门可罗雀。一次，我去庙头市场，在

图2 1971年，作者当上了民办教师

废纸堆里翻到一本傅任敢著的《学记译述》，如获至宝。得之在俄顷，积之在平时，在学习和实践中，我体会到《学记》中最有价值的东西，是它深刻的教育、教学思想。

1979年，我调到县教研室，当了一名小学语文教研员。从那时起，我舌耕、目耕、手耕三管齐下，其乐融融。每天早晨起床，洗漱完毕，第一件事就是先背几句《学记》，然后再去上班。直到现在，一千多字的《学记》我还能倒背如流，且常背常新，永背永获，这可谓一篇经典煨年华！

读书有心得，教书有体会，在读书养心、教书育人的过程中，我开始了教育写作。到目前，已有多本著作混处当下教育书林。

2015年，我的一本书稿杀青了。在考虑书名的时候，我颇费一番心思，却难达心意，无奈，只好暂时搁下。

踩着盛夏的末梢，不经意间就进入了立秋。这天，8月8日，恰逢周六，我起了个大早，一口气登上了哈尔滨东郊的天恒山。在旭日东升中，我突然来了灵感，这本书为何不叫《知困集》呢？"知困集"既蕴含了"教然后知困"之意，又表明了"知困，然后能自强"之心。妙哉！

我忘不了庞老师对我的人生指点！

杂　忆

一

我小时候特别淘，淘得出奇，家人说我能淘得"上天入地"。母亲打我，我就爬到房顶，骑在房脊上，大声喊道："你再打我，我就跳下去！"母亲见状，只好放下手中的笤帚疙瘩。我惹祸了，便钻进我家的菜窖里，害得我爸爸屋里屋外、房前房后、左邻右舍，踏破铁鞋无觅处。

　　我过 6 岁生日那天，正和几个小朋友踩着梯子在邻居的屋檐下掏麻雀窝。姑姑发现了，硬把我拉回家。饭桌上，我换上一套新衣服，梳着小分头，正襟危坐，用力吹生日蜡烛。母亲指着我说："今天你过生日，妈妈给你一件礼物。不过，我说一条谜语，猜着了，这件礼物就给你。"说着，母亲从抽屉里取出一个长方形的小纸包，放在桌子上。我一边大口地吃着蛋糕，一边用眼睛盯着那个长方形的小纸包。母亲指着桌子上那个小纸包说："不会说话，学问最大。要学知识，动手翻它。"

　　"书。"我思忖片刻，脱口而出。

　　这时，在场的所有家人都不约而同地鼓起掌来。我连忙打开小纸包，果然是一本书，一本崭新的小人书。封面上画着一个小男孩，头上梳着鬏髻，脚下蹬着风火轮，双手握着红缨枪，威风凛凛。"这不是哪吒吗？"我哈哈大笑地说。从那天起，我几乎天天翻着这本小人书，小哪吒的形象深深地印在我的脑海里，整日做着"哪吒闹海"的梦。有一天，我找来两块小木板，在上面镶上几根粗铁丝，用绳子将木板绑在脚上，手擎一根柳条棍儿，在雪地上滑行。风驰电掣中，我大声喊道："吱，大家闪开，哪吒来也！"逗得小朋友们大笑起来。《哪吒闹海》是我儿时看的第一本小人书，它给我的童年带来了无穷的欢乐。

二

　　1958 年秋季开学，我在煤城双鸭山读小学三年级。那时，正赶上《汉语拼音方案》在全国推行，汉语拼音被编入小学语文课本中。我学得特别好，将声母、韵母和拼写方法全掌握了。但是，因为我患有口吃病，说话有点结巴，班上的同学常嘲笑我、模仿我。一气之下，我不顾老师的劝说，不顾父母的打骂，离开了学校，不念了。

　　在家赋闲，无所事事。一天，我在街上溜达，无意中走进新华书店，恰巧营业员正往书架上摆放刚刚出版的《汉语成语小词典》。我怯生生地向营业员说道："阿姨，我想看看那本小词典。"那位女营业员顺手扔来一本，我走马观花地翻了翻。编撰，北京大学中文系 1955 级语言班；审订，魏建功、周祖谟；出版，中华书局；定价，0.65 元。我对此书爱不释手，只因囊中羞涩，不得不把它还给营业员。

　　我脾气比较怪，自从辍学之后，从来不向父母要钱买东西。无奈，我只好到处捡废铜烂铁换钱。攒了一个多星期，我才凑足六角五分钱。当我兴冲冲跑到书店时，此书已售罄。后来，我爸爸托人在佳木斯新华书店买到了这本词典。

当时，一书在手，万事皆忘。我借助汉语拼音这个有效的工具，只一个月的时间将两千九百多个成语囫囵吞枣地全背下来了，从第一页的"哀鸿遍野"到最后一页的"做贼心虚"。比如，以字母"A"开头的成语就有19个，它们分别是：哀鸿遍野、爱不释手、爱财如命、爱莫能助、爱屋及乌、安步当车、安常处顺、安分守己、安居乐业、安如泰山、安土重迁、按兵不动、按部就班、按劳分配、按图索骥、按需分配、暗箭伤人、暗送秋波、暗无天日。这些成语我是头天晚上睡觉前读的，第二天早晨醒来都记住了。记是记住了，但注释我看不下来，因为注释没有拼音，我只好放弃。

不久，在父母的"逼迫"下，我复学了。由于自卑感作祟，我不愿意和同学们在一起玩耍，总是一个人躲在角落里，捧着那本《汉语成语小词典》似懂非懂地读着。在生吞活剥的过程中，我认识了不少汉字，知道了不少典故，明白了不少道理，尤其是学到了不少精粹的语言。我说话有味儿了，作文有词儿了，同学们都称我为"成语大王"。有一次，语文考试的试题是用"自×自×"格式组词，我一口气写了12个成语：自作自受、自言自语、自私自利、自由自在、自生自灭、自给自足、自高自大、自吹自擂、自觉自愿、自卖自夸、自暴自弃、自怨自艾。老师在我的试卷上批了一个大大的"妙"字，并且还在讲评时表扬了我。

过了两年，我小学毕业了。在离开学校前夕，班上举行联欢会，要人人出节目。有的唱歌、有的跳舞、有的朗诵诗，气氛非常热烈。突然，主持人大声宣布："下面，请白金声表演绝活！"此时，我特别紧张，结结巴巴地说："我……不会……绝活，要我……演节目，是……拿鸭子……上架。"这时老师走到我身边，鼓励我说："白金声，快去露一手。"我鼓足了勇气，走到讲台前，一字一顿地说："我现在给大家表演'成语接龙'，请给点掌声。"同学们使劲地给我鼓掌。于是，我就打开了记忆的闸门，说开了："我的节目与众不同，同工异曲，曲尽其妙，妙不可言，言归于好，好事多磨，摩拳擦掌，掌上明珠，珠联璧合。"教室里掌声雷动，经久不息。

六十年了，儿时学习成语的情景还历历在目。成语可与古典诗词相提并论，它是劳动人民智慧的结晶。其内容博大精深，其形式丰富多彩，或源于历史典故，或取自古代寓言，或见于文章典籍，或出于里巷市井。几千年来，有的成语早已流行于世，活跃在人们的口头笔下；有的成语虽然长年尘封于埋，蒙上历史的灰尘，但

一经拂拭，依然会放射出异样光辉。我喜爱成语，喜欢在说话或写作中使用成语，这无疑是得益于儿时的背诵。如今，每当我翻开那本发黄的《汉语成语小词典》时，不仅觉得它是我学习中华文化的良师益友，还感悟到中华文化的无穷魅力。

三

20 世纪 50 年代末到 60 年代初，我家在双鸭山住了五年。原因是这样的，我爷爷在 1955 年去世，当时，我爸爸把双城北大街三间开木匠铺的门市房改成了旅馆，名曰"福民旅社"。后来，旅店业不景气，我爸爸就把房子卖了，于 1957 年举家搬到双鸭山，在岭东市场与别人合办了"曲艺茶楼"。

我家就住在茶楼走廊的隔壁，听书非常方便，只要把小窗户打开，不但能听清楚，而且还能看见说书人。茶楼每天有三位艺人说书，上午、下午、晚上各一场，有评书，有东北大鼓，还有河南坠子。这些艺人都是我爸爸从佳木斯请来的名角。他们折扇一把，醒木一块，身着传统长衫，先念一段"定场诗"，或说一段小故事，然后进入正式表演。每场书都非常精彩，茶楼里不时爆发出阵阵掌声与喝彩声。

当时，我白天上学，晚上做完作业，就把小窗户偷偷打开，探出脑袋，如痴如醉地看演出。不管是长枪袍带书，还是短打公案书，我都喜欢听。尤其是评书的语言，口语化，有声有色，娓娓动听，引人入胜。比如，《野猪林》描写两个公差贪吃的丑态："只见这两个人举起了那迎风的膀子和旋风的筷子，托住了大牙，垫住了底气，抽开了肚子头儿，甩开了腮帮子，吃得鸡犬伤心，猫狗落泪。"这段描写形象生动，使人发笑，这是"立起来的语言"。每当人物出场时，说书人都要来一小段"开脸儿"。比如，八十万禁军枪棒教头林冲在墙外看花和尚鲁智深耍 62 斤重的浑铁禅杖喝彩时，艺人是这样"开脸儿"的："只见土墙缺边处站着一位官人，豹头环眼，燕颔虎须，八尺长短身材，三十四五年纪。他头戴一顶青纱抓角儿头巾，脑后两个白玉圈连珠鬓环，身穿一领单绿罗团花战袍，腰系一条双搭尾龟背银带，脚蹬一双磕瓜头朝样皂靴，手执一把折叠纸西川扇子。"其实，这就是人物肖像描写。"头戴""身穿""腰系""脚蹬""手执"这些词语用得非常准确，"一顶头巾""一领战袍""一条银带""一双皂靴""一把扇子"这些数量词用得也非常讲究。尤其是打仗场面的段子我更爱听。虽然是套话，但百听不厌，我现在还能背下来几句："一来一往，一上一下。一来一往，有如深水戏珠龙；一上一下，却似半岩争食虎。"

　　我爸爸怕我听书影响学习，不久就把小窗户堵死了。那时候也没有电视，我只好一个人待在小屋里，没有意思。后来，我想出一个好办法，每天下午放学回来，先帮助大人打扫书场，然后让母亲说情，每天晚上做完作业，站在书场后边只听一段书。爸爸答应了。就这样，我经常出没我家曲艺茶楼的走廊里。有人看我对评书这样痴迷，就劝我爸爸让我学说评书。我爸爸说："世间生意甚多，唯有说书难习。评述说表非容易，千言万语须记。一要声音洪亮，二要顿挫迟疾，装文装武我自己，好似一台大戏。"况且，我说话结巴，哪能从事曲艺工作。不过，儿时听了几部书，学点评书的语言，对后来我当语文教师，教小学语文、中学语文、师范语文等，都打下了坚实的基础。可以这样说，说书是语言的艺术，教语文也是语言的艺术；曲艺讲究的是说、学、逗、唱，语文讲究的是听、说、读、写；说书要有"关子""扣子"，教书更要有启迪和激励。当然，教学语言是专业语言，导入语、讲授语、提问语、评价语、总结语都要规范、科学，富有审美性和教育性。如果在教学中教师的言语再形象点，再生动点，就能更有效地激发学生的创造力，提高教学效率。古人说："言之无文，行而不远。"言语是应当有文采的，教师的言语尤应如此。

四

　　我上小学时，经常在茶馆里听书。

　　说书人坐于桌后，折扇一把，醒木一方，长衫一件，用评书讲述历史，传播文化。金戈铁马，儿女情长，在茶馆里听书感觉真好。

　　没想到，我听书入迷了，整天琢磨《三侠五义》里众多武艺高强的人，如南侠展昭、双侠丁兆兰丁兆蕙、北侠欧阳春、钻天鼠卢方、彻地鼠韩彰、穿山鼠徐庆、翻江鼠蒋平、锦毛鼠白玉堂。这些人让我羡慕不已。尤其是南侠展昭的飞檐走壁之能，更令我想入非非。我想，有朝一日，我也能成为一个身体轻捷、能在房檐和墙壁上行走如飞的能人，那该多好呀。

　　于是，我开始做起了侠客梦。

　　放学后，我偷偷地溜进山里，先在树林子里跑圈。我赤着膀子，光着脚丫，满身大汗地一圈又一圈跑着。累了，我就停下来，坐在地上用手拍打石头。这叫内练一口气，外练筋骨皮。功夫不负有心人，天长日久，我的双脚和双手满是茧子。

　　听人说，在小腿绑上沙袋跑步，进行负重训练，能够给身体制造压力，促进肌

肉生长，帮助提高爆发力。于是，我找来一双破袜子，缝了缝，装上沙子，每天上学放学绑在腿上。同学看见了，都说我有病。我不怕同学议论，我行我素，还是一意孤行。冬练三九，夏练三伏，卸下沙袋，顿觉身轻如燕，健步如飞。

又听人说，肩宽腰细，必有熊力。于是，我找来一块长条黑布，中间裹上一截厚厚的皮子，两端留有一尺长的布带，紧紧地扎在腰上，用它练功，丹田用力，底气十足。没过多久，腰勒细了，肩变宽了，练功带的作用真大。

评书里常提十八般武器，这十八般武器是：刀、枪、剑、戟、斧、钺、钩、叉、镗、镰、槊、棒、鞭、锏、锤、抓、拐子、流星。吕布的方天画戟、李逵的大板斧、呼延灼的双鞭、程咬金的马槊、张飞的丈八蛇矛、李元霸的大铁锤、赵云的梨花枪、关羽的青龙偃月刀，都是非常出名的。我也想有一种武器，于是，我找来一条绳子，拴上一个铁环，一条软鞭便做成了。平时将其围绕腰际，练时将其解下来，一手握住绳子，肩带肘，肘带腕，腕带手，左右上下抡将起来，呼呼有风。"鞭是一条绳，全靠缠得清"，如果缠绕不清，舞动时，上下翻飞，很容易打着自己，尽管我挨打无数，但初心不改。

练铁砂掌，练气功，练飞毛腿，练鞭，一时间，我荒废了学业，不稂不莠，爹娘十分生气，打我骂我，责令我立即停止练功。无奈，为了听家长的话，我只好金盆洗手，放弃了练武。

由于年少练点武功，摸爬滚打几年，打下了健康的基础。加之我年轻时在农村干了三年农活，形成了吃苦耐劳的品格，很少生病。直到现在，身怀绝技的我，还经常与一些习武之人过招，乐在其中。平时，能吃、能喝、能睡、能走、能写东西，天南海北讲学，不知疲倦，此乃一大幸也。

五

我喜欢听广播，即使在数字电视快速发展的今天，我还是喜欢听广播。

早在 20 世纪 60 年代，我家房后有一条马路，马路上竖着一根电线杆子，电线杆子上绑着一个高音喇叭。每天下午放学回来后，只要我把后窗户推开，就能听见马路上的广播。

当时，我最爱听的是中央人民广播电台的少儿节目——"小喇叭"。其中，"故事爷爷"孙敬修讲的故事我是每天不落。每当"答滴答——答滴答——小喇叭开始广播啦"这句稚嫩的声音响起来后，孙敬修那慢条斯理、字正腔圆的语调便进入我的耳朵里。经他用声音塑造的一个个栩栩如生的人物形象便驻在我的心间，使我懂得了什么是真善美，什么是假恶丑。从这些故事中我得到了乐趣，更学到了儿童文学那特有的活泼、亲切、自然的语言艺术。

上了中学，我的兴趣转移了，喜欢听中央人民广播电台的"阅读与欣赏"节目。虽然当时的我还听不明白一些诗词的赏析，但每天晚上我都守在我家那台熊猫牌电子管收音机旁。

1966 年，"文化大革命"运动开始了。由于家庭出身的缘故，我当上了"逍遥派"。后来，我便随着浩浩荡荡的知青队伍开赴了农村，在生产队里干了三年农活。第一年我买了一台红星牌半导体收音机，第二年我换了一台袖珍式的半导体收音机，第三年我自己装了一台晶体管收音机。就这样，我在家听"红星"，干活揣"袖珍"，开会插"耳塞"，用听广播的方法来解除每天的疲劳。

20 世纪 80 年代初的中国有一部描写抗日地下斗争的小说，风靡全国，达到了万人空巷、家喻户晓的程度，这就是王刚在黑龙江人民广播电台播讲的《夜幕下的哈尔滨》。小说讲述了 20 世纪 30 年代日本占领我国东北后，以哈尔滨第一中学教师王一民为首的中共地下党员及爱国人士，在中国共产党的领导下，与日本侵略者斗争的故事。当时，我刚到县教研室上班。工作之余，我每天必听王刚播讲的这部小说，有时候还给学生讲一讲，觉得非常惬意。

现在，我的床头放着一台能收音、能录音日本松下两用机。每天早晨六点半，我准时将其打开，收听中央人民广播电台的"新闻和报纸摘要"节目。"中国之声"给我带来世界各地的消息，真是"秀才不出门，便知天下事"。

我的一生与广播解下了不解之缘。通过收听广播，我纠正了小时候在双鸭山居住时形成的黑龙江东部地区方音，那就是舌尖前音声母 z、c、s 和舌尖后音声母 zh、ch、sh 互为自由变体的毛病。可以这样说，我能教语文，我能当上黑龙江省普通话测试员，在很大程度上得益于我坚持收听广播。

六

自从我家搬到双鸭山之后，父亲每年都领我回双城一次。在哈尔滨换车时，我们总要待上一个晚上，不是住在道外北三道街的一家小旅馆，就是住在道外江沿的

另一家小旅店，目的就是为了看戏。哈尔滨评剧院碧燕燕演的《唐伯虎点秋香》和刘小楼演的《人面桃花》，我都看过。刘小楼演小生，饰崔护，一段"三春杨柳黄莺唱"，嗓音清晰，音域宽润，婉转抒情。我特别喜欢听戏，从那时起我就成了小戏迷。

后来，我上了初中，我家从岭东区搬到尖山区，我爸爸被安排在北山剧场负责看门。

北山剧场是一座挺宽的平房，坐北朝南，有三四百个座位。门前有一块牌子，用大红纸写的海报，有剧目，有演员，非常醒目。每晚七点开演。随着一阵"咚咚锵锵"的锣鼓声，布幔拉开，演员就出场了。开始是垫戏，而后是正戏。戏园子天天爆满，喝彩声不断。

我爸爸在戏园子是管收票的，我看戏当然方便。只要有外地剧团公演，不管是京剧，还是评剧，我都是要看的。其中我最喜欢看的是武戏，《挑滑车》《三岔口》等，百看不厌。我每天早早来到剧场，先跑到后台瞧演员化妆，等到演出铃声一响，我就躲到幕后近距离看戏。时间长了，和演员混熟了，对"生、旦、净、末、丑"角色行当也就多少明白一点。大家都叫我"小票友"。

一次，剧团演出《穆桂英挂帅》，缺一个打小旗儿的。导演见我在后台，就让我去站班。站班就是打旗，也叫跑龙套，是演小兵的意思，以四人为一堂，虚拟千军万马，起烘托气势的作用。"救场如救火"，于是，我化了妆，穿上绣有黄龙的套头衣褶，手拿旗子，跟着班头，在锣鼓点儿声中二龙出水，分列两厢。这是我有生以来第一次登台演出，真过瘾。

听了几出戏，跑了一回龙套，这对我后来学语文、教语文、研究语文教学艺术是有很大帮助的。演员讲究舞台形象，三五人可作千军万马，六七步如行四海九州，从"亮相"到"起霸"，从说"定场诗"到舞水袖，手眼身法步，唱念做打，都是艺术。如果说演员讲究的是舞台形象，那么教师则要讲究讲台形象。黑板上有知识，老师的脸上有学问。举手投足，一颦一笑，一个小小的动作，都在展示教师的内心世界。我的课堂之所以受学生欢迎，这与我小时候学的戏文是有一定关系的。

七

1963 年，父亲下放，我们全家从双鸭山搬回双城，住在铁道北那家窝棚。当时我刚上初二，学校离我家十里地。要经过一道防风林，路过两个铁道口，绕过三块农田地，再走四里砂石路，穿过一片坟地，才能到达我读书的地方——双城二中。每天十公里，我走路上学。虽然耽误点儿时间，但它有三大好处：一是能锻炼身体，二是安全，三是便于学习。

谈到学习，我不能不说说我的诗歌启蒙读物。有一天，我去双城唯一的一家新华书店"蹭书"，无意中发现了一套由少年儿童出版社出版的《古代诗歌选》，便请售货员取过来翻看。这是一套小 32 开本的丛书，印刷装帧朴素端庄，玲珑雅致，一如古代天然去雕饰的乡村少女，使人一见生情。说老实话，那时的我尚不知"动天地，感鬼神，莫近于诗"，只是被书中清新、散淡、飘逸、空灵的彩墨插图所吸引。站在柜台外，我埋头翻下去，由诗情及画意，由画意悟诗情，竟产生了一种从未体验过的阅读冲动。于是，我便把口掖肚攒的一块七毛四递给收银员，将书捧回家。这套丛书共四册，第一册选周、秦、两汉、魏、晋、南北朝、隋代诗歌 31 首；第二册选唐、五代诗歌 51 首；第三册选宋、元诗歌 55 首；第四册选明、清诗歌 52 首。这一百八十多首古诗，我是在上学的路上用两年时间学的。

每天上学，我左肩挎着书包，右手拎着饭盒，上衣兜里装着一本《古代诗歌选》，边走边背。我记性不好，一首诗得学好几天，要是记不住了，就随手从兜里掏出来翻一翻。那些行神如空、行气如虹的盛唐诗家，那些采采流水、蓬蓬远春的大宋词客，或雄浑豪放，或清丽婉约，或深沉悲慨，或飘逸高古，牵动我行走在上学路上的心。那忧国之长吟、思乡之孤泪、怀人之烛魂、吊亡之月魄，沟漉我行走在放学路上的魂。常常让我分不清哪儿是诗、哪儿是路，哪儿是上学，哪儿是放学。

毕业前夕，学校搞了一次征文活动，我改写的《蝶恋花·答李淑一》获该活动的特等奖。全词 60 字，我竟写了满满八篇稿纸，将杨开慧、柳直荀二位烈士与仙人吴刚、嫦娥融为一体，将月宫与人间上下相连，形成一个优美的境界。该作品有场面描写，有语言描写，有心理描写，歌颂了革命烈士对革命事业无限忠诚的精神，以及毛泽东对他们的深情怀念。获奖征文展出之后，同学们送我一个绰号——"白八篇"。这个绰号的获得大概源于上学路上的背诵吧，如果没有那一百八十多首古诗的积淀，哪有我这不胫而走的绰号。

八

1968 年，那时我家六口人，只住一间半草房。父亲、母亲、弟弟、妹妹和我都在生产队里干活，收工回家之后，都挤在一铺炕上睡觉，非常不方便。尤其是冬天，没有煤，生不起炉子，屋里特别冷。晚上，我只好夹着一本书，到附近的双城堡火车站候车室去看书。

那时的双城堡火车站头半夜只有四趟火车，两趟是往北开的，两趟是往南开的。旅客也不多，几条长椅子都闲着，散乱杂人也少。只有火车进站的时候，旅客才能看见工作人员和警察。火车开走之后，候车室里空荡荡的。

双城堡火车站候车室是我读书的好地方。有一段时间，我几乎天天来这里。室内的每一个座位、每一扇窗户、每一块告示、每一条标语，对我来说都非常熟悉。一天，吃完了晚饭，我戴上狗皮帽子，披一件黄色的破大衣，揣了几本书，来到火车站，在候车室里找了一个靠近暖气、灯光比较明亮的长条椅子坐下。我先朝四下看一看，济南的火车刚开走，室内只有几个去牡丹江方向的旅客在候车，他们有的在唠嗑，有的在嗑瓜子，有的在打瞌睡。在灯光灰暗的角落里，有一对青年男女正在谈恋爱，他们拥抱在一起，难舍难分。这时，问事处窗前的大钟响了七下，一列火车呼啸而过，候车室的宁静被打破了。不大一会儿，广播响了："各位旅客，1417 列车正点运行，有去往哈尔滨、阿城、尚志、一面坡、海林、牡丹江方向的旅客，现在开始检票。"两个检票员从问事处里有说有笑地走出来，大盖帽、白手套和深蓝色铁路制服把她们打扮得特别精神。

我靠在椅背上，掏出已经磨破皮的长篇小说《青春之歌》。这部小说是女作家杨沫所作，描写了"九·一八"至"一二·九"这一历史时期，北京青年学生为了抗击日本侵略、拯救祖国而进行的顽强斗争。作者细腻地刻画了林道静、卢嘉川、江华等一批青年形象。卢嘉川、林红这些视死如归的共产党员使我泪眼婆娑，不知不觉便进入了梦乡。不知什么时候，有人喊道："起来，看看车票！"一位警察将我从睡梦中叫醒。我揉揉眼睛说："我不是上车的。""不上车在这里干什么？"警察大声地说。他随即把我带到了民警值班室。屋里有好几个警察，他们见我戴着狗皮帽子，穿着一件黄色破大衣，兜里鼓鼓囊囊，睡眼蒙眬，把我好一顿询问。那时没有身份证，也没有电脑，如果有的话，肯定得好好查一查，看是不是公安部通缉的逃犯。

他们见我老实厚道，句句实话，冒着严寒来车站学习，并且泪浸《青春之歌》，很感动，便把我放了。于是，我又回到原来的地方，把大衣裹得紧紧的，棉帽子也系上了扣，因为暖气不热了，在两只脚不断磕碰中我继续读下去。这时大钟已经敲响了11下，整个候车室只剩下我一个人了。

九

有一天，生产队搞活动。活动最后举行赛诗会，两男两女，四人一组。每人先说四句诗，然后再跳《北京的金山上》舞蹈。赛诗的人，手拿一张白纸照着念，开头大凡都是"东风吹，战鼓擂"一类的话；诗的内容，或"大海航行靠舵手，万物生长靠太阳"，或"新苫的房，雪白的墙，屋里挂着毛主席的像"。这时，一个戴着眼镜老学究模样的老人站了出来，他说："我给大家朗诵一首诗，题目是《自嘲》。"说着，他大声地朗诵起来：

运交华盖欲何求，未敢翻身已碰头。
破帽遮颜过闹市，漏船载酒泛中流。
横眉冷对千夫指，俯首甘为孺子牛。
躲进小楼成一统，管他冬夏与春秋。

这时，生产队长说："阶级斗争你不抓，还要'躲进小楼成一统'？"老学究急忙辩解说："这是鲁迅先生说的。""鲁迅是谁？"生产队长问。老学究见其狐疑，便举起《毛主席语录》念道："鲁迅是中国文化革命的主将，他不但是伟大的文学家，而且是伟大的思想家和伟大的革命家。"会场顿时哗然。在生产队长悻悻地坐下来的时候，我从地上拾起一个空香烟盒，掸去尘土，将其打开，用烟盒背面把鲁迅这首诗记下来。这位老学究模样的人，是刚从北京下放来的插队画家，在我们屯儿的小学校当美术教师。后来我和他同事过，没过两年他就去世了。"鞠躬尽瘁，死而后已"是毛主席对鲁迅先生的评价，也是我对这位北京下放来的插队画家许身教学的评价。四十多年过去了，我做了几千张读书卡片，唯独那张香烟盒卡片特别珍贵，它不但让我知道了"鲁迅的骨头是最硬的，他没有丝毫的奴颜和媚骨"，而且也让我懂得了"横眉冷对千夫指，俯首甘为孺子牛"的深刻含义。我将其作为我人生的座右铭。

恩　师

　　"文化大革命"期间，我认识了一位下放的中学教师。他姓翟，生产队的男男女女都管他叫"老翟头"。其实，翟老师年龄并不大，不到五十岁，只是身体羸弱、说话声音苍老些罢了。翟老师祖籍福建，有一张典型的闽人的脸，瘦而且黑，满脸皱痕，散发着淳朴与厚道的气息。1956年，文学汉语分科时，翟老师在哈尔滨一所中学教汉语。十年后，他"因言获罪"，被"遣送"到我干活的那个生产队接受贫下中农的再教育。

　　那时，翟老师整日沉默寡言，他白天干活，晚上看书，自己孤独地住在生产队一个废弃的仓库里，很少与人来往。不知为什么，我非常可怜他，常在刮风下雨不能上工时，炒点油酥豆，打上二两小烧，来到翟老师的住处，与他一边喝酒，一边聊天。很快，我们便成了忘年交。

　　翟老师喝酒有个特点，喜欢一饮而尽，然后趁着酒劲述说他教书的往事。

　　他说，文学汉语分科教学时，只在初中设汉语课。当时在一些青年教师心目中，汉语处于次要的地位，都不愿意教，翟老师自告奋勇，承担了四个班的汉语教学任务。为了让学生掌握系统的汉语知识，他刻苦学习《初级中学汉语教学大纲（草案）》，钻研《暂拟汉语教学语法系统》，还攻读了黎锦熙的《新著国语文法》、吕叔湘的《中国文法要略》和王力的《中国现代语法》。他说，汉语是中华民族的魂，汉字是中华民族的根，中国人学不好汉语，写不好汉字，就是对不起老祖宗。

　　1971年，早春二月，春节刚过，领导找我谈话，让我当"挣工分的老师"，只供饭，不给钱。我斩钉截铁地说："干！"磨盘当讲台，土墙做黑板，泥桌泥凳泥娃娃，从此，在我插队的那个小村子里便有了朗朗的读书声。

　　一天，我上完课，从教室里出来，只见翟老师手捧几本书向我跑来。他抚摸着我的头，气喘吁吁地说："我要回哈尔滨了，送你一套我用过的《汉语》课本，留作纪念。这六本书你要好好学习，好好保留。要记住，汉语是中华民族的魂，汉字是中华民族的根。教语文，就是要引导学生说铿锵有力的中国话，写方方正正的中国字，书洋洋洒洒的中国文，做堂堂正正的中国人。"我双手接过书，深深地向翟老师鞠了一躬，望着这位不断消瘦的老人，我的眼睛湿润了。

这是一套由张志公先生主编的《汉语》课本，书里密密麻麻地写着一些钢笔字，或红、或蓝、或黑，工工整整。这显然是翟老师在备课时留下的墨迹。

从此，三尺讲台横亘在我生命的原野上，翟老师的谆谆教诲融入我生命的河流中。任凭岁月更迭，世事沧桑，我始终守着翟老师给我的六本《汉语》过日子。1978年，我凭着过硬的《汉语》实力在县里当上了小学语文教研员。

弹指一挥间，十年过去了。一天，我去哈尔滨开教研会，得知翟老师已患中风病多年，便抽空前去探望。

翟老师静静地躺在床上，斑白的头发下，面容显得十分憔悴，嘴巴已经严重地歪向一边，喉咙里说不出话，成了一个植物人。

我握住他的手说："翟老师，您好！我看您来了。"他毫无反应。我俯下身子，放慢语速："我是白金声，十年前，咱们在生产队一起干过活，一起喝过酒。"他还是没有反应。我凑到他耳边大声地说道："在我刚当老师的时候，您送我一套《汉语》课本。您说，汉语是中华民族的魂，汉字是中华民族的根。教语文，就是要引导学生说铿锵有力的中国话，写方方正正的中国字，书洋洋洒洒的中国文，做堂堂正正的中国人。"这时，只见他眼球微微滚动几下，两行泪珠顺着面颊流了下来。

图3　作者（右）与李伯棠先生（左）、张田若先生（中）在镜泊湖

我太高兴了。他的哭，说明他听懂了我的话，说明他还有记忆。他的儿子站在旁边蹑手蹑脚地说："我爸爸中风多年了，任凭别人怎么和他打招呼，他就是记不起来，唯独你用《汉语》的回忆唤醒了他。"

回首四十多年教研生涯，如果说我有一点成绩的话，除了可能比其他人对教研工作多想了一点，多做了一点，更缘于翟老师的指点。翟老师珍贵的六本书，翟老师语重心长的一段话，让我从初登讲台的后生到特级教师，到黑龙江省优秀中青年专家，到享受国务院政府特殊津贴。这一切都凝聚着一种情结——感恩。人生路上，有缘碰上一个好老师，那就是造化。流年"逝者如斯"，教研"不舍昼夜"，我将倾注生命，完成未竟的事业，以此报答翟老师的在天之灵。

教　材

我们的学校叫红旗小学，校舍和小屯儿挨在一起。一栋破旧的草房，七间门窗破损的教室，一些缺胳膊少腿的桌椅，就是我们学校的样子。社员的小猪、小鸡常跑进正在上课的教室里，此时乃是学生最快乐的时候。他们纷纷离开自己的座位，和小猪、小鸡一起玩耍。生产队长让我教七年级语文，教室的位置就在这栋房的最西头。

当时的初中语文课本是根据"教材要彻底改革"的精神编的，特点是突出毛主席的文章，以政论文为主，政论文又以革命大批判文为主。记叙文则选革命通讯和"四史"（厂史、社史、村史、家史）等，选少量古代诗文，则必加批判性的说明和提示。

我当教师那年，七年级下学期没有语文教材。校长说："没有教材不要紧，你领着学生学习毛主席著作，写革命大批判文章。"于是，我们班每一堂语文课都以朗诵一段毛主席语录开始，然后背诵"老三篇"（《为人民服务》《纪念白求恩》《愚公移山》），接着对批判对象痛加斥责，大张挞伐。声讨一番之后，宣称已经"批倒批臭，打翻在地，再踏上一万只脚，让其永世不得翻身"。

后来，我得到一本《毛主席诗词》。这本《毛主席诗词》和《毛主席语录》一样，都是红色塑料皮的，64开本，314页，扉页上印有"全世界无产者，联合起来"

的字样，书中有毛主席五幅彩照和 19 幅手迹。此书在当时来说非常宝贵，号称"红宝书"。

　　我教《毛主席诗词》大体经历三个阶段，即从"满堂闹"到"满堂灌"再到"满堂问"。开始的时候，我把毛主席诗词抄在光滑的水泥黑板上，领着学生诵读。因为学生都是"红卫兵"，造反精神非常强，加之我家成分是"小地主"，我教学生时心里打怵。学生见我管不了他们，就不认真学习了，在课堂上有说有笑，又打又闹，乱成了一锅粥。校长见此情景，批评了我，说我对工作不负责。为了稳住学生，激发他们的学习兴趣，我经常在上课时讲毛主席诗词里的故事。如学习《七律·和郭沫若同志》：

　　　　一从大地起风雷，便有精生白骨堆。
　　　　僧是愚氓犹可训，妖为鬼蜮必成灾。
　　　　金猴奋起千钧棒，玉宇澄清万里埃。
　　　　今日欢呼孙大圣，只缘妖雾又重来。

　　《西游记》第二十七回《孙悟空三打白骨精》：孙悟空保护唐僧去西天取经，途中屡遭尸魔白骨精。善变的妖精先后变成美女、老妪、老翁迷惑唐僧，以便吃到能使人长生不老的唐僧肉。但每次均被孙悟空识破，并遭金箍棒痛打。然而，虔诚信佛而过于心软的唐僧却错怪孙悟空滥杀无辜，念紧箍咒折磨悟空，并将其赶回花果山。阴谋得逞的妖精轻易地抓住了唐僧，幸亏猪八戒请回孙悟空消灭了白骨精，救出唐僧。这个故事我整整讲了一堂课，学生听得目瞪口呆，没有一个说话的。校长说我是"满堂灌"，让我搞"启发式"，变"一言堂"为"多言堂"。我刚当老师，没学过教学法，不会启发，于是，我就搞"十万个为什么"，整堂课没完没了地提问学生，结果闹出不少笑话。

　　两个月的时间，我领学生学习了 37 首毛主席诗词。这 37 首诗词牢牢地刻在他们的心里，同学间平时说话或写革命大批判文章，随时都能用上几句。比如，"四海翻腾云水怒，五洲震荡风雷激""独有英雄驱虎豹，更无豪杰怕熊罴""金猴奋起千钧棒，玉宇澄清万里埃""为有牺牲多壮志，敢教日月换新天""喜看稻菽千重浪，遍地英雄下夕烟""国际悲歌歌一曲，狂飙为我从天落""虎踞龙盘今胜昔，天翻地

覆慨而慷""雄关漫道真如铁，而今迈步从头越"，等等。这些句子经常出现在学生的大批判稿中，一方面能增强文章的战斗力，另一方面也给文章涂上了一层文学色彩。

当时，有些学生写批判稿喜欢用笔名，他们的笔名多与毛主席诗词有关。比如，姓艾的，叫"艾武装"，姓丛的，叫"丛中笑"，姓封的，叫"封雷激"，姓万的，叫"万山红"，姓齐的，叫"齐踊跃"，姓洪的，叫"洪烂漫"，姓靳的，叫"靳朝晖"，姓傅的，叫"傅苍龙"。一时间，有些学生竟然忘记了自己的真名实姓，以用上富有诗意而响亮的笔名而自豪。更疯狂的是，有的学生为了表示自己对毛主席的崇拜之情，他们纷纷更名，在我们班 30 名学生中，就有三人叫"卫东"。

时间过得可真快，一晃，"六一"儿童节到了。学校举行庆祝活动，每班都要演出节目。小学低年级的节目无非都是些"我们红小兵，从小有志气。学习张思德，拿笔当武器。批判封资修，坚决斗到底"之类的儿歌。我们班的节目别具一格，清一色都是和毛主席诗词有关的内容。我清楚地记得，那次活动我们班一共出了四个节目。

第一个节目是气势磅礴的大合唱《长征》：

红军不怕远征难，万水千山只等闲。
五岭逶迤腾细浪，乌蒙磅礴走泥丸。
金沙水拍云崖暖，大渡桥横铁索寒。
更喜岷山千里雪，三军过后尽开颜。

第二个节目是小舞蹈《为女民兵题照》：

飒爽英姿五尺枪，曙光初照演兵场。
中华儿女多奇志，不爱红装爱武装。

第三个节目是对口词《十六字令》三首：

山，快马加鞭未下鞍。惊回首，离天三尺三。

山，翻江倒海卷巨澜。奔腾急，万马战犹酣。

山，刺破青天锷未残。天欲堕，赖以拄其间。

第四个节目是诗朗诵《沁园春·雪》：

北国风光，

千里冰封，

万里雪飘。

望长城内外，

惟余莽莽；

大河上下，

顿失滔滔。

山舞银蛇，

原驰蜡象，

欲与天公试比高。

须晴日，

看红装素裹，

分外妖娆。

江山如此多娇，

引无数英雄竞折腰。

惜秦皇汉武，

略输文采；

唐宗宋祖，

稍逊风骚。

一代天骄，

成吉思汗，

只识弯弓射大雕。

俱往矣，

数风流人物，

还看今朝。

生产队长和贫下中农看了我们的节目，都伸出大拇指，夸我们的节目是一流的。校长高兴了，亲手写了一张奖状，挂在我们教室的土墙上。

忙碌的时间总是过得很快，一晃到了 7 月，这帮天真无邪的孩子就要离开红旗小学了。他们一起到照相馆合影，想留个纪念。有人提议，在照片上题写一句话。大家思来想去，一致同意用毛主席《沁园春·长沙》词中的"恰同学少年，风华正茂"这句诗最恰当。一是体现了学习毛主席诗词的成果，二是表达了同学们对红旗小学的怀念。

五十多年过去了，弹指一挥间。回忆起初为人师的那些没有教材的日子，我心里不免一阵阵酸楚。如今，那些学生都已经年过半百了，有的当上了爷爷，有的当上了奶奶，有的当上了外公，有的当上了外婆。在那荒唐的年代学到的 37 首毛主席诗词，不知他们现在还记得与否？

上　课

凡事都有第一次，人生的第一次，是值得回忆的。也许它是甘甜的，也许它是苦涩的。但不管是成功，还是失败，都能给人留下难忘的印象。在这里，我想起了第一次上语文公开课的经历。

一天，老校长在会上高兴地说："学校要搞'教学周'活动，从高年级到低年级，所有学科都上公开课，每天一个，大家互相切磋教艺，交流思想，最后咱们选出一位教学能手，参加公社的比赛。"

当时，我教六年级，当然首当其冲。为了显示我的"才华"，我选了一篇难度较大的长课文，那就是《小英雄雨来》。整个教学分四步进行。

第一步：介绍作者管桦。

站在讲台上，我激动地注视着那一张张光洁而又略带稚气的脸，振振有词地说："同学们，这篇小说的作者是管桦。管桦，原名鲍化普，河北丰润人，生于 1921 年。

管桦在小学读书时就接触了古典名著《三国演义》《水浒传》《西游记》《红楼梦》等书，并且爱听民间故事。稍长，受表兄翟俊臣的影响接触了鲁迅、高尔基的作品及文艺性杂志，开始练习写作。1941年，到冀东作报社记者，开始发表文章。话剧《三百人和一条枪》是他的第一个成功的剧本，小说《辛俊地》发表后，曾引起文艺界的讨论。"

评课时，老校长说："学生听了你的这番介绍，我发现他们个个晕头转向。这哪是介绍作者，纯属是给中文系大学生讲文学概论，太深了，太难了，得马上改过来。"

第二步：概述故事情节。

我眉飞色舞地说："优秀短篇小说《小英雄雨来》，成功地刻画了一个机智勇敢的儿童——雨来。他在与日寇斗争中，巧妙地掩护了自己的同志，并在敌人的屠刀下胜利脱险。小说情节生动曲折，人物形象鲜明生动，大家读后一定会喜欢他的。"

交流时，老校长说："'情节生动曲折，形象鲜明生动'这样的话应当让学生在读后自己说出来，你这样处理，叫越俎代庖，这怎么能行呢。"

第三步：动情范读课文。

朗读是我的长项，我有一定的驾驭有声语言的能力，对停连、重音、语气、节奏等朗读技巧，做过专门研究。范读时，我基本上把这篇小说的书面语言变成了有生命的、诉诸人的听觉的、活生生的有声语言，效果非常好。

座谈时，老校长说："白金声的朗读，不是简单的'照字读音'，而是在具体、细腻、真切地感受作品的基础上，能全面、准确、深入地把握作品中蕴含的思想感情，把小说读活了，这一点难能可贵。"

第四步：分析人物形象。

教学时，我用了将近半个多小时的时间，分析雨来的人物形象。最后我说："雨来之所以能和敌人机智勇敢地进行斗争，这与他平时所受到的教育是分不开的。'我们是中国人，我们爱自己的祖国'这句话在课文中一共出现过两次：第一次是雨来上夜校时出现的，写出了雨来在夜校受到爱国主义教育；第二次出现在雨来被鬼子毒打、鲜血直流的情况下，血滴溅在课本上，用来烘托雨来热爱祖国的决心和同敌人斗争到底的坚强意志。"

研究时，老校长说："文章比较长，可让学生快速默读课文，大体了解课文主要

写了什么，然后再指导学生一部分一部分地阅读思考，给每一部分加上小标题。教师可这样提问：'我们是中国人，我们爱自己的祖国'这句话在课文中一共出现几次？分别是在什么情况下出现的？作者为什么要多次强调这句话？这样设计，效果会更好些。"

最后老校长语重心长地说："一定要以一颗平常的心上公开课，好课的标准应该是扎实、充实、丰实、平实、真实。学科的性质不能变，教师的主导作用不能变，学生的主体地位不能变。教师要做到目中有人，心中有本，胸中有情，手中有法，让语文教学活起来。白老师，你这节课，基本功过硬，语言美，板书美，教态美，课堂教学比较厚重。如果能心中装着学生，把分析变成读讲，那就更美了。"

图 4　作者在上语文课

一晃四十多年过去了，老校长的教导牢牢印在我的心里。"如果能心中装着学生，把分析变成读讲，那就更好了"这句话我一辈子忘不了。老校长所说的"心中装着学生"，就是语文是儿童的，语文只有融入儿童的精神世界才是有意义的。因此，语文必须从成人霸权中走出来，还儿童学习语文的自主权。

现在，我还体会到：能有机会上课，特别是公开课，本身就是一种幸福；上课之后，被人评说更是一种幸福。用多大的热情欢迎评课，我们的教学就会有多大的进步。从第一次上公开课到如今，在小学语文教学的道路上，我走过了四十多年的春华秋实，在行进的路上一程山水一程歌。所有这一切得感谢老校长对我的指导。

随着岁月的流逝，在不断否定自我、不断超越自我、不断完善自我的过程中，我逐渐形成一个观点，那就是要平平淡淡教语文，简简单单教语文，轻轻松松教语文，扎扎实实教语文。把握学科的本质是一切教学的根。我明白，语文教学对于我来说，是要用一生的智慧和心去浇灌的。

钟　声

　　我们的学校并不大，是典型的"N＋1"模式的乡村小学。"N"者，六个老师六个班，那个"1"当然就是老校长了。那时学校没有电铃，指挥全校师生作息时间的就是吊在办公室屋檐下的那块铁。学校规定：值日老师负责敲铁，上课敲三下，下课敲四下，放学敲五下。敲铁的姿势，男女老师大致一样：一手捂住耳朵，头偏向一边，一手握住榔头，大臂一挥，清脆的声音立刻在学校上空飞扬起来。

　　快放寒假的一天，鹅毛大雪漫天飞舞，轮到我当"首席执行官"。瞧瞧墙上的挂钟，上课的时间到了，我拎着榔头，首先走出办公室，其他的老师鱼贯而出。此时，在操场上嬉闹的孩子们野马归槽似的跑进教室。正当我举起榔头的时候，只见学校大门口走来一位小男孩儿，棉衣、棉帽、棉口罩，只剩下两只眼睛观望着一片白皑皑的世界。他不就是我班的刘刚吗？他顽皮、好动，是个天马行空的淘小子。见此情景，我真想惩罚他一下。然而，我犹豫了，没有那样做，而是示意他快点走，不然就迟到了。刘刚明白我的意思，便加快了脚步，当他跑进教室时，我才举起榔头，"当——当——当"敲了三下。

　　我笑盈盈地走进教室，捡起前排学生打闹时摔在地上的文具，用手帕擦去灰尘，轻轻地放在课桌上。抬头那一刻，我看见刘刚面带赧色，已经坐得端端正正了。他的表情和神态告诉我——今后再也不迟到了！

　　转年秋季开学，老校长让我教四年级。新学期、新老师、新课本、课堂上一片新感觉。整个一节课，讲解，朗读，提问，板书，我非常卖力气。下课的时间到了，我还在兴头上，刹不住"车"，竟然忘了轮到我敲铁。

　　老校长批评了我，她在教师会上严肃地指出："上课不能在教学内容上画蛇添足，更不能在教学时间上冗长拖沓。拖堂是一种得不偿失的劳动，表面看教师在尽心尽职，牺牲自己为学生服务，而实际上是好心做了坏事，对学生危害极大。究其原因，小而言之，是教师缺乏时间观念，对课堂教学时间安排不当所致；大而言之，乃教师的教育观、师生观、课程观的问题，绝不能等闲视之。"

　　从此，为了避免拖堂，我上课尽量做到像古人论述写文章有"凤头、猪肚、豹

尾"之说那样，开头美丽，中间浩荡，结尾响亮。就拿结课来说，我突出两个字，一个是"短"——要言不烦，干净利落，在一个短暂的时间内，用尽量少的话语使讲课的主题得到升华；另一个是"快"——"快刀斩乱麻"，紧扣目标，提纲挈领，画龙点睛，严格掌握时间，按时下课。如果确因某种情况实在讲不完，我就像古典小说那样，"欲知后事如何，且听下回分解"，让学生带着问题下课，使他们欲罢不能，课后自己去思考。轮到我值日，便快步走出教室，"当——当——当——当"，敲四下铁。

时光飘逝如飞，物换星移，转眼间，到了1977年。这一年于我而言，实不寻常。我的教师生活结束了，我将去城里上学了。

最后一课，我依稀记得：那是一个秋末的下午，斜阳浅照，学生坐在教室里，聚精会神地听我讲课。该下课了，也该放学了，我慢慢地合上书本，又轻轻地收拾好教具，百感交集地站在讲台上。目光中掠过一丝惊讶，学生的眼圈怎么都红了？大概他们知道了我的情况。六年了，日出日落，我在这所村小学教了六年书，敲了六年铁，每当看见孩子们那活泼鲜亮的身影，我的心底就泛起幸福的涟漪，真舍不得离开他们。最后，我还是走出教室，拿起那沉甸甸的榔头，在铁上"当——当——当——当——当"敲了五下。

四十多年过去了，匆匆的岁月在我生命的年轮上记下了73道印痕。吊在村小学办公室屋檐下的那块铁，常常萦绕在我的眼前，挥之不去。

图5 舐犊之情

中　师

1977 年，恢复高考。通过初试、复试，我被呼兰师范双城分校录取了。

这是一所无校舍、无教师、无教材的学校。

报到那天，我从乡下骑着自行车赶到双城西北隅，在二中旁边一座空房子找到了这所学校。这座空房子据说是双城"五七"教育工厂的木工车间。一个月之前，为了迎接我们，县教育科特意雇了几个瓦匠，把木工车间一分为二，砌了一道墙，墙的这边是中文班，墙的那边是物理班。一道之隔，有几间新盖的平房，那便是学生的宿舍和食堂。给我们上课的老师都是从城里各个中学临时抽来的将要退休的出类拔萃的老先生。我们学的是中文课程，开设的科目有"现代汉语""古代文学""文选""写作"等。没有教材，上课前由写字好的同学刻钢板，油印活页发给大家。

最有意思的是，全班 52 人，年龄相差悬殊。大者三十好几，小者才十七八。这些人上学前，有的是工人，有的是农民，有的是教师，有的是学生，有的当过生产队的会计，有的做过农村的赤脚医生，有的做过广播站的站长。我们这些人聚在一起是缘分。不管是男生，还是女生，也不管是大哥，还是小妹，就像饥饿的人见到面包似的，学习都非常刻苦。

由于入学前我学过武术，校长让我在班里负责领操。领操可不是一件简单的事，精气神要足，口令要响亮，示范要标准，领操者站在同学面前俨然是个教练。每天立正、稍息、两臂侧平举、向前看齐、向左转、向右转、齐步走，我一丝不苟地喊着口令。刚开始的时候，同学们比较散漫，做操不用力，像伸懒腰似的，有的还嘻嘻哈哈，一点也不严肃。见此情景，我火了，拿出老大哥的威严吼道："学立正，齐步走，就是学做人！连齐步走都走不好，何以为人？"我这一嗓子可真起作用，同学们面面相觑，老实了。从此以后，只要上操，我的这些小弟弟、小妹妹都规规矩矩地在教室门前站好，等候我的到来。

我的同桌叫朱喜维，大高个，大眼睛，是插队知青。他喜欢政治，入学前就读了不少马列主义经典著作。毕业后，他来了个"二次革命"，读本科、读硕士、读博士，还以学者的身份访问过日本，现任黑龙江省社会科学院院长，改名为朱宇。

　　我和朱喜维同桌，近水楼台，学到了不少他的治学"经验"，其中一条就是佯装听课，偷看"闲书"。不管上什么课，这小伙子一律不听，总是低头翻马克思的《资本论》。时而皱眉、时而微笑、时而沉思、时而叹息，是他读书时的神态与表情。

　　我们的课桌是旧的，桌面上有一条"三八线"，一边刻有"楚河"，一边刻有"汉界"。桌子里的隔板掉了，打通的桌堂里装的全是朱喜维的书。这些书清一色，一摞子《马克思恩格斯选集》，一摞子《列宁选集》，一摞子《毛泽东选集》，都是精装的。因为是同桌，他的书就是我的书，我经常随便翻翻。看不懂不要紧，只要使个暗号，他就小声地给我解释。近朱者赤，近墨者黑，渐渐地，在他的影响下，我也"不务正业"了。上课的时候，我把笔记本打开，挡住老师的视线，在底下偷偷地啃起恩格斯的《自然辩证法》来。学点哲学真有用。直至后来，我教语文，研究语文，科学认识论帮了我很大的忙。

　　1978 年元旦，同学联欢。每人一个节目，内容和形式不限。在掌声中，班主任贲老师操琴，我和陈桂云（毕业后随军去了赤峰）、宋士学（毕业后当了镇长）联袂唱了一段"革命样板戏"《沙家浜》。在"智斗"中，陈桂云饰阿庆嫂，她嗓音清丽、脆亮、甜美，咬字吐字行腔非常有功夫，唱得有板有眼；宋士学饰刁德一，他又高又瘦，嘴里叼着一支香烟，眼睛叽里咕噜，显得十分狡猾；我饰胡传魁，穿了一套黄军装，腰间扎了一条宽皮带，斜背着一个真皮枪套，枪套里插着笤帚疙瘩。

　　京胡过门后，我先唱：

想当初，
老子的队伍才开张，
拢共才有十几个人，七八条枪。
遇皇军追得我晕头转向，
多亏了阿庆嫂，
她叫我水缸里面把身藏。
她那里提壶续水，面不改色无事一样，
骗走了东洋兵，
我才躲过大难一场。
似这样救命之恩终身不忘，

俺胡某讲义气，终当报偿。

我使出浑身解数，把这个"乱世英雄"的胡传魁演得惟妙惟肖，活灵活现。
紧接着，智斗开始了：

刁德一：这个女人不寻常。

阿庆嫂：刁德一有什么鬼心肠？

胡传魁：这小刁一点面子也不讲。

阿庆嫂：这草包倒是一堵挡风的墙。

刁德一：阿庆嫂，抽烟。

胡传魁：人家不会，你干什么？

刁德一：她态度不卑又不亢。

阿庆嫂：他神情不阴又不阳。

胡传魁：刁德一搞的什么鬼花样？

妙语连珠，亦庄亦谐，不卑不亢，不阴不阳，一个是旁敲侧击，一个是察言观色，一个是稀里糊涂，真是妙极了。
接下来是陈桂云的一段西皮流水，博得了同学们一阵又一阵热烈的掌声：

垒起七星灶，
铜壶煮三江。
摆开八仙桌，
招待十六方。
来的都是客，
全凭嘴一张。
相逢开口笑，
过后不思量。
人一走，茶就凉，
有什么周详不周详。

这次联欢，我同学们留下了深刻印象。

在班上，我年龄比较大，而且已经成了家，同学们都非常尊敬我。男生也好，女生也好，一律称我为白大哥。一天，一个小妹妹举着一本刚刚收到的《黑龙江教育》，大声喊道："白大哥发表文章啦！"正在上自习的同学们不约而同地一下子围拢过去，争着抢着要看这本《黑龙江教育》，并且向我投来羡慕的眼光。

"这有什么大惊小怪的，白金声在《黑龙江教育》上已经发表好几篇文章啦。"班主任贲老师推门进来对大家说。

原来，我在农村当民办教师的时候，就经常结合自己的语文教学实践，写点教学随笔之类的小文章，寄给《黑龙江教育》。寄出的稿件，有的石沉大海，有的就刊登了。不管发表与否，我都坚持练笔。那时候，刊物非常少，尤其是教育刊物更少，能在省一级的刊物上公开发表文章，而且谈的是语文教学方面的问题，这对一个刚刚入学的中师生来说的确是一件大事。一夜之间，我成了学校的名人，班上的焦点，同学的偶像。老师让我介绍经验，班长让我说说体会，盛情难却，师命不可违，于是，我就斗胆地讲了一个多小时。具体内容我现在想不起来了，但是我还依稀记得这样一个观点：文章要小一点儿，实一点儿，短一点儿，不要无病呻吟，不要装腔作势，不要借以吓人。同学们听了，似有所悟，连连点头。

图 6　作者在中师上写作课

我在这个班待了不到一年就离开了同学们。1978 年秋季开学，学校又招收两个班，一个是中文，一个是物理。校长让我给中文班代课，教《现代汉语》，兼《写作》。就这样，我只上了七个月的中师，就提前毕业了。

妻　子

男大当婚，女大当嫁。二十多岁的人，依然独来独往，我该成家了。可是，我硬是找不着对象。论个头，一米七八，看长相，英俊潇洒，讲学历，高中肄业，说身体，没啥毛病。正经过日子人家的男子汉，哪个女孩儿也不理睬。原因很简单，我父亲是"小地主"，白天挑大粪劳动改造，晚上到生产队戴高帽挨批判。在那个"打倒地富反坏右"的年代，哪个贫下中农敢嫁给我？况且，我家六口人，除了父母之外，我还有一个弟弟，两个妹妹，六口之家住一间半草房，生活拮据可想而知。我母亲对我的婚事特别着急，经常对我们四个孩子说："多攒几个钱，早点儿给你哥哥娶个媳妇，我就放心了。"亲戚朋友也操心，托这个，找那个，还是帮不上忙。校长也做过媒人，都无济于事。后来我灰心了，找不着对象，一辈子打光棍！

我父亲说："打光棍，那可不行！"大约在1972年冬季，他老人家托人在山东掖县（今莱州市）给我找了个媳妇。千里迢迢，她来了，这一下子可把妈妈乐坏了。老太太喜上眉梢，逢人便讲："我儿子的对象长得可漂亮了，大高个，大眼睛，高鼻梁，长头发，十里八村数一数二。"我和她相处一段时间，第二年开春，杏树开花的时候，我们结婚了。办喜事的那一天，可热闹了，我家在草房前搭起了锅灶，请了厨师，摆了七八桌酒席。校长主持的婚礼。亲朋好友来了，左右邻居来了，学校的同事来了，生产队的领导也来了。敬酒的时候，我舅舅语重心长地说："金声，你家人口多，生活困难，成个家不容易，要好好过日子。"我频频点头。

新房是这样布置的：室内一分为二，中间拉上幔帐，南面十米，北面十米。"南屋"大炕睡五口，"北屋"小床睡两口，一间房屋挤得满满的。

终于有家了，从此我更加刻苦地投入学习和工作之中。一天早晨，我照例早早起了床，准备到镇上中心小学给老师做辅导。我没注意，妻子的眼睛是红的，也没注意她欲言又止的神态。傍晚，我兴冲冲地赶回家，发现门反锁着。进屋后，室内空荡荡的，所有的衣物都不见了。桌上压着一张纸条："金声，我走了，你别找我，

找我也不会回来的。"新婚不足百天的妻子因受不了当时的社会压力，再加上我回家只顾看书，很少与她说话唠嗑，她不辞而别。这件事在我们那个小屯儿成了爆炸性的新闻，成了人们茶余饭后谈论的话题。被洗劫一空的我犹如脑袋上被猛击一棒，朦朦胧胧，不知天南地北。我没有颓废下去，而是一头扎进书中，用拼命地苦学来排遣心中的屈辱与苦闷。

邂逅为缘，追求是梦。说来也巧，我与我现在的妻子徐淑杰是在骨干教师培训班上认识的。记得那是 1974 年暑假，县教育局在"五七干校"举办全县中小学骨干教师培训班，每个公社派两名教师参加学习，一名是中学的，一名是小学的，为期十天。

报到的那一天，人特别多，男男女女排着长长的队伍。站在我前边的是一位年轻的女教师，个子不高，梳着小辫儿，看背影，顶多二十五六岁的样子。她怀里抱着一摞教材，一边签到，一边回头看我，她的眼神好像在说："咱们在哪儿见过？"此时，我也捧着一摞书，正准备掏出笔来签到。说时迟，那时快，前面那个梳小辫的女教师一回身，不小心就撞在我的怀里，我的书与她的书几乎同时落地，交叉地散落在一块。这位女教师连忙道歉说："对不起！对不起！"说着就蹲下来拾起地上散乱的书。

晚饭后，男生宿舍只有我一个人在看书，显得特别肃静。这时，我突然听到走廊里有脚步声，随即有人敲门。进来的不是别人，正是那个梳小辫的女教师。她一进屋，便不好意思地说："白老师，您领的书有没有重复的？我怎么有两本《小学语文教材教法》呢？"我急忙打开书包，可不是吗，里边竟有两本《小学数学教材教法》，这大概是上午报到时互相捡错了。于是，我和她交换了彼此重复的教材。

这位女教师在房间只逗留了几分钟。她说她叫徐淑杰，是幸福公社中心小学的班主任，听过我的事迹报告，很受感动。临走时，冲我莞尔一笑。这一笑不要紧，为"有情人终成眷属"奠定了坚实的基础。

命运让我认识了徐淑杰。我们从相遇到相识，从相识到相知，从相知到相爱，从相爱到相伴，相处一年的时间，我们便结婚了。

记得结婚前夕，我和她到哈尔滨添置衣物。在哈尔滨第一百货公司门口，我把仅有的一百元钱从兜里掏出来，二一添作五，她一半，我一半，她到楼上买衣服，我去书店购图书。下午四点钟，约定的时间到了，我抱着两摞书兴冲冲地奔回百货大楼，却见徐淑杰两手空空，坐在斜阳浅照的石阶上，呆呆地望着来往行人。原来，我们刚一分手，她就把钱丢了。我跑过去，拉住她的手。我笑了，笑得有几分苦涩，有几分内疚。她也笑了，眼角分明闪着泪花。车尔尼雪夫斯基说："爱一个人意味着什么呢？就意味着为他的幸福而高兴，为使他能够更幸福而去做需要做的一切，并从中得到快乐。"我和徐淑杰就是这样对待爱情的。

　　婚后，我们恩爱和睦，但一直没有孩子。我 32 岁那年，徐淑杰怀孕了。快要做父亲的我当然欣喜若狂了。上班，我满面春风，下班，我春风满面，整天沉浸在幸福与快乐之中。十月怀胎，一朝分娩。一天，我刚从学校回到家里，一进门，我母亲拉住我的手说："淑杰要临产了，赶快上医院！"当时，我家住在双城郊区，离县城十里地。我临时借了一辆手推车，上面垫了几捆稻草，铺好了被褥，母亲把徐淑杰扶上车。刚要走，徐淑杰大声地说："老白，你不带几本书啊？"于是，我大步流星地跑进屋里，从桌上胡乱地抄起我刚刚买的几本书蒙头转向地跑出来，随手将书丢在车上，便拉着车子飞快地去往医院。路上，我不时地回头看看徐淑杰，只见她左手搂着暖水壶，右手抱着几本书，愣愣地靠在车厢的横木上，眼睛直勾勾地望着前方，嘴里不住地喊道："快！加快脚步！"我脱掉汗衫，光着膀子，两手紧紧握住车把，拼命地向前奔跑。街上的行人见此怪异情景都投来惊奇的目光。

　　到了医院，汗流浃背的我刚办完住院手续，我的小女儿白丁就在产房里顺利地降生了。住院三天，徐淑杰让我带的几本书真的起作用了。白天，在护理妻子和女儿的闲暇时间，翻上几页书，既是休息，又是享受；晚上，枕着这几本书挤在妻子与女儿身旁，有一种说不出来的美妙的感觉。

　　白丁刚上托儿所的时候，我家从农村搬到城里。那时，我的工作量特别大，为了搞研究，我白天上课，晚上写书，一忙忙到后半夜，有时甚至通宵达旦。徐淑杰很是心疼，她经常把孩子哄睡之后，帮我抄写材料。她的字虽然不漂亮，但

图 7　1997 年，我与妻子徐淑杰在上海

写得非常工整，一笔一画，清清楚楚，逗号像逗号，句号像句号，一点也不马虎。我起草，她抄清，有时累了，便互相揉揉肩，搓搓手。后来，她不但帮我抄写，还帮我校对，书稿中的错误，哪怕是一个标点，都逃不过她那敏锐的眼睛。1996年，我的专著《小学语文教学心理学》在黑龙江教育出版社出版了。这本书不知倾注了徐淑杰多少心血和汗水。那时，我正外出讲学，一个来月不在家，是徐淑杰一字一字地将书稿校对了三遍，光错别字就找出好几百个。书中有一句话"我用双臂拥抱老娘"竟印成了"我用双臂拥抱老狼"。

现在，徐淑杰已经退休了，戴着老花镜，一边哄着外孙女，一边给孩子讲那些书里的故事。孩子似乎懂事了，在妻子轻声慢语的讲述中，睡着了，梦中露出甜甜的微笑，好像在说："外公头发白了，外婆眼睛花了，他们老了。"是的，我和徐淑杰相濡以沫，以书为伴，地久天长，以书为友，天长地久。

双　亲

天有不测风云，人有旦夕祸福。

1963年"四清"运动刚开始，我们全家由双鸭山被遣送回双城，落脚在乐群公社红旗大队的那家窝棚。患有气管炎的父亲从此成为被管制的对象，在屯子接受劳动改造。

父亲从小在城里长大，没干过农活，生产队的生活对他来说简直是一种煎熬。夏锄时，早晨三点半，晚上看不见，面朝黄土背朝天，一天十几小时在地里劳作，累得他腰都直不起来。就这样，不会庄稼活的父亲以自己瘦弱的双肩挑起了六口之家生存与发展的两副重担。父亲常说："我好好干活，你们好好读书，总有一天，咱们还会搬回城里的。"陷入农村再想拔出来，在那个年代，谈何容易！况且，我家是下放户，返城难上加难。从此，家境江河日下，生活半饥半饱。

福无双至，祸不单行。1966年，"文化大革命"来临了。

那几年，父亲承包了生产队掏大粪的活儿。他每天起早贪黑地把村里各家各户厕所的粪便掏出来，再挑到农田里，一天往返十几趟。肩膀压肿了，鞋子磨破了，衣服弄脏了，他全然不顾，一心想多挣几个工分，好养家糊口。我们看在眼看，疼在心上，劝他少挑几趟，千万注意自己的身体。父亲总是说："不干活，咱们吃什么？穿什么？你们还要上学，哪不需要钱？"我们兄弟姊妹四人哪有心思读书，都陆陆续续到生产队当上了"半拉子"。

一直到了1971年，我在红旗小学当了民办教师，弟弟进了双城亚麻厂做了临时工，两个妹妹也先后出嫁了。家里只剩下父亲、母亲和我，三口之家还是农村户口。

经过十几年的折磨，父亲丧失了劳动力。他的病情也越来越重，由"气管炎"变成了"肺气肿"，痰中带血，喘气困难，整天用麻黄素勉强维持生命。病中的父亲经常叨咕返城的事。一次，他把我叫到身边，说道："我死了，绝不埋在那家窝棚，我恨死了这个地方！"是的，那家窝棚给父亲留下了太深的创伤，这创伤是难以愈合的。

1979年，我中师毕业，分配到县教研室当了小学语文教研员。第二年，单位给我一套房子，妻子也随之调到城里，在第五小学教数学。

随着生活的好转，我把父亲和母亲接到城里，和我们住在一起。两口人的供应粮四口人吃，父亲总觉得不是一回事。于是，他就背着我，拄着拐杖到派出所索取了一份《落户申请表》，填好后，再拄着拐杖把表送到派出所。一年过去了，两年过去了，三年过去了，父亲唯一的希望就是能吃上供应粮，以减轻我每月到市场高价买粮票的负担。就这样，一直等了十年，泥牛入海无消息。父亲哪里知道，家住农村的老人往城里落户是有条件的，只填一份表，无济于事，除非子女有突出贡献。

父亲的病越来越重，由"肺气肿"变成了"肺心病"，每天咳血不止。为了治疗方便，父亲便住在了哈尔滨我老妹妹家，由我母亲照料。尽管如此，老人家还念念不忘落户的事，每隔几个月打一次电话，催我到派出所去问一问。

为了了却父亲的心愿，我拼命地工作。苍天是有眼的，1985年，我当上了省劳动模范，1987年，我获得了地区"拔尖人才"称号，1988年，我被评上了特级教师，就这样，我总算有突出贡献。1989年4月，双城红旗派出所终于给我父亲解决了"农转非"的问题。

当天，我拿着崭新的户口本连夜赶到妹妹家里，只见父亲骨瘦如柴，两眼迷离，艰难地呼吸着。不过，仍然可以看出他心底是明净的，并且还在顽强地迸发出一种精神。我噙着眼泪，举着户口本，贴近他的耳边说道："爸爸，您看，这是什么？"这时，父亲轻微地点了点头，似乎明白了我的意思，于是会心地眯上了双眼。此时

此刻，我们明白，父亲已经神志不清了，言语困难了。我把耳朵贴近他的嘴边，期盼父亲能吐出几个字来。父亲真的开口了："盼啊，盼啊，整整盼了二十六年，在我弥留之际，终于重新吃上了供应粮……"父亲眼角湿润了，我泪流满面，全家人都哭了。

一个月后，也就是 1989 年 4 月 19 日清晨，父亲平静地走了，享年 65 岁。下葬那天，我们在他的墓前供上了一个月的供应粮：面粉二斤，大米二斤，豆油二两，玉米面二十斤，愿他在天堂享受。

第二天，父亲的户口便注销了。我知道，二十多年来，父亲所追求的绝不仅仅是这一个月的供应粮。

自从父亲去世后，母亲便搬到我家来了。做饭，收拾屋子，照顾小孙女上学，都是她的事儿。老人家常说："我还能活几天，活一天干一天，帮你们把日子过好，我也就安心了。"

1992 年，我获双城市重大贡献奖，政府奖励我一套三居室商品房。住房解决了，对我来说，有用武之地，无后顾之忧。吉辰良日，我从蜗居十年的逼仄的老宅子搬进了新居。母亲与我女儿住在一个房间，我与妻子住在一个房间，余下的一个房间没有当作客厅，而是辟为书屋，取名"天地书斋"，十几架藏书，横七竖八，顶天立地。在"藏中外教育，聚古今思想"的楹联对面，挂有李燕杰的题词：

> 宠辱不惊看庭前花开叶落
> 去留无意望碧空风卷云舒
> 　　向白金声老师学习
>
> 　　　　　　　　李燕杰
> 　　　　　　　　戊辰秋日

母亲虽然不懂其意，但是她明白这是夸我的。老人家经常在书架中逡巡摩挲，在走动中，她换得了自豪，找到了愉快，脸上似乎写出了这样几个字："这就是我的儿子！"

我是在 1994 年秋色未尽的时候完成我的第一部学术著作《小学语文教学心理学》的。之后，又用将近半年的时间对这本书稿进行了修改和誊清。八百多页稿纸

图 8　我的父亲白殿文和我的母亲芦秀文

足足有两寸厚，放在案头，让人兴奋不已。白发苍苍的母亲见状，说道："还是订上规矩些。"说着，老人家戴上花镜，拿出针线，用那双不太灵活的手订起来。她先把稿纸慢慢顿齐，用手指量一下针眼大体位置，接着使劲用锥子将稿纸一点点扎透，然后把针穿过去，再把线引过来，反复多次，最后在书稿的背面打个结，用牙轻轻一咬，线就断了。霎时，一本古香古色的"线装书"便出现在我的面前。

1995 年寒假，我带着母亲亲手给我订的书稿，来到省城哈尔滨。在黑龙江教育出版社王爱琳主任的帮助下，这本书很快就出版了。

我拿到稿费，心情无比激动，就到金店给老人家买了一条她心仪已久的项链。

银发、白金项链、肉色上衣、粉红裤子，此刻，我母亲哪像 75 岁的老太太。"有了项链，还得配上戒指。"妻子鼓励我继续写下去。于是，我一边教书，一边写书，五年过去了，我连续出版了三本著作，每一本著作的手稿都是母亲亲手用线订的。

2000 年，我的《语文德育渗透艺术》终于脱稿了，此时母亲已经 80 岁了。她戴上那副掉了腿的老花镜，让孙女引上针，用颤抖的双手订起来。在穿针引线中，我分明看到她的头在不停地摇晃。订好后，她不是用牙咬断线头，而是用剪刀把线剪断。母亲小声说道："这是我给你订的最后的一本书稿了，妈妈老了，以后不能再帮你干活了。"

我的眼睛湿润了，这哪是在帮我干活，分明是让我有出息呀！此时，我轻轻地

将母亲手指上的顶针摘下来，给她换上一枚金戒指。老人家爱不释手，左瞧瞧，又看看，还用她那干瘪的嘴吻了又吻，眯缝着眼睛笑个不停。

第二年冬天，在一个寒冷的夜晚，母亲永远地睡着了。

在整理老人家遗物时，我发现两个布包。小心翼翼地打开第一个布包一看，里边包着一串项链、一枚戒指和一个针线包；再小心翼翼地打开第二个布包一看，里面有一把铜把锥子、一枚铁质顶针、一颗头号钢针和一副掉了腿的老花镜。我捧着这两个沉甸甸的布包，望着母亲的遗像，耳边响起楼下幼儿园传来的稚嫩声音：

慈母手中线，游子身上衣。临行密密缝，意恐迟迟归。谁言寸草心，报得三春晖。

我哭了，老泪纵横的我面向西天，默默地底下了头。

抉　择

也许因为我当过省人大代表，或者因为我是党外人士，在社会上有一定知名度，1992年秋色正浓的时候，双城传出这样一条消息：市政府换届，要补选一名党外知识分子副市长，我是候选人。

消息不胫而走，一夜之间，"地球人"全知道了。在教育界，人们议论纷纷："白金声，平步青云，此去前途，当是无量。"

作为一名教师，我平时想得最多的，除了大而言之的"教育"之外，恐怕就是小而言之的"教学"了。对这突如其来的传闻，不管是真还是假，我真有点不敢接受。在流转不息的生命之轮中，我为语文而来，从来没想过当官，更甭说当副市长了。其实，我极其平凡，没有学历，在城里过的是小小老百姓的生活，当的是小学老师，教的是小学语文，研究的是小学教育，每天与小学生打交道。倘若我有些许成功，其中都夹杂着诸多的自以为是，夹杂着诸多的浅尝辄止。

妻子说："人生可以有许多选择，紧要关头处却只有一步。为了生计，为了稻粱谋，为了光宗耀祖，你不妨去试一试，干不了再下来。"

我说："谣传，谣传，这纯属谣传！我到底多少斤两，你还不知道吗？我的直觉告诉我，这种生活不属于咱家的。三尺讲坛横亘在我生命的原野上，我这一辈子只能当老师。"

妻子戏言:"我老公,在政治上没有野心,在仕途上没有热心,在事业上倒是有点恒心。教育工作是一个让人灵魂容易结茧的工作,我看你何时能破茧而出。"面对妻子,我只是一阵阵苦笑。

学校里,同事们向我投来艳羡的目光,有的还窃窃私语,好像在议论我。一位同事开玩笑地说:"白金声,苟富贵,勿相忘!"

我解嘲地说:"悠悠我心,情系烛业此生缘,何谈富贵?"

同事说:"不想当元帅的士兵不是好士兵。"

我说:"只想当官的教师也绝不是好教师!"

办公室里一片笑声。

那些日子,把我折磨得焦头烂额。世事千般,趣舍万殊,我就纳闷了,人们的价值追求差距怎么就这么大呢!

真是无风不起浪。一日,王崇武校长急匆匆来到我家,让我明天到市委组织部谈话。

第二天,我早早来到市委,轻轻地敲开组织部部长办公室的门。接待我的是当时双城市委组织部的李部长。他个子不高,头发稀疏,满脸挂笑。李部长先给我倒一杯茶,然后开诚布公地说:"你在双城声誉日隆,经市委领导推荐,让你出任副市长,主管文教。过几天,地委组织部来考核,这可是千载难逢的好机会。"说完,便派司机把我送回学校。

这天晚上,我躺在床上,辗转反侧,思绪万千,直到深夜,怎么也睡不着。无奈,我从床上爬起来,推窗望去,繁星点点,万籁俱静。我知道,人大开会,选举市长,有两种形式:党内干部差额选举,党外干部等额选举。只要考核合格,我当选副市长那是没问题的。

翌日,我早早地来到学校,站在办公室里发呆。年华似水,一晃,我在小学语文教学与研究的漫漫长途上,逶迤而行,已经二十一个春秋了。回顾那跌跌撞撞、深深浅浅的来时路程,让我汗涔涔。我想起在村小学当民办教师初上讲台的青涩;想起那个春天的傍晚看到自己的文章成为铅字发表时激动心情;想起书房中圈圈点点、大大小小的几千册图书;想起一群群孩子围着我谈天说地的笑脸。二十一年,我战战兢兢,如踩虎尾,如履薄冰,如临深渊,走过四季,走过风雨,我从未离开

课堂，从未允许自己懈怠。我爱语文，爱语文的诗意盎然，爱语文的博大丰厚，爱语文的邃密精深，爱语文的源远流长；我爱语文，爱语文的字词句篇，爱语文的听说读写，爱语文的咬文嚼字，爱语文的推敲斟酌。如今，我就要告别黑板、粉笔、教棒、板擦，离开魂牵梦绕的三尺讲台。我不由地潸然泪下。

我们的办公室坐北朝南，阳光只能从南面窗户里投进来，小小的一块。这稍纵即逝的一小块阳光每天都被主任霸占着。此时，我坐在阳光里，享受着当领导的滋味。

突然，工友老张走进来，让我到收发室接电话。电话是双城市委打来的，让我近日不要外出，等候地委组织部考核。我慢慢放下电话，眼睛直勾勾地望着天花板，半天没有说话。老张看出我的心思，对我笑而不语。

工友老张年龄并不大，与我同庚，也和我同类，属于"老三届"出身，当年曾是中学里的佼佼者，响应"罢课闹革命"的指示，顺着"大串联"的潮流，走南闯北，见多识广。后来在公社革委会当了几年副主任，因莫须有的罪名，退出领导班子，到公社中学教政治。为了清闲，几经周折，从农村来到城里，落脚在我们学校。我虽然比老张痴长了几个月，但是，老张在我的心目中始终是个高人。他矮矮的，瘦瘦的，黑黑的，满腹经纶，写一手好字，烟抽得厉害。平时少言寡语，但喝了酒之后却判若两人，他说起话来滔滔不绝，有时如醍醐灌顶，让你惊醒。

那天晚上我值班，我一个人坐在办公室门前的台阶上。天渐渐地黑了，一阵凉意袭来，我打了个寒战，于是走进办公室，打开灯，偌大的一间屋子，唯我一人。这时，办公室的门开了，进来的是工友老张。他满脸通红，显然是刚喝过酒。他斜倚着床头，径直地问我："此时此刻你好像在考虑什么问题？"我双手交叉在脑后，用略带忧郁的声音回答："一个慎重的选择。"

"我知道了，是当官，还是教书。"

"是的。"

"选择是对自己的最大考验。"老张点了一支烟说道，"恕小弟直言，人的资分各异，对你来说，当市长未必就是好事。你是研究学问的人。像你这样的人，尽可能不要走行政路，你的长处在课堂，课堂就是你的生命。人生的光亮来自事业，你应当把语文教育当成永远不变的信仰，你要告别浮躁，告别盲从，告别平庸。"说到这儿，老张猛抽一口快要烧到嘴的烟蒂，然后又继续说道："人生最大的敌人是自己，人生最大的失败是站错了位置。生命之舟载不动太多的物欲和虚荣，在不断自我涅槃中拥有更大的超脱。要走自己的路，做最好的自己。名利如过眼云烟，有多少干部退休后成了孤家寡人，枯藤老树，对半天落日残云，何其凄惶，何其苍凉。这是我的肺腑之言，也是我的经验之谈。我酒后吐真言，供大哥参考。"说罢，老张便扬长而去。

我急忙追出去，只见他消失在夜色中。校园之夜，静谧，优雅，恬淡。静静的夜色里，蓝蓝的星空下，我寻找自己在苍穹下的位置。霎时间，我觉得老张的这番说教犹如黑暗天空中划过一道闪电，它点亮了我的奋斗信念。在下了多次决心后，我决定放弃这个人人羡慕的机会，继续在语文教研中舒展自己的生命。

又是秋风起，又见秋叶红。

多年过去了，"如烟往事终成昨"，是老张的话改变了我的人生轨迹，我的生命因持守一份追求而美丽。在这些年里，我咬定青山，甘于寂寞，筚路蓝缕，写了四本书。这四本书，是我雄踞双城的见证，是我充满希冀耕耘的成果，是我为生命留下的痕迹。

"却顾所来路，苍苍横翠薇。"在人生的转折点，我遇见了贵人——老张。他指点迷津，让我学会了释然，学会了选择。人生在世，得朋友如此，夫复何求？

图 9　教师节的鲜花

实　验

在中国版图的北端，有一个酷似天鹅展翅的神奇地方，他就是美丽的黑龙江。三十多年前，这片黑土地上绽放出一朵教改奇葩，并写下了辉煌壮丽的篇章，这就是在国内外非常有影响的"注·提"实验。

1979 年，我到双城教学研究室当小学语文教研员。我那时刚刚中师毕业，青涩得很。这一年的 11 月份，在黑龙江省小学语文阅读教学研讨会上，我结识了仰慕已久的包全恩老师。从此，我与他亦师亦友，相交多年。

1982 年 7 月的一天，包老师来信，说他与丁义成、李楠二位先生搞一项教改实验，名为"注音识字，提前读写"。凭我的直觉，这是一项很有创意、很有眼光、带有革命性的实验。不出所料，半年后，"注·提"学生的优势就显示出来了。学习兴趣、语言水平、思维能力、习惯养成等都明显高于普通班的学生。见先进就学习，我向来如此。向领导汇报，向包老师请示，不久，双城也搞起了这项实验。开始的时候，我领导双城"注·提"实验，很怕自己跑偏，再把其他人带偏了，那样我就成了罪人了。于是，我就三天两头往省里跑，当面向包老师请教。每次去哈尔滨都是满载而归，包括《实验简报》在内的各种资料应有尽有。现在我还保存着几大摞早期"注·提"实验的材料。有时我把这几大摞尘封的材料摆在写字台上，抱一抱，沉甸甸，摸一摸，暖融融，那种感觉真好。是包老师把我领进了"注·提"领域，与其厮守了三十年。三十年来，生活中很多东西离我而去，我也放弃过一些，唯独"注·提"却成了我生命的一部分。

承蒙大家抬爱，1988 年，我评上了特级教师。翌年，拟晋升中学高级教师。按那时的规定，定这个职称至少得有一篇经两位专家鉴定的科研论文。由于我搞了几年"注·提"实验，也写过几篇这方面的文章，其中比较满意的是《"注音识字"的三个基本特点》。为了评职称，为了向专家讨教，于是，我带着这篇论文来到了哈尔滨。我轻轻地叩响了省教育学院文改办李楠主任办公室的门。我叩门，不仅仅是出于礼貌，还有着敬畏在里面。我当民办教师的时候，就在新华书店遇到了李主任和胡新化合著的《黑龙江人学习普通话》。这本书对我学习汉语拼音，乃至后来搞

"注·提"实验、当普通话测试员都起到了很大的作用。

李主任大高个，戴着眼镜，镜片后透出睿智的目光。一见到我，他高兴极了，不停地说"快请进，快请进"，大有"有朋自远方来，不亦乐乎"之感。李主任热情地接待了我，并答应再请一位教授联合鉴定。于是，他领着我到中文系一位姓陈的教授家里，请他玉成此事。不久，李主任打来电话，让我到哈尔滨取论文鉴定书。听到这个消息，我高兴极了，带着两份鉴定费兴冲冲地来到省城。李主任只收下一份鉴定费，答应替我转交给陈教授。他的鉴定费执意不收，还拍着我的肩膀说："咱们都是'注·提'人。有了你的科研成果，'注·提'理论不就更丰富了吗？我哪能要你的鉴定费。"李主任不但没收鉴定费，还请我吃了一顿饭。那顿饭，我没少喝酒，这酒更加深了我与"注·提"的感情。

1999年10月19日，这本来普普通通的一天，而在双城教育改革大事记上，却不失为意义非凡、影响超越时空的一刻，因为这一天双城市教育局在实验小学报告厅召开庆祝"注·提"实验15周年总结表彰大会。那天，我的身份是工作人员——负责照相。

上午8时30分，大会隆重揭幕。先是市长致精短而热情的欢迎辞，继而宣读黑龙江省教育厅实验领导小组的贺信，接下去是局长讲话和教师代表、学生代表发言。庄严的会场，精彩纷呈，高潮迭起，星光四射，掌声不断。我举着照相机，及时捕捉着美妙的瞬间。

为见证辉煌，为分享圆满，省教育学院的丁副院长特意赶到双城。他身着藏青色中山装，迈着稳健的步伐走向主席台右侧大花篮前的紫檀色演讲台。会场静极了，人们屏息聆听他的讲话。丁院长是"注·提"实验的发起人，学富品高，亲切和蔼，他的讲话字字珠玑，句句金玉，打动了与会者的心。

散会了，丁院长握着我的手说："会上会下，会前会后，金声，辛苦了！"我知道，丁院长这句话是对我十五载工作的肯定，也是对我今后梦想的鼓励，我应加倍努力，不辜负领导的期望。四年后，也就是2003年10月，我作为特邀代表到河南省参加了全国庆祝"注·提"教学改革20周年大会，在洛阳观摩了几节精彩的语文课，至今记忆犹新。

2001年，黑龙江省语言文字工作委员会办公室办着手修订《"注·提"实验纲要》（以下简称《纲要》）。孟广智主任请了几个人，其中既有银发霜鬓、满腹经纶的

专家，又有一线教师中的青年才俊，还有运筹帷幄的教育行政长官，群贤荟萃，新老聚首。我，不伦不类，忝列其中。孟主任指出："修订《纲要》，目的是使其既符合《小学语文教学大纲》精神，又具有'注·提'实验的鲜明特点，成为广大'注·提'实验工作者在新世纪进一步搞好'注·提'教学，实施素质教育的主要依据和导向。"这是修订《纲要》的指导思想，必须遵循。在讨论中，我特立独行，亮出了观点，建议将实验的三项原则扩充为四项原则，即在学生的主体性、语文的实践性、教学的整体性的基础上，再加上实验的发展性。我的发言引起了争论，见仁见智，莫衷一是。争鸣的结果，我的建议没有被采纳。但实践证明，"注·提"以其科学的理念、高度的前瞻性、卓越的成就和与时俱进的鲜明特征，成功地融入了新课改，受到了国内外广大教育工作者的高度关注。这正印证了邓小平的那句名言："发展才是硬道理。"

2002年仲夏，绿满五大连池。这一年，我参加了九年义务教育六年制小学"注音识字，提前读写"实验教科书编写工作。有人说，在风景区编教材，是一种享受。说实在的，我真的没有那种感觉。一个月时间，没日没夜，心无旁骛，想的就是精选、精编、精改。一篇课文的选定与编辑，一个练习的设计和安排，甚至一个标点的运用、一个词语的解释，都要斟酌再三，煞费苦心，真到了"吟安一个字，捻断数茎须""两句三年得，一吟双泪流"的地步。

"什么是好教材？师生喜欢的教材就是好教材。"唐宏建主任如是说。

"教科书不允许有丝毫的错误！"唐宏建主任三令五申。

有形、无形的压力，如山崩海啸一样压过来，让人喘不过气。有时睡到半夜，突然梦到教材有不妥之处，一声大叫，竟出了一身冷汗。为了打造一流教材，使教科书语言准确、严密、规范到不差毫厘，我白天选篇，夜晚润色，困了就趴在桌上睡一觉，醒了接着改，改着改着竟到东方既白。编教材的难处与苦处，只有编者才能体会到。不管怎么编排，怎么糅合，总有千人挑、万人评，说白了就是吃力不讨好。教材是教学之本，是师生飞翔的蓝天。这片由教材内容、文字、标点、行款组合的"蓝天"，应该蔚蓝如洗，纯净无疵，新美如画。我们做到了。

在第八次课程改革中，"注·提"实验物化成为一套义务教育课程标准语文教科书，2003年由教育科学出版社出版，并在全国十几个省市使用，成为黑龙江省的主流教材。

在石连琪主任的带领下，我竟意气风发地参与到为实验学校教师的培训服务中。听课、评课、座谈、辅导、答疑、讲座，帮助教师解决使用教材遇到的实际困难。去密山、虎林，往带岭、肇州，进鸡东、饶河，到阿城、呼兰，赴塔河、漠河，折返哈尔滨、加格达奇，足迹遍布半个黑龙江。讲师团时而并肩战斗，时而又天各一方。见面时欢庆会师，分手时互道珍重，集使命感、光荣感和责任集于一身，累并快乐着！

在巡回辅导中，我结交了不少朋友。朋友中，既有校长，又有老师，彼此心心相连，息息相通，拉紧了一所所实验学校之间的真诚合作关系。一天，我接到中国最北方的学校——大兴安岭北极村中心小学——一位青年教师的来信。信中说："晚辈年轻，尚未入道语文，听了您的讲座，顿开茅塞。语文是什么？您说：语文，就是横平竖直写好方块字，就是字正腔圆说好中国话，真正的语文课就必须做语文自家的事；语文教学无论怎样改革，书写、朗读、背诵等这些传统项目'不废江河万古流'。说得太好了！望白老师多加指教，引领黑龙江畔的这位年轻人。"读了这封信，我很受感动，马上给她寄去我的一本新作《我为语文而来——白金声教学艺术》。

时间到了 2008 年 1 月，我从双城市教师进修学校小学语文教研员岗位上退了下来，结束了长达 29 年的每日从家到学校再回家的生活轨迹。然而，萦绕在我脑中的主题词还是"注·提"实验，这是我牵肠挂肚的事业。郑万峰主任知道我是个闲不住的人，便推荐我到省语委办当科研秘书。语委办有一项省"十一五"重点课题——"'注·提'教改实验与新课程对接的实验研究"。接触这个课题，猛回头，才晓得这不是小打小闹的一般课题，而是大动作、大手笔、高屋建瓴的课题。从立项到开题，从研究到结题，在这个偌大的工程里，我长了不少见识。就拿课题组成员来说吧，他们个个英才，人人奇俊，学识渊博似海，基本功扎实如山，说起话来头头是道，做起事来处处见招，威望、理论、经验、专长常常令人望其项背。他们是教材编写和课程研究的翘楚高手，我特别佩服。

在实践探索中，我不断学习，不断思考，不断积累。2012 年，我的一本研究"注·提"理论的著作《小学语文教学新体系》由教育科学出版社出版，在全国发行。

三十年筚路蓝缕，我一路走来。任凭岁月更迭，世事沧桑，任凭青春流逝，容颜衰老，我与"注·提"不离不弃。这项实验，给了我动力，给了我慰藉。

第二辑 教研小品之课程篇

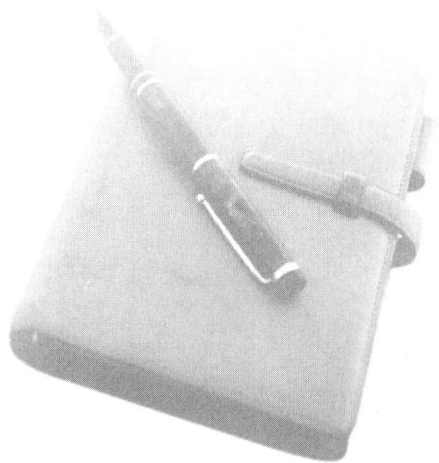

语文，是人的思维文化乃至生命的基因，是一个国家的发轫之所，一个民族的存亡之标，即精神素描、精神雕像或精神底色，还是一国一族塑造自身与创造世界的工具。语文教育学什么？无外乎理解、积累和运用祖国的语言文字，练就扎实的听、说、读、写等各方面的语文能力，滋养深厚的文化内涵。

我的小学语文教育观

我于 2008 年退休。此前，我教过语文，当过教研员，此后，又编过教材，在小学语文舞台上前前后后转了 46 年。有关语文，我似乎有说不完的话，道不完的情。作为语文教师的同道，对自己的本业我想亮亮观点，唠叨几句。

一、关于语文

何谓语文？语文是生命的符号，是每个人生命的存在方式，语文与生命是相融相构的。从学科发展、社会需要和教学实际出发，可以认为"语文"是一个以语言为核心，包括语言、文字、文章、文学、文化等多元要素的综合体。语文是折射五千年中华文明的一滴水珠。我们应该从这滴水珠中使学生体悟到中华文明的博大精深，于己打好人生的底色，于国传承民族的精神。一句话，语文是我们每个人安身立命的根。

何谓语文课程的性质？语文是最重要的交际工具，具有工具性；语文是人类文化的重要组成部分，具有人文性。工具性与人文性的统一，是语文课程的基本特点。工具性与人文性不是结合、黏合或捆绑，而是统一，就像手心和手背一样，有手心必有手背。

何谓语文学科的特点？语文学科是具有多方面特点的学科，其中最主要的是实践性、综合性和社会性。语文学科的实践性，指语文教学以培养学生听、说、读、写能力为主要目标，而能力必须在实践中亲身反复练习才能获得。在游泳中学会游泳，在运用语言的过程中学习语言，这是我们进行语文教学活动必须时时牢记的。从某种意义上来说，语文并不单纯是一门学科，它是人类生活的浓缩，它的内涵极为丰富，包括了自然、社会的各个方面，这就是语文学科的综合性。语文课程具有多学科、多信息相互交叉、渗透和融合的特点，是各种知识的"集成块"。语文学科的社会性，指的是语文的外延与生活的外延相等。生活的内容有多丰富、有多宽阔、有多深广，语文课程的内容就有多丰富、有多宽阔、有多深广。课堂内外的语文学习、家庭内外的语文生活、校园内外的语文课程、人生万象的语文体验、社会生活的语文实践、自然环境的语文资源以及网络世界的语文在线等，都是这一开放系统的组织部分。

何谓小学语文？小学语文还应当姓"小"。小学教育属于启蒙教育，是打基础的阶段。小学生学习语文，许多内容对他们而言都是"第一次"：第一次认识某一个汉字，第一次遇见某一个词语，第一次接触某一个句式。无论是语文知识，还是语文能力，要求都不宜过高。如果讲深了，躐进了，超越了学生接受能力，那么势必欲速则不达。

二、关于教材

作为语文教育的重要组成部分，语文教材从来都是被看重、被关注的。可以几乎肯定地说，现代语文教育仍然必须借助于语文教材，这与以往的语文教育并无不同。如果要做归因分析，恐怕可以认为是基础教育与学校语文学科教育的特殊性所决定的：对于社会，在塑造未来一代社会人的时候，必须提供一个参照的范本；对于新生的一代，在走向现实社会生活、成为真正的社会人的时候，也需要有一个依循的范本。而语文教材中的人格品位与指向、思维与行为方式，甚至语言格调都恰恰符合所要求的范本意义。简言之，我心目中的语文教材应当是：工于炼意，文意统一；思想有路，行文有序；语言求真，修辞求诚；蕴含着自然美、社会美和艺术美。

请看《燕子》结尾段：

> 几对燕子飞倦了，落在电线上。蓝蓝的天空，电线杆之间连着几痕细线，多么像五线谱啊。停着的燕子成了音符，谱出一支正待演奏的春天的赞歌。

这里用"几痕"，不用"几根"，作者是有过斟酌的。比较起来，"几根"固然不错，但过于坐实，缺少韵味。"几痕"呢？显得朦胧淡远，若有若无，符合才下过雨，在水汽氤氲中所见的情景。同时，用"几痕"不用"几根"，还更能衬托出小燕子飞落电线上的轻盈灵巧。因此，"痕"这一活用的量词更准确，更传神。另外，这一结尾，把"蓝天""电线杆""电线""燕子"等并不相关的事物艺术地组合起来，令读者通过合理想象，产生入境之感："蓝天"是无边的纸张，"电线杆""电线"是

画在纸上的五线谱，"燕子"是一个个音符，构成了"正待演奏的"曲谱。耳边仿佛就要响起清脆悦耳的乐曲，迎接值得赞美的春天的到来——这是一首迎春的赞歌，也是作者和读者心中的歌，充满活力，充满希望。由《燕子》结尾造成的令人悠然意远的艺术境界，我们不由想起了王国维那句名言："写情则沁人心脾，写景则在人耳目，叙事则如其口出。"

三、关于学生

小学语文是儿童的，语文只有融入儿童的精神世界才是有意义的。因此，语文必须从成人"霸权"中走出来，还儿童以发展语文素养的自主权。学习语文，兴趣、方法、习惯往往比知识、能力更重要。

（一）兴趣

兴趣是最好的老师。对此，《语文课程标准（2011版）》提出："喜欢学习汉字""喜欢阅读，感受阅读的乐趣""对写话有兴趣""对周围事物有好奇心""对学习汉字有浓厚的兴趣""乐于书面表达"。这些要求印证了一句古话，"知之者不如好之者，好之者不如乐之者"，的确如此。

（二）方法

夸美纽斯说："学习语文，并非因为它们本身是博学或智慧的一部分，而因为它们是一种手段。"在小学阶段，常见的语文学习方法有以下几种。

第一，识字方法。有基本字带字识字、拼音识字、看图识字、查字典识字、编口诀识字、语言环境识字等。第二，写字方法。从写字姿势角度来说，小学生应该掌握的方法是：身正、背直、肩平、臂张、足稳；从执笔方法的角度说，小学生应当掌握"三指捏笔一指挡，二指垫住真稳当"的要领。第三，阅读方法。有解词、析句、分段、解题、默读、朗读、浏览、背诵、复述等。第四，作文方法。有观察、审题、拟题、立意、构思、选材、联想、列习作提纲、自我修改等。第五，口语交际方法。有讨论、答问、聊天、介绍、交谈、劝说、辩论、即席发言、简要转述、礼貌语言使用等。第六，综合性学习方法。有资料索引、自学笔记、剪贴报刊、工具书查读、图书馆利用、资料积累、网络学习等。

（三）习惯

叶圣陶把培养良好的语文习惯作为语文教育的终极目标，因为这是关系到一个人一辈子的事情，这也是语文素质教育的最终目的。归纳起来，小学生良好的语文学习习惯应当包括：保持正确的读写姿势，主动识字，认真写字，勤于朗读、背诵，乐于课外阅读，读书有选择，读书做记号，读书做笔记，留心观察事物，坚持写日记，随时使用工具书，自主修改作文，多种渠道学语文，勤于收集资料，读万卷书、行万里路，在实践中学会运用，等等。

四、关于教师

语文教师是学生语文知识的传授者，是语文学习方法的指导者，是语文能力培养的引导者，是语文学习习惯的培养者，是语文兴趣的点燃者，是语文实践的合作者，是语文审美情趣的感染者。习近平总书记于 2013 年指出："教师是立教之本，兴教之源。"固立教之本，浚兴教之源，语文教师要拥有童心，回味童趣，驻守童真。应当正确把握语文课程性质，担负起教学生学习语文、学习做人的责任；应当努力遵循语文教学规律，在教学中追求体验感悟与科学训练的平衡；应当凸显学生主体地位，让他们放飞思想，平等对话，学语习文，自主实践；应当不断读书，修心修艺，自强自省，勇于探索，使自己和学生共同成长。

我不信佛，却笃信缘。结缘小学语文教育 46 年，退休后才逐渐明白了"天在山边，走近山边，天又远；月浮水面，拨开水面，月还深"这句古话，或许，这正是我不断走近语文的动力吧。

70 年的叩问：语文是什么

光阴荏苒，白驹过隙，转瞬间，我已届古稀之年。回首往事，我这一辈子只做了一件事，那就是学语文、教语文、用语文、研究语文，与语文结下了不解之缘。

面对苍穹，叩问大地，语文到底是什么？

语文走了几千年，来到现在，携裹一路风霜，染遍岁月沧桑，人们给它很多很多的说法，对这些说法，有的我不敢苟同，有的我不想评判，在这里我只饶舌几句，谈谈我的肤浅认识。

大约在我还只能坐在地上用小手玩沙子的年龄，母亲就开始用字片教我识字了。

在我幼小的心灵里，"山""石""田""土""日""月""水""火"这些古老的汉字就是一幅画——一幅生动的画，一首诗——一首绝妙的诗，一支歌——一支动听的歌。五千年的灿烂文化，五千年的悠久历史，全部凝聚在这些天生丽质的汉字里。中华汉字，伟乎高哉！这就是语文。

上学了，老师让我们背三千多年前的《诗经》，两千多年前的汉赋，一千多年前的唐诗宋词，在"之、乎、者、也"中度过了孩提时代。一天，家里来了客人，大庭广众之下，我摇头晃脑地诵读了清人陈沆的一首七言绝句："一帆一桨一渔舟，一个渔翁一钓钩，一俯一仰一场笑，一江明月一江秋。"这就是语文。

后来，我当了老师，教上了语文。学生问：语文是什么？我说："'小时候，乡愁是一枚小小的邮票，我在这头，母亲在那头'，这亘古不变的令人魂牵梦绕、夜难成寐的思乡之情就是语文。"

再后来，我当上了教研员，开始研究语文教学，读叶圣陶、吕叔湘、张志公，访袁微子、李伯棠、朱绍禹，学斯霞、霍懋征、袁瑢，遇贾志敏、支玉恒、于永正、靳家彦，真切地感受到了他们就是语文。语文，那一抹风景，在我心中永远是美丽的！

语文是生活的浓缩，语文是情感的记录，语文是心灵的驿站，语文灵性无尽，语文妙趣无穷，语文诗意无限，这一切都需要用心去感受。

语文要涵养，没有大量的读写积累，无以入其堂奥。文章无须教，大量阅读、思考而内化、外烁，语文教学之功毕矣。为此，我上语文课非常简单，要么让学生在课堂上背书，要么让学生去阅览室翻书，要么让学生回家抄书。背的东西多了，蓄积在胸，便如那济南城，掀石为泉，掘地为井，汩汩滔滔，不可遏止。

跟语文打了一辈子交道，我只坚信一句鲁迅说的话："从喷泉里出来的都是水，从血管里出来的都是血。"教语文，学养是第一位的。为了贮满语文的"水"和"血"，每天晚饭后，我沏上一杯弥漫着清香的绿茶，慵懒地靠在床头，在灯光的笼罩下，手捧诗书，徜徉其中，心荡神驰，宠辱皆忘。

语文是中华民族的根。语文之妙，妙不可言。在流转不息的生命之轮中，我为语文而来，与语文相伴；在语文的广阔田野上，我千万里追寻着你，与生命相随。语文，我的生命因你而绽放！

"语文"姓"语"名"文"字"实践"

"语文"究竟是什么？如何学习语文？在深入学习、贯彻《语文课程标准（2011版）》的今天，我想对语文说上几句。

一、语文，姓"语"

请注意，我这里说的"语"，不是"语言"的"语"，而是"言语"的"语"。心理学和语言学对"语言"和"言语"这两个不同的概念是有明确区分的。语言，是由语音、词汇和语法三个部分构成的，其中语音是语言的物质外壳，词汇是语言的建筑材料，语法是语言的组织规律。这是大家熟知的。语言是人类最重要的交际工具和思维工具，也是社会传递信息的工具。这也是大家常说的。那么，什么是言语呢？言语也称话语，是个体在特定情境中为完成特定的交际任务对语言的使用。如《语文课程标准（2011版）》中提到的"阅读""写话""习作""写作""口语交际"等，都属于言语活动。如果说语言是一种社会现象，那么言语则是一种个体行为。由此观之，"语言"和"言语"的内涵是不同的。我们学习语言，是掌握其语音、词汇、语法、修辞等知识及其规律；我们学习言语，则是提高运用语言进行听、说、读、写的能力。学习语文就是一个学习言语的过程。语文教材主要是现成的言语作品，要求学生读熟它、读懂它、模仿它、创造它。让学生读熟读懂，谓之阅读教学；让学生模仿创造，谓之作文教学。可见，以培养学生听、说、读、写能力为主要目标的语文教学，其实质就是言语教育。当然，学习言语也包括学习语言知识，但这些语言知识，从言语的角度看，是言语知识。学习言语知识，也只是感受、领悟，形成习惯，不能过分强调知识的系统性和完整性。

语文既然姓"语"，语文教育既然是言语教育，我们就不能把语文课上成思想品德课、社会课、科学课、政治课、历史课、地理课、微机课或者其他课。我们要明确语文课的性质，牢牢把握语文教学的方向，把语文课真正上成言语训练课，全面提高学生的语文素养。

二、语文，名"文"

这里的"文"，既不是单纯的"文字"，也不是具体的"文章"，更不是高雅的"文学"，而是宽泛的"文化"。文化是人类在社会历史发展过程中所创造的物质财富和精神财富的总和。《语文课程标准（2011 版）》指出：语文"是人类文化的重要组成部分"。这就告诉我们，应当把语文视为一种社会意识形态，看作一种文化代码。掌握一种语文，就是接受一种文化价值。拿母语教学来说吧，学生从语文学科得到的不是一技之长，而是认识民族文化的丰厚，触摸民族文化的积淀，感受民族文化的底蕴，吸收民族文化的营养，接受民族道德观念的规范，建立起深厚的民族情感。为此，《语文课程标准（2011 版）》有一条规定，编写教材"要注重继承与弘扬中华民族优秀文化和革命传统，有助于增强学生的民族自尊心和爱国主义感情"。

当然，这里说的"文化"，不具有具体的实体性的内涵，它是通过语言文字、语言文章、语言文学等具体语文形态体现出来的。在教育序列上，小学阶段应侧重于语言文字，初中阶段应侧重于语言文章，高中阶段应侧重于语言文学。以识字教学为例，中华民族独有的汉字，是一种方块形的表意文字，它源远流长，形象优美。从结体上看，汉字具备疏与密、刚与柔、屈与伸、开与合、正与偏、藏与露等多种变化，造成音乐般的节奏与旋律，给人以美的享受。从章法上看，字距、行距相称，启承连断，大小向背，顾盼映带，往往显示出一种气韵，一种格调，也能给人以一种美的享受。汉字文化更是博大精深，它具有因义赋形、富于联想和书法艺术三大特点，在世界上独领风骚，十分有利于开发学生的智力。所以，识字教学应当牢牢植根于汉字文化沃土之中，让学生充分认识到汉字是中华文化的瑰宝，是中华民族智慧的结晶。以往的识字教学大多都是浅层次的，底蕴不深，常常就是就字教字，方法简单，教者不愿寻绎汉字内部潜在的音、形、义各种规律，看不出中国传统文化的特点，这些都是不足取的。

三、语文，字"实践"

语文是实践性很强的课程，要注重培养学生的语文实践能力，而这种能力必须在丰富的语文实践中培养。这是因为以下两点。首先，语文是工具，而掌握任何工具的基本途径就是实践。模仿、记忆、积累、应用、揣摩、领会、吸收、理解，交互作用，往复循环，学习语文大体就是这样一个过程。语文学习绝不是先理解后应用的一个简单的过程，而必须"曲不离口，拳不离手"，反复历练，才能掌握语文这一工具。其次，语文是能力型的学科，这就决定了语文教育必须对学生进行科学的、严格的个体基本训练。能力是个性心理特征，言语能力、言语行为是属于每个人的，具有鲜明的个体性。学习言语与学习游泳一样，必须亲自"下水"，在"游泳"中学会"游泳"。这是我们进行语文教学活动必须时刻牢记的。

　　强调语文学科的实践性，有助于治疗"以教师为中心"的教学痼疾，有助于打破传统语文的封闭格局，建立一个开放型的大语文教育体系。在语文教学中加强学生的语文实践，一要采取多种多样的形式，给学生创造尽可能多的实践的机会；二要不断开发、充分利用无处不在、无处不有的语文教育资源，使学生凭借丰富的资源和大量的实践，在学语文、用语文中渐渐习得语文学习规律，不断提高整体把握的能力。

　　亮出以上的观点，倒不是因为我当了多年的语文教研员，想搞点标新立异的名堂，而是想在众说纷纭中，对语文教学保持一份理智，保留一家之言而已。

素养·语文素养·语文核心素养

　　培养学生核心素养已成为时代发展的迫切要求，也是我国教育综合改革的重大课题。我拟就素养、语文素养、语文核心素养这三个问题谈谈自己的粗浅看法。

　　先说素养。"素养"一词，《现代汉语词典》解释为"平日的修养"。素养是有个性差异的，不同的人有不同的素养。比如，有的人在数学方面有一定水平，我们说这个人具有数学素养；有的人在音乐方面修养很高，我们说这个人具有音乐素养。翻阅各学科的"义务教育课程标准"，可以看到"素养"一词的运用十分普遍，如人文素养、科学素养、历史素养、地理素养、化学素养、物理素养、美术素养等，其中，科学素养使用得最多。

　　再说语文素养。在新课改过程中，伴随着语文课程功能的转变，以及对语文课程性质新的认识，于是，"语文素养"这个概念便应运而生了。《语文课程标准（2011版）》（下文简称《课标》）指出："九年义务教育阶段的语文课程，必须面向

全体学生，使学生获得基本的语文素养。"《课标》是从知识与能力、过程与方法、情感态度和价值观三个维度提出全面提高学生"语文素养"这一理念的。

语文素养，相对于传统意义上的语文知识与技能，具有更为丰富的内涵。它囊括了语文知识、语文能力、语文智慧、语言积累、人文精神、道德情操、审美情趣、个性风采、学习方法和学习习惯等，是一个多维的、立体化的课程目标。只有发展学生的"语文素养"，才能构成学生个体真正意义上的全面发展和终身发展的坚实基础。

最后说语文核心素养。语文素养是《课标》的核心概念，"全面提高学生的语文素养"是《课标》的基本理念。需要指出的是，就基础教育而言，让学生获得的不是全部的语文素养，而是最基本的语文素养，即比较稳定的适应时代发展要求的听说读写能力，以及在语文方面表现出来的文化底蕴。那么，说到小学，在这个阶段，语文素养则更是基本的了，那就是语文知识、语言积累、言语技能三个方面。所以，笔者赞同"语文核心素养"的提法。

语文，是语言和文字及文化的简称，包括口头语言和书面语言。小学语文学什么？无外乎理解、积累和运用祖国的语言文字。把母语学好了，包括美育在内的思想政治教育的任务也就完成了。

小学语文应从哪些方面培养学生的核心素养呢？"字、词、句、篇，听、说、读、写"足矣。"字、词、句、篇"是语文知识，"听、说、读、写"是语文能力。在小学，这"八字宪法"便构成了语文核心素养的基本内涵。那么如何在教学实践中具体实施呢？中国传统的语文教学方法可以借鉴，那就是感悟、积累、运用。

在教学中，首先要对语言材料有所感悟，即人心与文心通融，产生感情共鸣。其次要善于积累语言，在语言的积累中，进一步受到情感熏陶。最后还要加强语言实践，适当地进行运用性的训练，以达到学以致用的目的。

请看，一位教师执教《白鹭》时，第五节的设计：

师：请同学们齐读第五段。

生：（齐读）那雪白的蓑毛，那全身的流线型结构，那铁色的长喙，那青色的脚，增之一分则嫌长，减之一分则嫌短，素之一忽则嫌白，黛之一忽则嫌黑。

师：你们静下心来，与课文"对话"，一定会有很多收获。老师希望与你们交流，分享你们收获的快乐。

生：我非常喜欢白鹭，流线型的身段，雪白的蓑毛，铁色的长喙，青色的脚，像一幅天然的画。

师：你真会感受！

生：白鹭外形精巧如诗，作者语言优美如诗，"那……那……那……"的排比句式，语意贯通，语言流畅，节奏明快，读来朗朗上口。

师：是的，作者通过对白鹭的直接描写，展示了白鹭的精巧、和谐、匀称之美。从绘画的角度来说，这是一幅中国的水墨画，是白鹭的一幅特写，几笔紧扣特征的粗线条的勾勒，便充分展示了白鹭的静态之美。

生：我愿意"锦上添花"诵读这一节。（读得声情并茂，受感染的同学也情不自禁地轻声读起来）

师：读得好！如此精彩的语句，值得储蓄，让我们一起背下来，好吗？

生：（齐）好！

（学生背诵）

师：读也读了，背也背了，现在，请同学们模仿这段话的描写方法写一段话，好吗？

生：好。

几分钟后，大家展示自己的成果。其中一个同学写道："同学们都说妈妈为我编制的毛衣合体，增一点则嫌长，减一点则嫌短，宽一点则嫌肥，窄一点则嫌瘦。"

师：妈妈心灵手巧，女儿心灵"笔"巧。

这个片段的教学，面向全体学生，激发学习兴趣，较好地做到了"感悟、积累、运用"的有机统一，让每个学生在其最近的发展区域得到了语文核心素养的提升。

中国传统语文教育启示录

近读《中国语文教育史纲》，感触颇深。

中国传统语文教育刻有封建时代维护儒家道统的鲜明烙印，产生过不少流弊，

诸如识字教学脱离儿童实际，阅读教学强调死记硬背，作文教学编凑八股文章，等等。对这些"积淀"与"糟粕"，我们必须加以否定。但是，在源远流长的中国传统语文教育中，先哲们也发表了不少真知灼见，积累了许多有益的经验。对这些"活流"与"精华"，我们也必须予以把握和发展。下面略陈三点启示，以求争鸣。

启示之一：熟读。

古人常说："读书百遍，其义自见。"朱熹对这句话的解释是："读得熟，则不解说自晓其义也。"这说明，"熟读"是理解文章思想内容和语言形式的必由之路。只要诵读到十分精熟，定能达到"自晓其义"的目的。

古人对读的要求是十分严格的。每教一篇文章，在教师有声、有色、有情、有韵地范读后，要求学生微闭双眼，轻声吟诵，要读出文气，读出感情。学生在读书时，往往像唱歌一样轻松愉快，印象深，记得牢，一旦背熟，便终生不忘。

总之，中国传统语文教育不是靠什么架空的课文分析，而是依赖于朗朗上口的熟读。但愿如今的语文课堂教学少一点讲解，多一点书声。

启示之二：多作。

在作文教学上，古人提倡勤写多作。清代的唐彪说："盖常做则机关熟，题虽甚难，为之亦易；不常做，则理路生，题虽甚易，为之则难。"

古代学塾大多规定日子进行写作练习。如清代龙启瑞的《家塾课程》中规定："逢三、八日作文，初一、十五日作史论及诗赋。"这种细水长流、坚持不懈的训练，能使写作技能逐步达到熟练的程度。

总之，要手笔熟，唯有多作，这是符合从写作实践中培养写作能力规律的。只靠课本有限的几次作文练习，是难以提高写作水平的。所以，我们要以多作为突破口，增加学生作文历练的次数，重视每次训练的质量要求。

启示之三：广游。

在我国广袤的国土上，有"波浪兼天涌"的长江，有"远上白云间"的黄河，有"造化钟神秀，阴阳割昏晓"的泰山，有"千里莺啼绿映红"的江南景色，有"瀚海阑干百丈冰"的塞外风光……从东到西，从南到北，不仅有美不胜收的自然风景，而且有丰饶富足的天然资源，历史悠久的文物古迹和丰富多彩的民情风俗。

正因为如此，古代的学者非常重视游历，他们把"行万里路"和"读万卷书"一同列为学习的重要课程。李白"五岁诵六甲，十岁观百家"，25岁时，"仗剑去国，辞亲远游"。他南泛湖庭，东游吴越，北上太原，西到巴蜀，漫游生活历时十多年，为阅读、创作奠定了坚实的基础。

当今中小学生，禁于课堂，囿于课本，脱离火热的生活，这不能不说是语文教育的一大失误。学生时期，虽不能"仗剑去国，辞亲远游"，但为了扩大视野，丰富知识，增加阅历，提高修养，一定要接触社会，"天地阅览室，万物皆书卷"，就是这个道理。

语文教育要创新。怎样创新？我认为批判地继承前人法度是推陈出新不可偏废的条件。熟读、多作、广游是有中国特色的、民族化的、科学化的语文教育之路，我们应当很好地走下去，在实践中来发展现在的语文教育。

永远持守着语文本色

新课改已经十多年了，面对蜂拥而至的"新理念"，面对纷繁复杂的"新提法"，面对五花八门的"新套路"，不少语文教师感到无所适从。在"乱花渐欲迷人眼"中，一位教师上了这样一节语文课，此课实在让人不敢恭维。

学生：二年级。

课题：《北京》。

环节：（1）教师配乐朗读课文。（2）学生交流课前收集到的有关北京的各种资料，如天安门的设计、紫禁城的由来、圆明园的建筑、颐和园的美景等。（3）教师演示关于北京的多媒体课件，忽而是雄伟的人民大会堂，忽而是高大的英雄纪念碑，忽而是壮观的国家大剧院，忽而是美丽的"鸟巢"，忽而是靓丽的"水立方"……课堂上，听取"哇"声一片。（4）学生以自己喜欢的方式表达对首都的热爱之情，或跳舞，或唱歌，或朗诵，或绘画，教室里，好不热闹。（5）学生齐声读课文，畅谈收获。（6）教师小结："这节课，我们'游览'了北京城，北京是一本厚厚的线装书，北京是一幅多彩的水墨画。同学们，快点长吧，长大后，去北京感受她的美丽和巨大的变化吧！"

这是一节与综合结过深的缘、与人文攀过近的亲、与媒体贴过密的心变了味的语文公开课。太多的资料补充、太多的课件展示、太多的活动样式，使得课堂成了似"满汉全席"的"大杂烩"。

莫让语文迷失自我，不为时尚丢弃永恒。无论课程改革的路走得多远，"星星还是那颗星星，月亮还是那个月亮"，语文课最本质的东西以及学生学习语言的基本规律是永恒的。

什么是语文？叶圣陶说得很清楚：平时说的话叫口头语言，写在纸上的叫书面语言，把口头语言和书面语言连在一起说，就叫语文。语文教学干什么？叶老也说得非常明白：教会学生听、说、读、写的本领。一句话，语文课是教师引导学生学习和运用祖国语言文字的课，而不是别的课，读读写写，写写读读，如此而已，岂有他哉？

恕我直言，现在的语文公开课剑走偏锋的简直太多了。其错位表现有三：一是虚，语言训练不落实，不到位；二是杂，非语文现象、非语文活动占据课堂；三是闹，在"放羊式"的教学中，假主体行为泛滥成灾。精彩的音像制品、热闹的合作探究、逼真的师生表演，让听课的老师眼花缭乱，而这恰恰丢掉了语文的本真。语文课的最大悲哀是语文本体的淡化与失落，真正的语文课必须做语文自家的事，以"语文的方式"走"语文的路"，凸显语文的个性，把语言的感悟、品味、积累、运用放在首位。语文公开课无论怎样设计，一个根本的东西不能变，那就是教师心静如水，以教材为例子，指导学生在学习母语上下功夫，提高学生的语文素养。

为师不识语文味，教尽经典也枉然。一堂好的语文课，语文味应当表现在动情诵读、静心默读的"读味"上，圈点批注、摘抄录记的"写味"上，品词析句、咬文嚼字的"赏味"上。追求本色语文，就应该以"语"为本，删繁就简，返璞归真，努力做到"三实"：平实——平平淡淡教语文，扎实——扎扎实实教语文，朴实——简简单单教语文。持守语文本色，就是从学语文的角度，按照汉语的规律，实实在在地教语文。

咬定"工具"不放松，立根原在"素养"中，千方百计学语言，任尔东西南北风。这二十八个字应当成为语文教师的座右铭。

语文教学的本位

何谓语文教学的本位？《语文课程标准（2011 版）》中赫然写道："工具性与人文性的统一，是语文课程的基本特点。"

工具性是语文学科的本质属性，人文性是语文学科的特有属性。就语文而言，水乳交融，浑然一体，是客观地存在于文章之中的。语言文字中已经蕴含了丰富活泼的情感和意趣，蕴含了广博丰厚的文化积淀。掌握了语言文字，理解了文本的内容，学会了表达形式，形成了语文能力，那么，情感、态度、价值观即自在其中。当然，语文课堂上，无论是情感激发、态度培育，还是价值引领，都应该如春风入夜般悄然，春雨润物般无声。比如，《桂林山水》这篇课文，语言是很优美的，写作艺术也很高超。教学时，通过有感情地朗读，将学生带入情境，在此基础上，再品味桂林山水"奇""秀""险"和"静""清""绿"的语句，最后沉浸于"舟行碧波上，人在画中游"的仙境。学生学了这一课，就像到桂林游览了一趟，他们不仅学习了语言文字，而且情不自禁地发出感叹：桂林山水真美！热爱祖国山河的思想感情油然而生。

原来，语文教学就这么简单！

语文是唯一以言语形式为教学内容的学科，而语文学科之中的人文就在于语文本身。作者为什么这样写而不那样写，作者为什么要这样说而不那样说。如果学生对此类奥妙有所感悟，人文熏陶也就水到渠成了。如《曼谷的小象》中的这句话："从橘红色的晨雾中飘来一阵悦耳的银铃声。"为什么用"飘"，而不用"传"？品字析词，凿开顽璞，取出玉石，我们知道了一个"飘"字把铜铃声的由远及近、晨雾的缥缈、空灵，树林的静谧凸显得淋漓尽致。而"传"字就显得平铺、直白。字斟句酌，涵蕴品味，人与文已融为一体。

文章的精髓离不开字、词、句、篇的表达，教学中如果离开语言文字去讲析思想内容，文章精髓必然会失去光泽。因此，在语文教学中，要引导学生重锤敲打那些言简意赅、言简意深、言简意丰的关键词句，使其中饱含的思想内蕴溅出耀眼的火花，照亮学生的心灵。《董存瑞舍身炸暗堡》有这样一句话："在这万分紧急关头，

董存瑞昂首挺胸，站在桥底中央，左手托起炸药包，顶住桥底，右手猛地一拉导火索。"此句"猛"是关键词语，说明时间紧迫，不能犹豫，必须使炸药包快一点爆炸，威力大一些。这个"猛"字，正好表达了董存瑞对敌人的恨、对人民的爱以及那种大无畏的革命精神。所以，只有弄清楚这个词语，同时联系"昂""挺""站""托""顶""拉"等几个动词，才能使学生既领会到作者用词的准确，又在思想上受到深刻的教育和感染。

工具性是人文性的载体，人文性又是工具性的灵魂，二者合一，方能绽放异彩。一位教师教《飞夺泸定桥》，有这样一个教学片段：

师：红四团发起总攻后，二连担任突击队，22位英雄表现怎样呢？

（学生默读课文）

生：22位勇士不畏艰险，一往无前，表现了红军战士的大智大勇。

师：请同学们把有关词语圈出来，并联系课文说说这些词语用得好在哪里。

生："拿着""背着"这两个词语用得很恰切，因为红军飞夺泸定桥，武器装备必须轻便。

生：带着短枪马刀，可以看出他们夺桥后，将与敌人短兵相接，展开拼死搏斗。

师：联系上下文理解，讲得好。课文为什么不说挂着短枪呢？

生：因为桥头守敌在疯狂扫射，勇士们边夺桥边还击，因此说拿着短枪。

师：是啊，桥头有两个团敌人守城，红军夺桥可真艰难，要消灭守敌，因此勇士们还带着——

生：（齐答）带着手榴弹。

生：我想，战士们腰缠手榴弹，冲到桥头，可用来炸毁敌人的工事。

师：有些词语，我们还可先想想它们的词义，再将其放到情景中体味。

生：我认为"冒着""攀着"用得更好。桥头敌人把守，枪林弹雨。"冒"是不顾的意思，勇士们早把生死置之度外。这里的"冒"是红军战士抓住铁索向前爬，而下边又无桥面，可想而知，红军夺桥多艰险啊！

生：这些词语表现了红军英勇战斗、一往无前的精神。

师：这种伟大的力量来自什么地方？

生：他们忠于革命。

生：他们对长征充满必胜的信心。

生：红军是毛主席领导的革命队伍，他们能压倒一切敌人。

　　循循善诱地启发，巧妙地点拨，师生配合默契，情感水乳交融，教学效果水到渠成。可以看出，教师在指导学生学习重点词语时，进行了扎实的思维训练和语言训练，在理解词义、句意和用词匠心所在的同时，深刻地体会到红军战士的崇高精神，受到了强烈的思想感染，使语言文字的教学过程成为思想教育的过程。

　　然而，在当下的语文界，智慧不足情感补，用"人文精神"的表演来掩盖自身语言功底差的事实，这种现象太多了。把语文泛化、虚化、情感化，离开语言文字和表现形式，架空分析，旁征博引，任意拔高，搞微言大义，把学生弄得哭一阵、笑一阵，时而怒发冲冠、时而咬牙扼腕的教师，也大有人在。

　　什么是语文教学的失败？没有厘清语文的专业范围，脱离文章的字、词、句、篇，学生的听、说、读、写能力不过关，这才是语文教学的失败。

　　新课程改革自 1999 年启动以来，奏响了语文教学的主旋律。但是，由于缺少"语文学"层面的理论指导，"乱花渐欲迷人眼"，语文学科在工具性与人文性之间，左右摇摆，反反复复，教学改革走的是一条"剪不断，理还乱"的路子。"工具"共"人文"一色，毕竟是语文教学理想之境，要让语文课堂全面达于此境，不可能一蹴而就，还需广大教师付出艰苦的探索。

莫让语文教学成"蝜蝂"

　　柳宗元在《蝜蝂传》中写道："蝜蝂者，善负小虫也。行遇物，辄持取，卬其首负之。背愈重，虽困剧不止也。其背甚涩，物积因不散，卒踬仆不能起。人或怜之，为去其负。苟能行，又持取如故。又好上高，极其力不已，至坠地死。"由可怜的蝜蝂，我想到当前的语文课堂教学。

　　进入新课程以来，小学语文课堂教学的新策略、新方法、新艺术层出不穷，着实令广大一线教师眼花缭乱。在各类观摩课、公开课和平时的语文教学实践中，在种种非语文手段的驾控之下，不少教师的"创新"与《语文课程标准（2011 版）》

倡导的理念"形似神异"，出现了一些非语文现象和假主体行为。有些语文教学舍弃其"学科特征"并在自己不该"管辖"的科目中跳跶行走，将语文课上成了"文化民俗课""地理常识课""历史知识课""科学实验课""手工制作课""美术绘画课""思想品德课""戏剧表演课""风光旅游课"，搞得花花哨哨，非驴非马，不伦不类。有的课，不以教材为凭借，不以学生的知识和能力为基础，任学生无边想象，高谈阔论。表面看上去热热闹闹，红红火火，结果一节课下来，学生没识几个字，连短短的一篇课文都没有读熟。这样的语文课多么令人悲哀！我曾经在省级教学大赛中看过这样一节语文课。第一步，读诗歌《赠汪伦》。第二步，请学生看课文情境课件。第三步，选择学习：（1）凭想象分组表演各种赠别的情景；（2）喜欢美术的学生画一画赠别的画；（3）爱好音乐的学生到电脑中点击适合表现赠别的乐曲，并配乐朗读。第四步，齐读两首赠别的诗。第五步，学生总结收获，合唱一曲《朋友啊，朋友》。一位长期从事语文教学的老教师看了这节课深有感触地说："现在的语文课不知怎样上了，真是月朦胧、鸟朦胧，语文越教越朦胧。"

语文是什么？语文究竟学什么？语文课到底该怎样教？我在案前深深地思索。

语文姓"语"，不姓"杂"，更不姓"繁"。语文教学决不能像那个"善负小虫"的蝜蝂，"行遇物，辄持取"，什么东西都往语文"背"上放。

关于语文是什么，叶圣陶有一经典阐释："口头为'语'，书面为'文'，文本于语，不可偏指，故合言之。"《语文课程标准（2011版）》中的"语文"取义，按叶圣陶的解说，该为口头语言和书面语言的统称。"语文"一词涵盖了人们语言交际的听、说、读、写所有行为，因此，新课标说："语言文字是人类最重要的交际工具和信息载体，是人类文化的重要组成部分。"

语文学什么？我的认识是：语文是工具学科，但它不同于其他的工具学科。语文这个工具是社会交际的工具。数学也是工具，但它是量化的工具，而不是交际工具。学习语文和学习其他学科不一样，学习其他学科主要是学内容（外语除外），如数学要学方程式、公式、定理等。学习地理也一样，不管是人文地理，还是自然地理，学的都是内容。语文则不同，学习语文主要是学习文本本身所具有的言语形式，就是说，学习语言和文字。所以，我们在语文课堂上要恪守语文姓"语"不动摇，切不可丢掉语言文字这个本体，忽视对文本语言的感受、领悟、揣摩、积累和运用，这是人们对语文教育进行了痛彻心脾反思之后取得的共识。为此，我们应该让学生有充分的时间去读书，有足够的空间去思考，有较多的机会去实践，不能以放弃基础知识为代价，也不能以削弱语文能力的培养做砝码，更不能被"语文的外延"之类似是而非的口号所迷惑，去"肥别人的田，而荒自己的园"，要专心致志地耕好自己的"一亩三分地"，把学生塑造为能书善写、能言善辩、求真向善的语文小能人。

　　语文课到底该怎样教？我非常赞同这样的一句话："语文教学的根在听、说、读、写，是听、说、读、写之内的挖掘与创新，而不是听、说、读、写之外的花样翻新。""知识与能力"是语文学科的核心目标，字、词、句、篇、听、说、读、写是语文课程区别于其他课程外显的标记，同时也是过程与方法、情感态度与价值观的依托，舍此"依托"，过程与方法、情感态度与价值观就成了无源之水，无本之木。为此，我主张帮助学生正确理解和运用祖国的语言文字，就要简简单单教语文，本本分分为学生，扎扎实实求发展。要想让学生学到实语文、活语文、真语文，一辈子管用的语文，必须做到以下四点。

　　第一，字要规规矩矩地写。中华民族独有的汉字，是一种方块形的表意文字，它源远流长，形象优美。从结体上看，汉字具备疏与密、刚与柔、屈与伸、开与合、正与偏、藏与露等多种变化，由这些变化，造成音乐般的节奏与旋律，给人以美的感受。从章法上看，字距相称、启承连断、大小向背、顾盼映带，往往显示出一种气韵，一种格调，也能给人以一种美的享受。汉字文化更是博大精深，它具有因义赋形、富有联想和书法艺术三大特点，在世界上独领风骚，十分有利于开发学生的智力。所以，识字教学应当牢牢植根于汉字文化沃土之中，让学生一出手就做到书写规范、端正、整洁，并有一定的速度。小学毕业就应当能写一手好字。

　　第二，书要仔仔细细地读。读书是学习语文的基本途径，古人云："书读百遍，其义自见。"文章读熟了，文章的词法、句法、章法，必然会被读者在反复吟哦中逐步地掌握，文章中字里行间所显示的深刻含义和深厚感情，一定会被读者在反复诵读中所领悟，以至与作者产生共鸣。文章需要朗读。所谓朗读，就是朗朗有声地读，要求正确、流利、有感情。美的地方要读得心驰神往，丑的地方要读得深恶痛绝，乐的地方要读得忍俊不禁，悲的地方要读得蹙眉落泪。文章更需默读。所谓默读，就是默默无声地读，要求"见于书，入于目，发于心"，做到"字求其训，句索其旨，章探其意"。读书时，在不理解的地方画上问号，在关键的地方点上点，用得好的词语画上线，在书页的空白处加注解，这叫"不动笔墨不读书"。

第三，话要清清楚楚地说。口语交际能力是学生在语文学习过程中要具备的一种重要能力。在大数据时代，随着人们生活方式和传统习惯的改变，社会对学生的口语交际能力提出了新的要求。《语文课程标准（2011 版）》提出："学会倾听、表达与交流，初步学会文明地进行人际沟通和社会交往，发展合作精神。"这个语文课程目标告诉我们，在口语交际过程中，学生要做到：发音要准确，口齿要清晰，能用普通话清楚地表达自己的思想；在口语交际中，要注意对象，考虑场合，讲究文明礼貌，不随意打断别人的话；养成边听边想和先想后说的习惯，听话说话时，体态要大方，打手势要自然。

第四，文要认认真真地作。作文是学生认识水平和文字表达能力的具体体现，是字、词、句、篇的综合训练。良好的作文行为习惯应该是"勤"字当先，学生要做到勤观察、勤思考、勤动笔。平时要多参加一些有意义的活动，对自己亲身经历的生活要认真观察。在观察的同时，要培养学生积极思考，注意捕捉事物特性的好习惯，并让他们随时把个人的见闻感想记录下来，写成日记。在写命题作文时，要引导学生对文题进行周密深入的分析思考。审题后学生要编拟写作提纲，把流动的思路用文字的形式固定下来。这样有了作文的骨架，学生就能成竹在胸，意在笔先。俗话说："三分文章七分改。"所以起草后教师一定要让学生修改文章，在修改文章的实践中锤炼学生的思想，提高学生的认识能力。

当然，教学有法而无定法。要上好语文课，教师要有扎实的功底、精彩的设计和真挚的情感。教师要蹲下来，同孩子一起看世界。

总之，语文教学的理论，无论说得如何高深莫测，归根结底无非是帮助学生识字、写字、听话、说话、读书、作文，从而获得一种可以终身受益的能力。真理有时就在眼前，刻意求诸远，反而会与之失之交臂。我们要冷静反思，努力克服语文教学中的"蝤蛴现象"，让小学语文教学轻装上阵，不能再搞那些舍本逐末、喧宾夺主的愚蠢行为了。

民国先生的语文课

民国——一个不可跨越的跌宕激情时代，虽然只有短短的三十七年，并且在这期间国家战乱频仍，社会动荡不安，却在我国语文教科书的发展史上产生了跨时代的推动力，具有举足轻重的作用。日前，笔者钻进故纸堆，由民国"老教材"沿着前辈们受教育的经历，走进了民国先生的语文课堂，去追寻失落的中国语文教育传统，收获颇丰。现仅举几例，加以评说。

一、对课

中国传统启蒙教育中，有一个十分有效的法子——对课。在旧时，学童入塾一两年，大体读过《三字经》《百家姓》《千字文》之类的初级蒙学课本后，便开始学习对课。鲁迅先生在小说《怀旧》中写了秃先生教学生对课：

彼辈纳晚凉时，秃先生正教予属对，题曰："红花。"予对："青桐。"则挥曰："平仄弗调。"令退。时予已九龄，不识平仄为何物，而秃先生亦不言，则姑退。思久弗属，渐展掌拍吾股使发大声如扑蚊，冀秃先生知吾苦，而先生仍弗理；久之久之，始作摇曳声曰："来。"余健进。便书绿草二字曰："红平声，花平声，绿入声，草上声。去矣。"余弗遑听，跃而出。秃先生复作摇曳声曰："勿跳。"余则弗跳而出。

这段描写绘声绘色，反映了当时对课的教学情形。

民国时期对课的代表教材有《声律启蒙》和《笠翁对韵》。就拿《声律启蒙》来说吧，此书按韵分编，包罗天文、地理、花木、鸟兽、人物、器物等的虚实应对。从单字对到双字对，再到三字对、五字对、七字对和十一字对，即从单字到多字的层层属对。如：

云对雨，雪对风，晚照对晴空。
来鸿对去燕，宿鸟对鸣虫。
三尺剑，六钧弓，岭北对江东。
人间清暑殿，天上广寒宫。
两岸晓烟杨柳绿，一园春雨杏花红。

念起来如唱歌一般，又若"大珠小珠落玉盘"，一口气念下去，便会情不自禁地"摇头晃脑"起来。时下很多人做的旧体诗平仄声律不合，读来牵强拗口，很大程度上跟没有受过对课训练有关。

二、习字

习字是民国语文教育的一项基本训练，是中小学必修课之一。小学描红、仿影，中学临帖，执笔时须凝神静气，做到头正、身直、臂开、足安。写碑写帖，先学柳公权，练骨架，后学颜真卿，练筋肉，最后学赵孟頫。教师平时还留作业，要求每天回家写一篇大字，第二天交给老师批改。

著名语文教育家蒋仲仁先生有一篇《学文杂忆》，文章忠实地记录了民国初年，远在边远省区的小学和师范学校教与学的情况。文章写道：

读书之外还要写字。写字用毛笔。铅笔只用来演算术，钢笔或蘸水钢笔只用来写英文。经过描红、影写那一套之后就临帖。每上写字课，值日先生发帖架——木制的，有站得稳的底座，上面立一个架子——一人发一个，把字帖靠在帖架上竖起来。接着发水，拿一个小壶往每个人的砚里注水。一面研磨，一面看帖，磨好了开始临写。记得我开头临的是《瘗鹤铭》，"瘗"字还不认识呢；后来临颜鲁公《多宝塔》。可惜，我太笨，没有临好。后来贪图方便，不免"崇洋"，写什么净用钢笔，同毛笔绝缘好几十年了。退休之后见一些老同志爱好书法，说是可以延年益寿，我很羡慕。

几年前，教育部在中小学推行"京剧进课堂"试点工作，意在培养学生对传统文化的感情。但教育改革一旦离开了中国教育的宝贵传统，无异于缘木求鱼。笔者以为，与其让孩子去咿咿呀呀地学京剧，还不如从小学一年级起开设书法课，让我们的孩子通过书法练习，学习做人做事。

三、背书

"书不读熟不开讲"是民国时阅读教学的特点之一，意思是在老师讲书之前，学生得把课文读得滚瓜烂熟，达到"使其言皆若出于吾之口，使其意皆若出于吾之心"

的程度。要能够如流水一般、字句清晰、毫无错误地背诵课文，首先必须熟读，这是毫无异议的。在熟读的基础上，老师只是把课文的脉络、间架结构梳理一下，再把玩一下字词的用法，学生便开始有声、有色、有情、有韵地背书了。朱熹说："教人读书须成诵，其道学第一义。诵数已足，而未成诵，必欲成诵。"金克木先生集才、学、识、趣和文章于一身，是笔者极其敬佩的大学者。在他写的回忆录《化尘残影》中，有一段话是写国文教员的：

我上小学时白话文刚代替文言文，国语教科书很浅，没有什么难懂的。五六年级的教师每星期另发油印的课文，实际上代替了教科书。他的教法很简单，不逐字逐句讲解，认为学生能自己懂的都不讲，只提问，试试懂不懂。先听学生朗读课文，他纠正或提问。轮流读，他插在中间讲解难点。课文读完了，第二天就要背诵。一个个站起来背，他站在旁边听。背不下去就站着。另一人从头再背。教科书可以不背，油印课文非背不可。文长，还没轮流完就下课了。文短，背得好，背完了，一堂课还有时间，他就发挥几句，或短或长，仿佛随意谈话。一听摇铃，不论讲完话没有，立即下课。

众所周知，语文教学的主要任务是学习语言。学习语言不外乎两个方面：一个是外部语言的内化，另一个是内部语言的外化。外部语言的内化主要靠诵读，内部语言的外化主要是说写。学习语言离不开背。书，只有牢牢记在心里，那才是学问。

当前语文教学"讲"风不息，一篇课文，掰开、揉碎、嚼烂喂给学生的现象屡见不鲜；一问一答的"启发"之风更是越刮越盛；一堂课"十万个为什么"几乎成了语文教学的顽症。在一些人的头脑中存在一个错误的公式，即背诵等于死记硬背等于食而不化。背诵被冷落了，代之而起的是为了应试而去追求知识点的落实，把完整的课文内容变为印证知识点的语言片段，因而导致少年儿童语文学习的错位。

四、范读

范读，就是教师示范性的朗读。范读是朗读训练的一种方式，是语文教学的重要环节。根据儿童易于模仿的心理特点，教师良好的范读能给学生树立学习的榜样。民国先生的语文课常见感染学生的范读，这种示范性的朗读大体可以分成三种，即

讲书前的范读、讲书中的范读和讲书后的范读。讲书前的范读一般是读全篇，目的是帮助学生感知课文内容。这时的范读，平稳、慢速，让学生边听边想，尽量与学生思维同步。讲书中的范读一般是读片段，目的是指导学生掌握课文的重点和精华。这时的范读，经常插入精要的评点和提示，以便加深对课文内容和读法的体味。讲书后的范读一般也是读全篇，目的是指导学生欣赏课文，提高鉴赏能力。这时的范读，声情并茂，读出形，读出情，读出神。这正是，范读犹如登山。讲书前的范读，像在山底，仰望山势，目有全貌；讲书中的范读，像在山腰，流连一石一涧，一草一木；讲书后的范读，像在山顶，举目远眺，悠然自得。

　　文学家、北京大学教授谢冕在《无尽的感激》一文中说，他能够走上文学之路，而且成为一个以文为生的人，他都要感谢他在中学时代所受的语文教育，都要感谢那时的几位语文老师，其中的一位便是余钟藩先生。谢冕写道：

　　影响我最深的语文老师是余钟藩先生。余先生毕业于南京中央大学国文系，是一位对中国文化和中国文学造诣很深的学者。记得最清楚的是他给我们讲授《论语》的"侍坐"章。子路、曾皙、冉有、公西华侍坐，孔子要弟子们讲他们各自的抱负和追求。孔子问到曾皙：
　　"点，尔何如？"
　　鼓瑟希，铿尔，舍瑟而作，对曰："异乎三子者之撰。"
　　子曰："何伤乎？亦各言其志也！"
　　曰："莫春者，春服既成，冠者五六人，童子六七人，浴乎沂，风乎舞雩，咏而归。"
　　夫子喟然叹曰："吾与点也！"
　　余先生是福州人，熟谙闽方言古音。记得他读上引这段文字时，用的是福建方言传统的吟诵的方法，那迂缓的节奏，那悠长的韵味，那难以言说的高贵的情调，再加上余先生沉醉其中的状态，都成了我生命记忆中的一道抹之不去的风景。

　　当年只有十五六岁的余先生，仍然无法理解当时年届七十的孔子喟然而叹的深意，却依稀感到了他落寞之中的洒脱。当年听讲"侍坐"章的印象，就这样伴着他走过人生的长途，滋养着他的灵魂，砥砺着他的性情。

走进新课改十多年了，不知为什么，在现在的课堂上很少见到教师的范读，取而代之的是多媒体课件。笔者认为，作为朗读欣赏，或者为了使学生更好地体会文章所表达的思想感情，多媒体课件不失为一种好方法。然而，"声光电"不能代替教师的朗读指导。教师的范读不但作用于学生的听觉，而且还作用于学生的视觉。教师往往伴随着朗读，以真切的表情、传神的手势，使师生间产生最佳的心意交流。在这点上，单靠多媒体课件是远不能及的。

五、面批

学生作文，教师批改，这是传统的方法。这种方法，在作文教学上，对于提高写作能力，起了一定的作用。它是检查作文教学质量，了解学生学习情况，具体地指导学生写作的重要手段。对于学生的作文，民国先生喜欢面批。面批亦称口头批改，当面批改，边批边改边讲，着重说明教师在书面批改中说不清的意图：该怎样改？为什么这样改？还有那几种改法？要启发学生的积极思维，注意根据学生的思路、疑难予以切实指导。

文学界的老前辈，译过书、编过杂志，一辈子勤勤恳恳，曾担任过人民文学出版社领导的楼适夷先生，回忆他的恩师沈九香时写道：

那回坐镇我们自修室的正是老先生，他给我们发还作业本，并不在桌上一放，让学生自己领去，而是一个个地把我们叫到身边，把你的本儿打开来，指着朱笔修改的行格，一句一行地向你说明。为什么这句用错了，这个字要那样改动，为什么这儿前后句，画上勾勒，颠倒过来，语气便顺了。然后说明他的总评，指出哪点有了进步，哪点上次已经指出，这回又犯了老病，下次必须改正，最后批了一个行书的"然"字，是他的阿拉伯数字：85分。

正是这位老先生，给一辈子以文字为生涯的我，打定了最初的基础。我不用功，读书最是粗心大意，到今天仍写错别字，让人指摘。可从小爱上了书，直到无书不读。在暑假里，室内石板地上摊一张草席，津津有味地读林琴南用古文翻译的外国小说，和这位先生的教育是分不开的。我读完高小，又在学校进修了一年，一直到离开学校，还是爱舞文弄墨，这兴趣也是老先生感染了我的。

目前，作文批改效率很低，教师花费了不少时间和精力批改作文，而不少学生拿到批改后的作文只看分数，不去研究领会教师的批改，结果教师枉费心思、徒劳无功。老师们，何不学学何九香老先生面批的做法呢?

民国先生的语文课，是一座教育富矿，值得我们去研究与开发。我们在其中可以获得不少启迪。民国先生的语文课，就像长江源头的一泓清泉，散发出清新怡人的气息。回望民国，诚如傅国涌先生所云:"向一个消失的传统致敬，绝不仅仅是怀旧，更多的是寻找和回归。"

语文课堂教学的无效劳动

提高语文课堂教学效率，一直是广大教师关注的焦点，也是难点，更是教师追求的境界。

什么是效率? 单位时间内完成的工作量。对于课堂教学来说，就是 40 分钟课堂真正完成的教学任务。有专家调查发现，目前中小学教师的无效劳动大约占 50%。这一调查结果虽然有些夸张，但有一点可以肯定，那就是无效劳动的现象普遍存在。最近，我到基层学校调研，在听课中发现一些问题，现就小学语文课堂教学无效劳动现象做一简要述评。

一、零敲碎打的提问

教师在课堂教学中根据教学目的和教学要求，针对具体的教学内容，向学生提出一些问题，要求学生略加思考后予以回答，这是教师经常运用的一种教学方法。可是，有的教师将好端端的整体性课文辮碎提问，以多取胜。他们提的多是表层的问题，字面内容十分浅显，提的问题均是课文的前半句，让学生答后半句。学生随着课文一串就答对了。例如，《乌鸦喝水》一课，教师问:"乌鸦看见了什么?"学生回答:"瓶子。""瓶子里有什么?"教师又问。学生回答:"水。"教师问:"水多不多?""不多。"学生回答。"瓶口怎么样?""小。""喝着没有?""没有。"这样的提问，越问越窄，教师用问题牵着学生走，无须动脑，平淡乏味，犹如嚼蜡，课堂气氛怎能不沉闷?

好的课堂提问，能揣摩学生难以领会的问题，抓住关键之处，要言不烦，相机诱导，不仅可以启发学生领会教学内容，还能培养学生的创造思维能力。

二、烦琐无聊的对话

对话亦称问答，是课堂教学中师生之间的一种互动性行为，它由提出问题和解答问题这两个主要的环节构成。在这两个环节中，问题是师生互动行为的焦点。问题主要由三个要素构成。第一是给定，指呈现出来的、已经明确知道的、关于问题的各种条件的指述。第二是目标，指对问题结论的明确描述，即问题要求的答案。第三是差距，指问题的给定与目标之间直接或间接的距离。人们必须通过一定的思维活动和实践活动才能找到答案，从而解决问题。有的教师与学生对话针对性不强，语言不准，指向不明，没有启发性。一位教师在教《刘胡兰》时，与学生进行了这么一段对话：

师：这篇文章是写谁的？

生：是写刘胡兰的。

师：你是怎么知道的？

生：题目就是刘胡兰。

师：这个故事发生在什么时候？

生：1947 年 1 月 4 日。

师：你怎么知道的？

生：课文第一句话就是这么写的。

师：这个云周西村在什么地方？

（有的学生说是在陕北，有的学生说是在延安）

师：云周西村在革命根据地。

（课文中，有敌人对刘胡兰说了这么一句话："你说出一个共产党员给你一百元钱。"）

师：谁知道那时花的是什么钱？

（有学生答是银圆，有学生答是铜板，而另有一位学生则说，那时候的钱中间是有窟窿的）

教师最后总结说："反正那时候的钱比现在值钱。"

这是一种典型的表层对话，是毫无价值、毫无意义的对话。这种无聊的对话不能达成教学目标，也绝非教学艺术，纯粹是在浪费学生的宝贵时间。

三、浅层庸俗的探究

探究性学习是指在教学过程中以问题为载体，创设一种类似于科学研究的情境和途径，让学生通过自己搜集、分析和处理信息来实际感受和体验知识的产生过程，进而了解社会，学会学习，培养分析问题、解决问题的能力和创造力。探究性学习关键在于"探究"。自己去探索，去辨析，见解独到，而不是人云亦云。这是一节低年级识字课。

师：小朋友，怎样记住"菜"字？
生：菜，上下结构，上面是草字头，下面是"采"字，合起来是"菜"字。
师：还有其他的方法吗？
生：菜，上面是草字头，下面是彩色的"彩"去掉三撇，合起来是"菜"字。
师：很好。还有其他的方法吗？
生：菜，上面是辛苦的"苦"去掉"古"字，下面是彩色的"彩"去掉三撇，合起来是"菜"字。
师：很好。还有其他的方法吗？
生：菜，上面是"花"去掉"化"字，下面是彩色的"彩"去掉三撇，合起来是"菜"字。
师：很好。还有其他的方法吗？
…………

这是创造性思维训练吗？这样的"讨论"和"启发"有必要吗？这种千篇一律的探究有意义吗？无须探究的问题硬去探究，这样的教学会导致探究的泛化、浅层化和庸俗化。

四、形式主义的合作

《语文课程标准（2011 版)》倡导合作学习。合作学习对增加教学容量，提高参与广度，发挥个性特点，达到面向全体，增加教学效果极有好处。然而，有些小组合作学习却流于形式，形式上热热闹闹，内容却乱七八糟，该讲的没讲清，该听的没听懂，课堂秩序失控。一位一年级教师执教课文《画家乡》。课文分五段，第一段由教师示范，引导学生朗读，学习生字，理解重点词语，概括段落大意。然后教师说："现在大家合作学习二至五段。"学生四人一组，围成一圈，每人都在张嘴，各执一词，叽里呱啦，谁也听不清谁在讲什么。教师在一旁任其"探究"，最后选组汇报，小组代表汇报完，老师刚要总结两句，下课铃就响了。

合作学习的目的，是为了激发学生的创造力，培养学生的合作意识、合作技能和学生之间交流沟通的团队精神。而上述的合作学习却出现了误区：合作之前不思，交流之时不听，放手合作不导。正确的做法应当是，学生合作之前必先独立自学，交流时要学会倾听，教师应加强巡视，随机点拨，适时评价。

五、有口无心的傻读

有人说，"书读百遍，其义自见"；也有人说，"熟读唐诗三百首，不会作诗也会吟"。这种强调多读、熟读的言论很有市场。于是乎有人提出语文教学要"读"占鳌头，"读"领风骚，课堂上要书声琅琅，"还我读书声"的口号响遍大江南北、长城内外。有的教师挖空心思，变着法儿追求课堂教学的"读"，绞尽脑汁在教学环节上加上齐读、个人读、小组读、男生读、女生读……学生就这样一遍又一遍地读，没完没了地读，直到把自己读烦为止。比如，"请带着忧伤的感情读""请带着高兴的语气读""请你重音读这个词""哪里读得要快一些？哪里读得要慢一些？"一位教师讲《再见了，亲人》，在课堂上，她就是这样要求学生的。诚然，读是我国传统语文教学的宝贵财富，也是学生走进文本与文本对话、融入文本的重要途径。课堂上没有书声是语文教学的悲哀，课堂上出现"小和尚念经"现象也是语文教学理论的退化，是对语文教学的一种作弄。"书声琅琅"，秩序井然的表象往往掩盖了学生思维的贫乏和肤浅，以及才智的消磨。我们提倡多读，但不是傻读。读要有目标，要有层次，要有质量。在读的过程中，教师还要说，还要讲，还要训练，还要指导，否

则，语文教学就失去存在的意义了。

六、嘻嘻哈哈的表演

孩子是课堂的主人，课堂是放飞孩子想象的地方。课堂应当有活动性质和游戏精神，活动和表演能够让学习充满情趣和活力。所以，很多教师都喜欢运用表演手段再现课文的情境。然而，有的表演却把语文课堂糟蹋得体无完肤。一位教师执教《十六年前的回忆》，讲到李大钊被捕一段时，让学生演课本剧。给"李大钊"戴上礼帽，穿上长袍，给"特务"戴上墨镜，拿上玩具手枪。几个"特务"一拥而上，笑嘻嘻地喊道："不要放走一个！"其中一个"特务"把"李大钊"拽住，大声吼道："给我看好，别让他自杀，先把手枪夺过来！"说着，"特务"夺下"李大钊"的手枪，又把他全身搜了一遍。"李大钊"此时没有保持他那惯有的严峻态度，而是"扑哧"一笑，随即课堂上乱套了。有的学生大笑、有的学生喊叫、有的学生鼓掌，教学完全失控了。

表演是一件严肃的事情。于内，要表现出人物复杂的情感态度；于外，通过肢体的演示和媒介物的变化，来展示和传达人物的内心世界。由于教者的失误——没有指导学生关注藏在"戏"后的故事及故事蕴藏的感情，所以宝贵的教学时间就在这样肤浅的热闹中白白浪费掉了。

七、眼花缭乱的课件

有些公开课，为了吸引学生的眼球，教师花大量的时间和精力制作课件，结果课件代替了大脑，形式代替了思考。一位教师讲《语言的魅力》，她做了一组美丽的春天图画，配上音乐让学生欣赏。随着音乐声，屏幕上出现了蓝天白云、绿草红花、流水人家。学生完全沉浸在春光明媚、鸟语花香之中。在一组春天的画面之后，屏幕颜色变暗，出现了那个行乞的盲老人，背景音乐变成二胡曲《二泉映月》，给人一种悲凉、凄惨的感觉，甚至有的学生听了以后就哭了起来。当老师问学生有什么感受的时候，学生有的说："如果我是行人，我会把我身上的钱都掏出来给这位盲人。"还有的说："我爸爸是医生，我要让我爸爸给他治病。"整个课堂转向了"我们要有同情心""要同情这个盲人"，而不是对"语言的魅力"的理解。可以这样说，这堂课上刺激学生学习的，是五彩缤纷的多媒体课件，而不是学习本身。这个教例无疑是缘木求鱼，劳而无功。

多媒体课件的功能到底是什么？我想应该是最大限度地提高教学效率，实现教学资源的最优化组合，帮助学生实现在最短的时间内达到最深刻的意义建构，是我们应用多媒体课件的实质。否则，除了帮助教师"作秀"，又有多大意义呢？在全国大型的观摩课上，许多大家的课堂教学基本上不用多媒体课件，一支粉笔、一块黑板、一张嘴照样让学生如痴如醉。他们的课之所以受到欢迎，靠的是内功，而不是华美绝伦的多媒体课件。当然，以上所述，并非拒绝多媒体，多媒体本身没有错。多媒体的使用，一是要恰到好处，二是要因地制宜，不能舍文本而外骛，用多媒体代替文本。

八、哗众取宠的板书

板书是洞察教材的"窗口"，是开启思路的"钥匙"，是排疑解难的"桥梁"，是实施教学的"蓝图"。好的板书，能撬开学生智慧的大门，能给人以心旷神怡的艺术享受。

所谓哗众取宠的板书，就是脱离教学内容、违背课文实质，为板书而板书、为形式而形式、为艺术而艺术，搞一些花架子。哗众取宠的板书，会导致学生注意力分散，影响对教学内容的理解。因此，板书设计不要撇开教学重点，而单纯追求形式，滥用彩笔勾、画、圈、连，滥用蹩脚的简笔画、图表，等等。

板书设计要书之有用、书之有据、书之有度、书之有质，尽量科学、精当、醒目、规范，以达到应有的教学效果。

九、随心所欲的导语

导语是课堂教学重要组成部分。导语运用得好，能一语破的，引起学生学习兴趣，创造一个良好的学习气氛，增强教学效果；运用得不好，会增加学生的无效思维，分散学生的精力。

一位教师教《乌鸦喝水》，她是这样开讲的："这节课学习《乌鸦喝水》。大家都认识乌鸦，乌鸦就是老鸹。目前学术界对乌鸦还有争议，有的认为它是吉祥的鸟，有的则认为它是不吉祥的鸟，至今还没有得出一致的结论。文学作品对乌鸦也有描述，伟大文学家鲁迅的《药》的结尾一段就描写了乌鸦。"

这几句导语谈天说地，晦涩烦琐，不仅没有收到应有的教学效果，倒起了相反的作用。什么"吉祥鸟""不吉祥鸟"，什么"鲁迅的小说《药》"，一连串的疑问把学生的脑子搅得一塌糊涂。其实，乌鸦究竟是"吉祥鸟"，还是"不吉祥鸟"，本身就是违反科学的。至于鲁迅的小说《药》，一年级的小学生根本不可能理解，即使理解，它和本课教学又有什么关系呢？也是赘语。这与开阔学生视野和教学的高难度有本质的区别。不考虑学生的年龄特点和知识水平，漫无边际地引证，是违反教学规律的。

十、絮叨没完的结语

新学期，新课本。我听一位新老师讲课。一节课40分钟，或讲解、或朗读、或提问、或板书，这位老师非常卖力气。下课铃声已响，他还在兴头上，刹不住"车"。此时，有不少学生要上厕所，可是，老师还在洋洋洒洒地讲个没完。"不知东方之既白"，待到下一节课老师推门入室，他才如梦初醒，面有愧色。

拖堂，表面看教师在尽心尽职，牺牲自己为学生服务，而实际上是好心做了坏事，对学生危害极大。究其原因，小而言之，是教师缺乏时间观念，对课堂教学时间安排不当所致；大而言之，乃教师的教育观、师生观、课程观的问题，绝不能等闲视之。

总之，语文课堂教学是有效还是无效、是正效还是负效、是高效还是低效，主要看是否体现了学科的本质，学生是否学有所获。让我们从少、慢、差、费的语文教学误区中走出来，简简单单教语文，本本分分为学生，扎扎实实求发展吧，别再折腾了。

语文教学贵在涵泳

"涵泳"一词，在中国古代语文教学言论中经常出现。宋朝的陆象山说："读书切戒在慌忙，涵泳工夫兴味长。未晓不妨权放过，切身须要急思量。"清代的崔学古说："凡读文，亦可略仿读书法，探读数篇，篇只求明，不先求熟。明则自然易熟，明后复讲完篇。或正在读时提一句，责令自讲。讲后再读，熟后再温，得趣全在涵泳。"二位先哲语录中的"涵泳"意思是一样的，即身临其境，熟读成诵，细细品味。

涵泳的第一个要义是多读。石天基在《训蒙辑要》里记录了学塾中一天的教学活动：黎明齐集学堂，然后各就其位读书；已刻写字；傍午由先生授书一段；下半日专门用于读书；薄暮或歌诗，或不歌诗。读书的时间占了学塾时间的一半以上，可见多读不仅仅是强调，而且确实得到了落实。

涵泳的第二个要义是熟读。唐彪在《读书作文谱》中说："读书须将本文读熟，字字咀嚼令有味。"熟读有什么好处？姚鼐在《与陈硕士书》中指出："大抵文字须熟乃妙，熟则利病自明，手之所至，随意生态，常语滞意，不遣而自去矣。"文章读熟了，才能体会到其妙处，的确如此。

涵泳的第三个要义是思索。朱熹在《答王钦之》中说："读而未晓则思，思而未晓则读。"在《读书之要》中又说："观书先须熟读，使其言皆若出于吾之口，继以精思，使其意皆若出于吾之心。"边读边思，边思边读，读和思交织进行。熟读是深思的依据，不深思就得不到书中情味和理趣。

"从容涵泳，自有无形之益。"首先，涵泳有利于语言的积累。一篇文章在弄清立意布局的基础上，细细玩味，其语言的神韵、理义，必然深深地印入脑海。由于语感的作用，到铺纸濡墨时，恰当的词语和句子就会呼之即来。"胸藏万汇凭吞吐，笔有千钧任歙张"就是这个道理。其次，涵泳有利于对文章的整体把握。只要反复咏诵，潜心琢磨，即可明达文义。所谓"读书百遍，其义自见"就是这个意思。这种教学方式体现了伦理型文化朴素的整体观念和直觉体悟的思维方法。它把综合作为认识的起点和归宿，避免人为分割所造成的认识局限。最后，涵泳有利于规范学生的语言。严格地说，绝大多数学生的语言是不准确的。在背诵过程中，学生通过反复诵读书上的规范化的语言，潜移默化地进行吸收，久而久之，原来不规范的方言土语及不良的语言习惯必然逐渐地被规范的书面语所代替。

综上所述，语文教学贵在涵泳。

现在，不少语文教师误认为上语文课就是要讲。一篇不长的课文，一讲就是两三节，作者介绍、时代背景、段落大意、主题思想、写作特点等，没完没了。课文被冗长的分析肢解得支离破碎。这种掰开、揉碎、嚼烂的教学，挤掉了学生读书的时间。对于课文中的一些文字优美、情感强烈、意境深远的精彩片段和重点章节，

一定要指导学生真心读懂、读好、读透，把一个个词、一句句话、一段段文，化为有声有色的事、有血有肉的人、丰富多彩的景、真挚感人的情，让学生在琅琅的读书声中受到熏陶，培植语感，吸取课文中丰富的营养，在熟读中获得记忆。一课书教完了，一定要把是否读熟、该背的是否会背，作为评价教学成败的首要标准。

家常菜与语文课

寒假末尾的一天，同学聚会，在一家餐馆的雅间里。男生和女生围坐在一起，轮流点菜。也许是刚过完年，大鱼大肉吃腻了，大家点的都是家常菜，诸如酸辣土豆丝、番茄炒鸡蛋、小葱拌豆腐、冬瓜木耳汤之类。这些老少咸宜的素菜，没花上几个钱，我和我的同学们却吃得沟满壕平，桌上的盘子个个见底。

由于职业的关系，我由这几道东北家常菜想到了语文课。

还依稀记得，刚上小学的时候，教我们语文的是一位小个子老太太，白头发，大眼睛，嘴角微翘。她上课从来都是那么从容和闲散，话语不多，问题也不多，每堂课大部分时间领我们读课文。有时她还提出一些要求，诸如：第一遍读通顺，第二遍读流畅，第三遍读出感情。在琅琅的书声中，课文的语言文字和思想内容就这样在诵读中理解了。《乌鸦喝水》是一篇寓言，通过讲述一只乌鸦喝水的故事，告诉人们遇到困难要运用智慧、认真思考才能让问题迎刃而解的道理。这个寓意老教师并没有讲，而是我们自己"书读百遍，其义自见"的。看来，教语文，其实很简单，那就是要多读。读是我国语文教学的宝贵财富，也是学生走近文本、与文本对话、融入文本的重要途径。

后来，我当了老师，教小学语文。也许是受了小学语文老师的早期影响，在课堂教学中，我崇尚"青菜萝卜糙米饭，瓦壶天水菊花茶"的恬适境界。同事们都说，我的语文公开课质朴自然，具有常规性和真实性。

请看《乌鸦喝水》的教学片段：

师：小朋友，我们怎么记住"喝"字呢？
生：喝水要用嘴，这个字是口字旁。

师：如果把"口字旁"换成"三点水旁"，这个字又读什么呢？

（出示"渴"和它的拼音，指名学生读）

生：我知道了，我们渴了就想喝水，所以"渴"是三点水旁。

师：好极了，请你拿出两张字卡，与同桌互相读读这两个字。

（同桌互读）

师：（出示）一只乌鸦口（　　）了，到处找水（　　）。

师：请你读读这句话，举起手中的字卡，看看该填哪个字？

（学生跃跃欲试，却有一个小朋友填错了）

师：（对填错的小朋友）请你给大家讲一讲，怎样区别这两个字，好吗？

生：喝，得用嘴，所以是口字旁；渴，得喝水，所以是三点水旁。

没有华丽的辞藻，没有漂亮的课件，没有浓墨重彩的渲染，却让学生们在读一读、认一认、比一比、填一填中实实在在地识字。教师在帮助个别生改正错误的同时，强化全体学生的正确认识，这就是我的语文教学。

再后来，我当了小学语文教研员，经常参加一些语文教研活动，看到的常常是臃肿、花哨、烦琐的语文课。日前，某地搞教学大赛，邀我做评委。一位青年教师教《乌鸦喝水》，这节课就像节日宴席那样充满珍馐佳肴。一会儿猜谜语，一会儿搞表演，一会儿用视频，"声光电"一齐上阵，就是不用语文的方法教语文。为了发散思维，她还启发学生说："除了这种办法，乌鸦还有别的办法喝到水吗？"我对这种过分夸张、大肆渲染、煽情滥情、华而不实、假大空的语文课，实在不敢恭维。

语文课天天上，每位教师每学期至少要上一百四十多节，能不能返璞归真、举重若轻、删繁就简些？能不能简简单单、平平淡淡、扎扎实实、轻轻松松地教语文，就像做好吃易做的家常菜那样呢？

平平常常才是真，实实在在才是美。记住，这是至理名言。

语文课堂亟须去假归真

日前，我到教育部报送课题结项材料。之后，绕道去了语文出版社，编辑过超

送我一本该社刚出版的《这个时代需要真语文》。当天，在回哈尔滨的火车上，七个多小时，我手不释卷，一口气读完了这本书。掩卷深思，在我的脑子里叠印出如下的字幕：这个时代确实需要真语文。用语文出版社某位前社长的话说，"别让语文教学时髦却虚伪"，语文课堂"亟须去假归真"。

语文，本身不存在真假之辨。然而，在教学的传播过程中，语文被异化和扭曲了，这是不争的事实。我当了四十多年的小学语文教研员，听了无数节语文课，平心而论，假语文教学确实屡见不鲜，就阅读教学而言，在课堂上，就有如下一些表现：随心所欲的导语、零敲碎打的提问、烦琐无聊的对话、浅层庸俗的探究、形式主义的合作、拿腔作调的朗读、嘻嘻哈哈的表演、眼花缭乱的课件、哗众取宠的板书、穿靴戴帽的说教，等等。这些表现实在不敢恭维。尤其是在一些大型的观摩课上，有的老师将上课当成了表演，令人啼笑皆非。

虚、闹、杂、碎、偏是语文教学错位的表现，这种误区恰恰丢掉了语文的本色，为师不识语文味，教尽经典也枉然。语文课是什么？语文课是教师引导学生学习语言的课，是听、说、读、写的综合实践课，而不是别的课。就小学而言，学好汉语拼音，写一手漂亮字，识 3000 汉字，背 200 篇诗文，写 400 字作文，如此而已，岂有他哉！要想实现这样简单而具体的目标，教师就得"真教"，学生就得"真学"，唯其真教真学才称得上真语文。语文出版社前社长说："不用语文的方法教语文的语文课，我们都称之为'假语文'。因为假语文的存在，我们才提出真语文；因为假语文的猖獗，我们才提出真语文；因为假语文和求真务实的十八大精神相悖，我们才提出真语文。"此话石破天惊，一语中的，那就是莫让语文迷失自我，不为时尚丢弃永恒。真语文强调回归传统，我们应当找回本真，牢牢记住"字、词、句、篇、听、说、读、写"这"八字宪法"，简简单单教语文，本本分分为学生，扎扎实实求发展。

《这个时代需要真语文》为国内第一本全面阐释真语文理念的图书。该书对真语文的提出、内涵、主张、要求、策略、方法等问题都做了深入的阐述。我建议一线教师读读这本书。一书在手，你会豁然开朗——哦，原来上语文课竟然如此简单！

如实反思昨天，自信面对今天，理智掌握明天。我相信，被长期诟病的语文教学，一定会从少、慢、差、费的泥淖中走出来，在改革的大路上阔步前行。

练好死记硬背的"童子功"

当下小学语文界，有些人对死记硬背学语文嗤之以鼻，并且罗列了许多罪名。这些罪名概括起来就是：死记硬背是小和尚念经有口无心，必然导致食而不化，加重学生课业负担，于语文教学有百害而无一利。这纯属无稽之谈，在这里我有话要说。

死记硬背不是洪水猛兽，而是学习语文最简单的方法。

众所周知，语文教学的主要任务是学习语言。语言是人类所特有的用来表达情意、交流思想的工具，是一种特殊的社会现象。它是以语音为物质外壳，以词汇为建筑材料，以语法为结构规律而构成的体系。学习语言不外乎两个方面：一个是外部语言的内化，另一个是内部语言的外化。外部语言的内化主要靠背诵；内部语言的外化主要是说写。学习语言，打人文底子，是绕不过要背要记的，死记硬背是可以内化为人文素养的。设想一下，一个能背出一千首诗歌、两百篇古文、读过几十部小说的人，语文素质会不高吗？这是其一。

其二，人类学家和心理学家研究表明，一个人的记忆力发展是自 0 岁开始的。1～3 岁即有显著的发展，3～6 岁其进展更为迅速，6～12 岁达到一生记忆力的最高峰。12 岁以前也是儿童学习语言文字的最佳期，反复诵读是他们的自然喜好，背书更是他们的拿手好戏。一首诗，一段文章，读上几遍，他们便能倒背如流。这是因为 12 岁之前的儿童对声音极为敏感，只要所听者正确，即能发出正确之音。

其三，中国传统语文教育特别注重记和背的。从《三字经》《百家姓》《千字文》，到《古文观止》《唐诗三百首》，无一例外地要求学生诵读如流。在书院和私塾里，教师有声、有色、有情、有韵的范读后，要求学生微闭双眼，轻声吟诵，要读出文气、读出感情，并且当堂背诵。下次上新课前，还要检查学生旧课背诵情况，学生背得不熟不上新课。

有一件学习语文的故事，让我记忆犹新。

六年级下学期，学习毛主席诗词《浪淘沙·北戴河》。当时不懂，只是背下来而已。后来，随着年龄的增长，阅历的丰富，我不断反刍，不断融会。一个偶然的机

会，才让我恍然大悟。

说来话长，参加教育工作不久时，有一年暑假，我去北戴河旅游。那天中午，北戴河海滨游人如织，蓝天、碧海、红帆，美极了。我正要下水游泳，让人始料不及，突然下起雨来，沙滩上的红男绿女们纷纷找地方避雨。这时，雨越下越大，岸边只剩下我一个人，在滂沱大雨中，我想起了《浪淘沙·北戴河》，并大声地朗诵起来：

大雨落幽燕，
白浪滔天，
秦皇岛外打鱼船。
一片汪洋都不见，
知向谁边？

往事越千年，
魏武挥鞭，
东临碣石有遗篇。
萧瑟秋风今又是，
换了人间。

此时，我茅塞顿开：我们的事业，不正如那无边的大海，雄伟壮观，气势磅礴，是历史上任何"英雄人物"的功绩所不可比拟的吗！

人生是花，语文是根。语文学习的规律本是"死去活来"，没有死记硬背，便无以入其堂奥。为此，我上语文课非常简单，那就是从整体训练入手，多背书，少做题，在死记硬背过程中，培养学生"日诵千言"的多读习惯，"娴熟于心"的熟读习惯，"虚心涵泳"的诵读习惯。背的东西多了，蓄积在胸，便如那老泉城，掀石为泉，掘地为井，汩汩滔滔，不可遏止。

当前语文教学"讲风"不息。一篇课文，掰开、揉碎、嚼烂喂给学生的现象屡见不鲜；一问一答的"启发"之风更是越刮越盛，一堂课"十万个为什么"几乎成了语文教学的顽症；课堂上为了应试而去追求知识点的落实，把完整的课文内容

"碎尸万段",进行没完没了的分析。这都是那些打着反对"死记硬背"之人所为,这些人还有什么资格对死记硬背说三道四呢?

12岁以前的语文是童年的语文,是积累的语文,是种子的语文,是为一生奠基的语文。种庄稼,农时不可违;习母语,学时不可违。让我们把握语文学习的最佳时期,练好死记硬背的"童子功"吧。

透析小学语文教学"躐等"现象

古人说"学不躐等",学习不能超越次第,应循序渐进,按部就班,否则就会欲速不达,徒劳无功。同理,教也不能躐等,教学应按顺序安排,由易到难,逐步深化提高,否则就会揠苗助长,适得其反。

纵观当下各级各类小学语文教学公开课,且不说去传统、去训练、矮化学生、弱化基础、教师主角、主体缺位等现象时有发生,同时,还有一种现象值得注意,那就是有的教师为了显示与众不同,不顾《语文课程标准(2011版)》的学段目标和学生年龄特点,任意拔高要求,使得语文教学变成了空中楼阁。例如,让一年级学生默读课文,做到不出声,不指读;让二年级学生查字典、词典,借助字典、词典理解生词的意义;让三年级学生写硬笔楷书,而且要有一定速度;让四年级学生根据表达需要,正确使用常用的标点符号;让五年级学生临摹名家书法,体会书法的审美价值;让六年级学生写说明文,做到明白清楚,等等。

就拿默读来说吧,《语文课程标准(2011版)》将其放在第二学段,何以如此安排?因为默读是一种不出声的阅读方式,是内部的精神活动,没有口、耳动作,是靠视觉感知文字符号来理解读物意义的。默读是在学生具有一定朗读能力的基础上进行的,没有正确、流利、有感情的朗读训练,默读就无从着手。因此,一二年级的小学生是不会默读的。你让他们默读,他们就会动唇,就会出声。

再拿作文来说吧,《语文课程标准(2011版)》把第一学段称作"写话",第二、第三学段称作"习作",何以如此称谓?因为小学生作文就是练习把自己看到的、听到的、想到的内容或亲身经历的事情,用恰当的语言文字表达出来,其性质是练笔,不是为他人代言,在他们毕业时能写简单的记事作文和想象作文就行了。然而,在

一些公开课上，作文教学文学化、成人化愈演愈烈。例如，有的教师让学生写童话、写诗歌、写散文、写评论，把作文变成了创作，真令人匪夷所思。当然，我们不否定作文天才，但是，少年作家毕竟是少数，那是个案。我们不能一叶障目，不见泰山。

　　不久前，我听了一节古诗教学公开课，一位教师领着学生赏析骆宾王的《鹅》。课堂上，教者振振有词地说："绿是由蓝和黄混合而成的一种颜色。古人写诗常用'绿'赞美山水的秀丽，表达其热爱祖国山河的情怀。但由于语境不同，'绿'所表达的意义就不同。'白毛浮绿水'中的'绿'，是碧绿的意思；贺知章《咏柳》中的'万条垂下绿丝绦'的'绿'，则是嫩绿的意思；曾几《三衢道中》的'绿阴不减来时路'中的'绿'则是浓绿的意思。在王安石《泊船瓜洲》的'春风又绿江南岸'中，'绿'又当动词讲，是吹绿的意思。"这种海阔天空、旁征博引式的教学，对涉世未久的小学生来说，真乃"危乎高哉，蜀道之难，难于上青天"。恕我直言，这是卖弄，是有意显摆自己的才华，结果呢，累了老师、苦了孩子、浪费了时间，有百害而无一利。

　　《语文课程标准（2011版）》在小学阶段目标阐释中多次出现"初步""尝试""简单"的字样，这说明，小学语文是"小儿科"，小学语文教学应该姓"小"，是启蒙教育，是打基础的阶段。小学生习语学文，许多内容对他们而言都是"第一次"，第一次使用某一个标点，第一次认识某一个汉字，第一次遇见某一个词语，第一次接触某一个句式……无论是语文知识，还是语文能力，要求都不宜过高，语文教学既不能求深，更不能求全。

　　说到这里，我们应该对小学语文教学躐等现象泼点冷水。教师要增强课标意识，根据儿童认知特点，按教育规律办事，简简单单教语文，本本分分为学生，扎扎实实求发展。这才是语文教育的应有之路。

学语文不只是做卷子

　　近日，在一次研讨会上，有人说道："曾几何时，语文课被大量的识记、习题所充斥着。题山卷海中，文字失去了温度，文章失去了味道，真让人痛心。"此话切中时弊，我有同感。

君不见，辅导书书店有售，且畅销；君不见，习题集书包无数，而崭新。君不见，家庭里，多少学生挑灯做卷子；君不见，课堂上，多少老师挥汗讲卷子。做卷子，讲卷子，讲卷子，做卷子，几乎成了师生每天必要的行为。呜呼，语文教学竟悲哀到如此地步！长此以往，语文无尽的灵性、无穷的妙趣、无限的诗意，将荡然无存。这种为了应付各种各样的大大小小的语文卷面考试而教的语文，是虚语文、死语文、假语文，是应试语文，与素质教育背道而驰！

语文是什么？语文，是生命的符号，是灵魂存在的方式，是沟通现实世界与心灵世界的金色桥梁。对学生而言，语文，就是书端方平正的中国字，说字正腔圆的中国话，写挥洒自如的中国文，做顶天立地的中国人。如此重大使命，光靠埋头做卷子能够完成吗？百年中国语文教育之所以起伏跌宕，跌跌撞撞，屡受指斥，根本原因，就是"失真"与"丢本"。其中，就包括如今盛行的题海战术。

语文包罗万象，以语言为核心，包括文字、文章、文学、文化等多种元素，其中每个元素都涵盖丰富的知识和相应的能力。学习语文主要是学习语言，"感受—领悟—积累—运用"是其基本规律。感受，是学习语言的前提；领悟，是学习语言的关键；积累，是学习语言的基础；运用，是学习语言的目的。真正的语文课就必须做语文自家的事，以"语文的方式"走"语文的路"，凸显语文的个性，把语言的感受、领悟、积累、运用放在首位。

从语文教育学看，语文分写字、阅读、作文三大内容。写字是工具，阅读是吸收，作文是表达，三位一体，不可分离。所以，学语文就是把字写好，把书读好，把文作好。

第一，把字写好。

汉字承载着民族的文化，民族的历史、民族的血脉、民族的特征。它方正字形、单音字位、四声字韵、内向字义、多能字容，凝聚着民族的智慧。按照《语文课程标准（2011版）》的要求，审视当前小学生写字现状和小学写字教学现状，我们觉得还存在很多问题。这些问题归纳起来是：写字姿势不正，执笔方法不对，书写习惯不好。为此，《语文课程标准（2011版）》指出："在每天的语文课中安排10分钟，在教师指导下随堂练习，做到天天练。"

第二，把书读好。

　　课堂上，把读书放在首位，指导学生纵情朗读，读出声情，读出气韵，读出品味，读出思想。把文字化为有声有色的事、有血有肉的人、色彩缤纷的景、感人肺腑的情，使学生感受到语气、语序、节奏所蕴含的情趣和韵味。同时，学习语文离不开背诵。剜到筐里才是菜，吃到肚里才是饭。书，只有牢牢记在心里，那才是学问。

　　第三，把文作好。

　　多读胸中有本，勤写笔下生花。提倡自由作文，尤其是课外练笔、日记、周记、自由札记等。自由创新是作文作为一种独立精神创造活动与生俱来的天柱。树立生活的大作文观，努力做到生活作文化，作文生活化，要有感而发，为需而作。

　　另外，利用寒暑假，参加一些社会活动，去观察大自然。因为天地阅览室，万物皆书卷，语文无处不在。春风秋雨，朝阳晚霞，草地竹林，雪山清泉，民俗风情，历史遗迹……这些都是活生生的语文课程。

　　毋庸讳言，学习语文，我们有过"乱花渐欲迷人眼"的迷茫，有过"山穷水尽疑无路"的困惑。然而，透过做卷子的背后，对语文教学真谛的叩问，蓦然发现"山还是那座山，梁还是那道梁，月亮还是那个月亮"，语文永远还是语文，学语文绝不只是做卷子。

第三辑　教研小品之识字篇

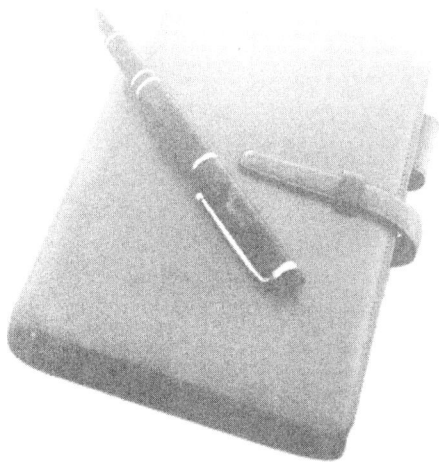

五千年的中华文化，造就了世界文化中独特神奇的象形文字。方正字形、单音字位、四声字韵、内向字义、多能字容，凝聚着民族的智慧，华夏文明则在汉字的几经变迁中不断传承。让学生扎实地掌握汉字、汉语的使用规范，潜移默化中接受汉字文化的影响，保持汉语的纯洁与独立，是语文课的基本任务。

适宜·适度·适合·适量

看了苏令的调查采访记《超前识字：有毒的儿童"催熟剂"》（载《中国教育报》，2010-03-10），我感触颇深。对一些早教机构提出的"两岁识字 2000，三岁识字 3000"教育目标，我表示怀疑。这是不负责任的宣传。《语文课程标准（2011版）》规定，小学毕业才认识常用汉字 3000，这些早教机构把识字教育目标提前了十年，如此"超前识字"，纯属无稽之谈，更是耸人听闻。

说实在的，对苏令的这篇深度报道，我非常钦佩。我想从另一个角度对"超前识字"谈谈认识，聊作对苏令的文章狗尾续貂。

我不反对儿童识字。在儿童发展的关键期适当地教认汉字，可以培养儿童的观察、记忆能力，更能使儿童潜在智慧获得适时的发展。但"超前识字"年龄一定要适宜，要求一定要适度，方法一定要适合，字数一定要适量，符合教育规律，否则会影响儿童的健康成长。

古往今来，凡为教育，必先抓母语教育。中华民族的母语教育，受本民族特点和汉字自身特征的制约，决定了它必须从识字开始、从识字教学入手，正所谓"人生识字聪明始"。因为识字是儿童迈向阅读的大门，是儿童进入作文天地的台阶，是儿童从运用口头语言过渡到学习书面语言的最初阶段。

关于"超前识字"，中国幼儿教育史上有记载。清初唐彪在其《父师善诱法》中记叙了一个完整的"超前识字"过程："生子三四岁时，口角清楚，知识渐开，即用小木板方寸许、四方者千块，漆好，朱书《千字文》，每块一字，盛以木匣。令其子每日识十字、或三五字，复令其凑集成句读之。或聚或散，或乱或齐，听其顽耍，则识认是真。"这是运用形象直观的手段，在游戏过程中采用相对集中的方法进行"超前识字"的。

儿童四五岁，或更提前一点至三四岁，进行识字教育，这在当下的家庭中是不乏其例的，而且非常普遍。但"超前识字"一定要注意以下几点。

一、年龄要适宜

从儿童心理年龄特征发展看，从出生到一岁，为乳儿期；从一岁到三岁，为婴儿期；从三岁到六七岁，为幼儿期。让在乳儿期或婴儿期的婴幼儿"超前识字"，是揠苗助长，万万来不得。根据瑞士心理学家皮亚杰"略为超前"的认知理论，幼儿识字一般在四岁左右比较适宜。此时的儿童已经掌握了全部的基本语音，有了一定的语言基础和生活体验，词汇量1000～2000个。经过成人几年的教育和影响，其口头语言发展已经基本完成。清人李新庵在《重订训学良规》中提道："子弟四五岁，先教字方"。这时的儿童，对世界万物充满好奇，只要方法得当，激发他们的兴趣，识字教育是可以进行的。

二、要求要适度

通常意义上的识字是这样的：一方面要掌握有关字词的音、形、义三要素本身，要建立起三者之间的互相联系，以形成有关字词的整体心理结构；另一方面，要注意所掌握字词的实际应用，达到会读、会写、会讲、会用的目的。幼儿识字绝对不能这样要求，更不能让他们"见形知音义，闻音知义形，想义知音形"。汉字是音、形、义三要素构成的富有变化的方块字，儿童识字的过程是一个复杂的分析综合思维活动的过程，其特点是整体轮廓感知，识字的难易与字体笔画多少关系不大。对单个汉字字形的辨认是先整体后个体，即从外形轮廓到细部结构。他们感知字形往往是获得大体轮廓的印像，而对字形内部的结构和个别笔画则比较模糊。基于这种心理特点，幼儿识字只要能读准字音就行了，至于认清字形、了解字义、会写会用，那是上了小学以后的事。

三、方法要适合

四五岁的儿童，"未脱孩心，眷眷堂前，依依膝下，乃其天性本真"。如果让他们马上进入识字教育中，必须用劝诱的方式加以引导，并给予不断地鼓励，这样儿童才会对识字产生浓厚的兴趣。此外，爱打闹，爱游戏，也是孩子的天性，正如明朝王守仁所说："大抵童子之情，乐嬉游而惮拘检，如草木之始萌芽，舒畅之则条达，摧挠之则衰痿。"所以幼儿识字方法一定要生动活泼，直观形象，不能操之过

急，也不能强行限制，一切顺其自然。我们可以运用看图识字、游戏识字、生活识字等方法，通过儿童读物、街道标牌、商店匾额、亲人姓名、食品包装、电视字幕等途径，对汉字作简单的模糊的了解，形成初步印象即可。切忌小学化、成人化，防止面面俱到，两败俱伤。

四、字数要适量

幼儿识字主要是进行学前识字学习，如激发孩子对汉字的兴趣，以及对阅读的兴趣。识字不是学龄前儿童的学习任务，对学龄前儿童进行识字的教育只能以培养兴趣为主，应当在日常生活中和快乐的游戏中轻松进行。识字必须与儿童的思维发展水平相适应，必须以儿童的实际经验为基础，不能盲目实施。时间不是越早越好，数量不是越多越好。我的观点是：三岁 100 字左右，四岁 200 字左右，五岁 300 字左右，六岁 400 字左右。例如，三岁可认以下 118 个字："一、二、三、四、五、六、七、八、九、十、日、月、水、火、山、石、田、土、风、雨、雷、电、天、地、星、云、春、夏、秋、冬、大、小、多、少、长、短、方、圆、上、下、左、右、前、后、里、外、远、近、高、低、出、入、开、关、猪、马、牛、羊、鸡、鸭、猫、狗、鸟、兽、鱼、虫、花、草、树、木、瓜、果、梨、桃、男、女、老、幼、人、身、头、发、口、鼻、眼、耳、脸、手、腿、足、桌、椅、门、窗、床、表、灯、扇、刀、叉、盘、勺、红、黄、蓝、绿、黑、白、紫、粉、衣、帽、鞋、袜、枕、垫、镜、梳。"在生活中识字，每次一二个，字体要大。字形相近或字义相近的字不宜放在一起教认，以免混淆。

关于儿童识字的几个问题

2017 年，统编新教材全面使用，开启了基础教育语文课程教学的新时代。国家意志得到明显加强，呈现出综合化、统整化与实践化趋势。语文教育站在了新的历史方位中，全国小语界为之振奋。从儿童的成长看儿童识字的当代使命。

一、什么是识字？

通常意义上的识字是这样的：一方面，要掌握有关字词的音、形、义三要素本身，要建立起三者之间的互相联系，以形成有关字词的整体心理结构；另一方面，要注意所掌握字词的实际应用，达到会读、会写、会讲、会用的目的。也就是说，儿童识字有别于幼儿识字，幼儿识字只要能读准字音就行了。儿童识字是入学后的正规的识字，应当在老师的指导下，做到"见形知音义，闻音知义形，想义知音形"，既包括写字，也包括用字。

二、汉字教育有什么重大意义？

五千年的中华文化，造就了世界文化中独特的象形文字，方正字形、单音字位、四声字韵、内向字义、多能字容，凝聚着民族的智慧。汉字是世界上使用至今最为古老的文字，如同"中华民族掌心的纹路"。汉字承载着民族的文化、民族的历史、民族的血脉、民族的智慧和民族的特征，甚至民族的承受力和创造力都浸透在一个个汉字中。加强"汉字教育"，不仅有利于小学生识字写字、学好母语，而且有利于中华民族文化的传承，培养儿童的文化认同感和民族自信心。所以，让学生扎实地掌握汉字，在潜移默化中接受汉字文化的影响，是语文课的基本任务。

三、为什么说儿童学习汉字比较难？

要使学龄初期的儿童掌握教材上的那些生字，并不是一件容易的事情。虽然儿童具有学习语言的本能，但是儿童学习汉字的心理过程和学习口语的心理过程不同，除了要言语听觉分析器和动觉分析器参加活动之外，还必须要有视觉分析器的参加。即开始以字形为依据，分析字的音和义，在大脑中建立起音、形、义的统一联系。儿童识字不是只会读音就可以了，还要理解字义，更重要的是认识字形，会正确地书写字形。另外，六七岁的儿童手指肌肉末梢神经还不很发达，不能较灵活地握笔、用笔，开始写字是困难的，不是下笔不准确，就是笔画不正确，有时还会出现错别字。所以说，低年级汉字教学是个关，只有攻下这个关，阅读、作文才会较顺利地进行。

四、儿童识字的最佳时期是什么时间？

专家认为，六七岁这个年龄段是儿童识字的最佳期。何以言之？因为小学生和幼儿园的幼童在身心发展上是有区别的，学前儿童的学习承受能力还很差，是不具备学习书面语言能力的，教幼儿识字有一定困难。而小学低年级学生的身心发展相对比较成熟，是能够承受有意学习的，能够控制自己的意志接受汉字学习。有研究表明，小学生学习汉字的最佳时期一过，其识字机能就会逐渐减退；汉字教学的时间越长，识字的速度、效果将会降低。老师们都有这样的经验：越到高年级，学生识字的积极性和记忆力越不如低年级。另外，儿童入学以后，已具有口语发展的基础，开始学习书面语言，只要认识了汉字，就会比较容易地读书、写话；而且学习汉字开始时，一些生活中常用的字，其字音、字义是熟悉的，只有字形是生疏的，而字形又是有规律可循的。所以开始学习书面语言，只要方法得当，小学生学汉字是具有有利条件的。因此，不能错过儿童学习汉字的最佳时期。

五、低年级小学语文为什么要以识字教学为重点？

这主要是由汉字特点所决定的。汉字是表意文字，学习汉字必须一个一个地认，一个一个地读，一个一个地写，一个一个地记。由于汉字以形表义，"字话不一律"，因此，读、写之前，必须掌握一定数量的汉字，否则就难以进入阅读和作文阶段。从识字和阅读、作文的关系来看，识字的目的，就是为了学习书面语言，也就是为了阅读和作文。小学阶段，特别是一、二年级的学生，如果识字少，就会妨碍读书、作文；若能多认识一些字，就可以提前阅读和作文。所以，1956 年制定的《小学语文教学大纲》就明确提出低年级语文教学要以识字为重点。1963 年的"大纲"又重申了这一重点，1978 年的"大纲"仍然坚持了以识字为重点的提法。2011 年的"新课标"又明确提出了低年级语文教学以识字为重点的要求。

六、怎样认识"多认少写、认写分流"的识字教学原则？

"新课标"要求，第一学段认识常用汉字 1600 个左右，其中 800 个左右会写。语文统编教材一年级识字量为 700 个，其中上册为 300 个，下册为 400 个；写字量为 300 个，其中上册为 100 个，下册为 200 个。其字量、字种、字序、字用完全符合儿童的认知规律。从古到今，生字教学编排的特点都是识写分离，多认少写，平行组织教学。这样编排的目的是为了增大学生的识字量，减轻学生的写字负担。因为识字教材用字顺序不能按笔画多少、繁简难易来编排，但写字必须从基本笔画、基本结构练起，从少到多，从简到繁，循序渐进。例如我国古代，既有识字教材，又有写字教材，最具代表性的识字教材是《三字经》《百家姓》《千字文》，写字教材最流行的是"上大人，丘乙己，化三千，七十二，尔小生，八九子，佳作仁，可知礼"。

七、统编教材在识字编排上有什么特点？

识字是一个复杂的心理过程，其流程为：感知—理解—记忆—运用。六岁的儿童词汇量 2500～3000 个，开始由口头语言向书面语言过渡。他们掌握汉字，首先是把握住它的粗略轮廓，然后逐步分化，接着形成正确的视、听、动觉表象，最后达到掌握汉字音、形、义的复合体。语文统编一年级新教材在编排体系上突出了识字教育。上册，先认 40 个汉字，然后再学汉语拼音。这个顺序的改变把识字摆到了第一位。下册，识字内容主要安排在识字单元、课文和"识字加油站"里，三管齐下，相辅相成。从识字方法看，统编教材继承了中华优秀的传统文化，集中识字、字理识字、韵语识字、生活识字、阅读识字，多元组合，极大地激发了学生识字的兴趣和求知欲。

八、如何看待儿童"超前识字"？

儿童四五岁，或更提前一点至三四岁，进行识字教育，这在当下的家庭中是不乏其例的，而且非常普遍。但"超前识字"年龄一定要适宜，要求一定要适度，方法一定要适合，字数一定要适量，符合教育规律。幼儿识字主要是进行前识字学习，如激发孩子对汉字的兴趣，以及对阅读的兴趣。识字不是学龄前儿童的学习任务。对学龄前儿童进行识字的教育只能以培养兴趣为主，应当在日常生活中和快乐的游戏中轻松进行。识字必须与儿童的思维发展水平相适应，必须以儿童的实际经验为基础，不能盲目实施，否则会影响儿童健康成长。

打好小学写字教育的基础

一

21 世纪，随着电脑、手机、打印机的普及，"手写"仿佛与人们的生活渐行渐远，"电脑失写症"使人深为忧虑。2010 年，《中国青年报》社会调查中心对 2072 人进行的一项调查表明，83％的人有提笔忘字的经历，74.2％的人表示在平时的工作和生活中手写机会不多，23.6％的人手写的机会很少，4.4％的人几乎不再手写了。公众在什么情况下会选择手写？调查中，70.8％的人首选"签名"，68.4％的人选择"考试"，65.7％的人"记笔记"时会手写，接下来还有 35.4％的人"写日记"、29.8％的人"写文章"、23.1％的人"写信"时用手写。在我国，包括中小学生在内，用硬笔和毛笔写字的人是越来越少了。

手写时代渐行渐远会带来什么后果呢？中国青年报社社会调查中心的数据显示，71.4％的人认为这会削弱对中华文明的认同感，64.5％的人觉得"书法艺术会趋于消亡"，56％的人感到"写作者的个性无从体现"。（载《中国青年报》，2010-04-16 第 5 版）从结绳到刀刻，从刀刻到用笔，经历漫长的岁月，一项千百年来被人们运用自如的汉字书写艺术却在电脑和网络普及后的一二十年间就陷入如此尴尬境地。中国人面临书写汉字的危机，真叫人痛心！

2009 年，教育部的一项调查显示，三千多名受访教师中，有 60％的人认为学生的汉字书写水平正在下降。这绝不是耸人听闻。教育部曾经发布《要切实抓好中小学生的写字教学》，文件指出，现在学生的写字水平是"每况愈下"，一些教授认为用"每况愈下"不够贴切，应该用"惨不忍睹"才好。2007 年，上海的一份"汉字书写现状"调查也显示，中小学生写钢笔字不规范、不合格的占 70％～80％，写汉字有障碍已经成为一种现代病，而且这种趋势在青少年人群中日趋突出。写字质量不高有几种表现：有的写字不认真，书面作业随意涂画，字迹潦草，学生认为字写得好坏无关紧要；有的写字姿势不正确，或歪着头，或扭着身子，或胸部紧靠桌边，或头部过于前倾，或两臂撑不开，手腕内扣；有的不会执笔，不会运笔，把横写成

"鹤脖"，把竖写成"鼠尾"，把点写成"牛头"；更有甚者，在作业中，错字连篇，别字迭出，有汉字缺胳膊少腿现象，让人惨不忍睹。据某地对几所小学高年级学生写字情况的抽样调查，在被调查的四十份试卷中，有六份试卷识别不出答卷学生的名字。有的学生被抽查时，自己读自己的笔记本，竟辨认不出来是自己写的。2009年召开的全国"两会"上，全国政协常委苏士澍做了题为《加强青少年汉字书写教育刻不容缓》的大会发言。他认为，目前能写一手整洁、漂亮汉字的中小学生比例很低，更不用说传统意义上的书法了。在今年的全国"两会"期间，小学写字教育质量下降的问题再一次受到了代表委员的广泛关注，有四位委员的提案内容是"加强写字教育"，呼吁要重视当前存在的"汉字书写文化没落"现象。

造成学生写字能力下降的一个重要原因就是学校不重视写字教学。在"升学第一"观念的影响下，有些学校不开写字课，即便开设了写字课，也名存实亡，往往挪作他用，有的"变身"成了语文教学的机动课，或用来上阅读课，或用来上作业课。许多教师挤占写字时间为学生补课，理由是缺乏高水平的师资力量。

当然，我们不能把汉字书写危机完全归罪于现代技术，也不能说"一手好字，被电脑给废了"。从教育入手，提高中小学生的文化素养才是化解书写危机的根本之道。

文字是一种惊天动地的创造，它的出现标志着人类社会的第二次信息革命。汉字是中华民族的宝贵财富之一，是中华文明的标志，又是传承中华文化的工具，是我们的精神家园。它凝聚了中华民族的精神和文化，即使在很久的将来，仍是传递信息的重要工具。因此，汉字不可废，不可轻，不可乱。小学生写好汉字应当是我国基础教育的基本要求。作为小学语文教师，教学生写好汉字是首要的任务。可是，能拿得出手"三笔字"的地方小学语文教师，恐怕为数不多。能掌握现代汉语常用字的笔画、笔顺和字形结构，书写达到笔画清楚、正确、规范、熟练有力，字体匀称美观，对书法作品有欣赏能力，并能指导学生书写，这样的语文教师就更少了。至于能掌握"三笔字"的用笔方法，了解选帖、读帖和临摹的基本知识，会识别楷、行、草、隶、篆等字体，会分析象形、指事、会意、形声、假借、转注特色的老师简直是凤毛麟角了。现在的小学语文教师几乎都是大专以上学历，但是专门学过书法的或受过书法训练的找不出几位。可见，不是滥竽充数、能教好写字课的语文老师是少之又少的。在教学观摩会上，我们常见一些教师在大屏幕上演示笔画笔顺，

而黑板变成"白板",成了被遗忘的角落,其原因就是其字不佳,不敢出手。

二

我国的教育,自古以来都是从教写字和学写字开始的。写字教育历来为国家所重视,早在殷周时期,习字就被列为"六艺"之一。今天的写字教学更是语文教育的重要组成部分,并且国家有明确的规定。从 1950 年的《小学语文课程暂行标准》到 2011 年的《全日制义务教育语文课程标准》,六十多年来,我国颁布了多部《语文教学大纲》或《语文课程标准(2011 版)》。这些纲领性文件都对写字教学提出了具体要求。例如,1992 年的《九年义务教育全日制小学语文教学大纲》就提出:"写字是一项重要的语文基本功,是巩固识字的手段,对于提高学生的文化素养起着重要作用,必须从小打好写字的基础,从一年级开始就要严格要求,严格训练,逐步培养学生的写字能力。在写字教学中,教师要激发学生的写字兴趣,教学生正确的写字姿势和怎样执笔、运笔,使学生掌握汉字的笔画、偏旁、结构的书写方法,逐步做到铅笔字、钢笔字写得正确、端正、整洁,行款整齐,有一定的速度。要重视毛笔字的教学,切实加强书写指导。从描红、仿影到临帖,逐步做到写得匀称,纸面干净。要注意培养学生认真写字和爱惜写字用具的习惯,要保证写字课的正常进行,不断提高写字课的教学质量。对于爱好书法的学生要加以鼓励。"另外,教育部 1998 年还制定了《九年义务教育全日制小学写字教学指导纲要》,2002 年出台了《关于在中小学加强写字教学的若干意见》,就中小学开展写字教学的意义、要求、条件和教学评价等方面做出了明确要求。2010 年颁布的《国家中长期教育改革和发展规划纲要(2010—2020 年)》中也提出"全面提高教育质量""使用规范汉字",再一次强调了写字教学的重要性。然而,这些文件的出台并没能阻挡学生书写能力下降的趋势。长期的"应试教育"已使"写字"成为可有可无的一项教学任务,顽固的传统观念制约着写字教学质量的提高。尽管国家和一些省市已编写和出版了几套《写字》教材,但是写字课程很难落实。除非把写字列入考试,不然的话写字课程的推广是非常困难的。

三

写字对小学生来说有育德、启智、审美、健体之功能。儿童在小学阶段打下写字基础，能写一手漂亮的汉字，对其今后的学习、工作、生活都将会产生积极的影响。鉴于当下小学写字教学的现状，我提出如下五点建议。

（一）加强训练

文字是记录语言、代表语言的符号。只有正确书写，才能表情达意，发挥交际的作用。如果能够写得流利、写得美观，更能起到艺术感染的作用。在语文教学中，教师要认真教给学生写字的基本知识和技能，通过指导和讲评，使学生掌握写字的各种笔画、结构和书写方法，养成"提笔即是练字"的良好习惯。

（二）开设课程

编写教材，把写字课列入正式的课程表，纳入学校的教学计划中。设专职教师，健全写字教学管理制度，领导要巡视、检查。在考试中，恢复卷面整洁、字迹工整的加分制度，对卷面书写状况和水平至少要按一定的分数予以评定。适当加大作文错别字扣分力度，不设上限或上限明显放宽。相信此举定会引起学生和老师对汉字书写的高度重视。

（三）开展活动

写字要靠长时间的反复练习才能形成技能。写字教学必须向课外延伸，课外活动是学生写字的重要途径。写字课外活动的形式有：成立书法兴趣小组，培养学生的写字兴趣；举办书法作品展览，激发学生的写字热情；参观书法展览会，丰富学生的写字内涵。以"书写经典，传承文明"为主题的全国大中小学生规范汉字书写大赛就是一个很好的形式。"笔墨纸砚，悬腕挥毫"的书法，作为传统的"国粹"，这份遗产应当被我们很好地继承下去。

（四）提高修养

学生练字，善于模仿，思维富于具体性和形象性。教师的示范，起着巨大的潜移默化的作用，其效果往往超过方法的讲解。因此，字写得不好的教师一定要苦练写字的基本功。我们不要求语文教师都成为书法家，但必须都能熟练掌握运笔技能，"三笔字"都要写得对、写得美、写得快，给学生以示范。在教师资格考核中，把汉字书写水平列为考核内容。师范院校中文系要开设"三笔字"必修课，为师范生毕业后从教打好基础。

（五）段位评定

由于写字课授课内容弹性大，教学质量难以衡量，因此，应当实施小学生写字

段位评定制度。其目的是为了确保学生打好写字的基础，并鼓励在书写方面有特长的学生发展书法技能。写字段位评定的标准是对写字的质和量进行评价的标准量尺，是衡量写字水平的工具，重点测量写字的速度和写字的品质。教师应当鼓励学生参加写字段位测评。当然，汉字书写等级与升学、考试无关，也不能作为学生成绩考核的参考标准。

关注学生的写字姿势与习惯

《语文课程标准（2011版）》指出："努力养成良好的写字习惯，写字姿势正确，书写规范、端正、整洁。"按照《语文课程标准（2011版）》的要求，审视小学生写字现状，审视小学写字教学现状，我们觉得还存在很多问题。这些问题归纳起来是：写字姿势不正，执笔方法不对，书写习惯不好。

写字姿势不正主要表现是：有的歪头写字；有的把头枕在胳膊上写字；有的前胸紧挨桌子写字；有的双腿交叉写字；有的扭着身子写字；有的一条腿压在另一条腿上写字；有的双脚蹬在桌梁上写字；有的一只脚放在桌梁上，一只脚放在椅梁上写字；有的双脚悬空写字；有的左手放在桌下写字；有的坐得太靠前写字；有的坐得太靠后写字；有的一条腿正放，一条腿斜放写字；有的将椅子两条后腿悬起来写字，等等。

执笔方法不对主要表现是：有的用食指第一节捏笔，用力过大，第二关节呈弓状向前突出；有的拇指第一节全压住笔杆；有的拇指第一节和食指第一节紧紧拼拢笔杆；有的笔杆顶端指向身体的右方；有的用拇指关节处或拇指第二节和食指第一节握住笔杆；有的捏笔手指与笔尖的距离过近；有的小指外伸，等等。

书写习惯不好主要表现是：有的学生写字时习惯于将笔尖削得过长、过细、过尖；有的学生写字时习惯于用舌头舔铅笔尖；有的学生写字时习惯于在本子上随便用橡皮或手指擦抹；有的学生写字时习惯于将书本斜放；有的学生写字时习惯于在桌子上摆放杂物；有的学生写字时习惯于乱撕本子；有的学生写字时不知爱惜文具，纸面不净，本子不洁，等等。

写字姿势、执笔方法、书写习惯是否正确，不仅影响写字教学的质量，而且还严重危及学生的身体健康。上海中医药大学附属龙华医院骨伤科医生对 2500 名 7 岁至 16 岁的学生进行普查，初步了解到：青少年脊柱侧凸症的发病率在已达 2％，发病高峰为 9 岁至 11 岁，女生多于男生。造成脊柱侧凸症的原因固然很多，而写字姿、执笔方法、书写习惯不正确不能不说是个重要原因。另外，青少年近视也与写字姿势、执笔方法、书写习惯不正确有关。据医学专家介绍，写字眼睛离纸面过近是导致近视的重要原因。

造成上述问题的缘由有二。一是对正确执笔的重要性认识不足。有些人觉得只有毛笔的执笔方法才有学问，铅笔和钢笔的执笔方法正确与否无所谓。二是对学生写字指导不利。少年儿童第一次拿笔写字时，没有得到正确的指导，另外，对学生养成的不良写字习惯也没进行及时纠正。这样，致使学生从小养成的错误，终生难改。

培养学生良好的写字习惯，要从低年级抓起，应认真做好以下五方面工作。

第一，讲授。教师在教学中，要反复地、通俗地从道理上向学生讲清养成良好的写字习惯的意义、要求和作用，使学生明确为什么从小就要养成良好的写字习惯，以激发他们对形成良好的写字习惯的兴趣和动机，从而在其心理和行动上形成一种自觉与向往。

第二，示范。小学生模仿力强，其习惯的形成都具有模仿的因素。为此，教师应注重给学生示范。如学执笔，可先告诉学生执笔要领：三指捏笔一指挡，二指垫住真稳当。然后示范。一捏，用拇指的前侧方，食指的螺纹处，中指第一关节的侧上方，捏住笔杆下端离笔头 3 厘米的地方，并使笔杆向虎口方向倾斜约 45 度。二挡，用食指靠近虎口部分的外侧，将捏倒的笔杆挡住。三垫，用无名指和小指依次垫在中指下边，成自然弯曲形状。

第三，训练。小学生，特别是低年级儿童对教师有一种特殊的信任感。教师应因势利导，有目的、有计划地抓好训练，促使学生良好写字习惯的养成。如正确的写字姿势主要是身正、背直、肩平、臂张、足稳。教师可采用儿歌的方法来训练：

头部端，肩放平，身子挺直稍前倾。双眼与纸有一尺，胸部离桌约二寸。两臂放开纸放正，双腿平摆脚放平。正确姿势要记牢，字能写好人精神。

第四，强化。良好的习惯总有一个形成和巩固的过程，而不好的习惯也具有一种回归的本能。按照巴甫洛夫的观点，习惯是条件反射长期积累强化以至成为一种"动力定型"的结果。因此，小学生初步养成了良好的写字习惯后，应通过提醒、奖励、互评、竞赛等形式加以强化。要注意反复抓，抓反复，直至成型，使良好习惯在小学生的大脑中不断加深印迹，以达到"习惯定势"，在行为上呈现自动化的特点。

第五，配合。正确的写字姿势的形成不是一朝一夕的事，要严格训练，持之以恒。这也不仅仅是学校的事，争取家长的配合是十分重要的。因为家庭是教育的阵地之一，也是培养学生各方面能力的有力场所。因此，要向家长讲明写字姿势正确的重要性，要求家长根据家庭情况，尽可能地给学生创造良好的、适当的学习条件，并随时注意纠正学生不正确的写字或读书姿势。要充分发挥家长在学生写字训练中的作用。

引导学生在生活中主动识字

在语文教育的广阔天地里，蕴藏着丰富的自然性、社会性和人文性课程资源。语文教育应植根于现实生活，面向未来。语文教师要创造性地理解和使用教材，拓宽学生学习语文的空间。这是语文教育生命力的表现。

从宏观角度讲，语文课程分五个板块：识字与写字、阅读、习作、口语交际、综合性学习。其中"识字与写字"最具广泛的社会资源。学生学习汉字有得天独厚的条件，即满耳皆汉语，满眼皆汉字，处于汉语、汉字和民族文化的海洋之中。刚入学的一年级小学生大都认识"男、女、厕、所"这些字，所有会下象棋的小朋友都认得"将、士、相、车、马、炮"，看过电视连续剧《西游记》的孩子对"西、游、记"三个字自然过目不忘。凡此种种都说明整个社会是一个广阔、充满活力的学习汉字的天地。为此，我们应当以"大语文观"为指导，打破只局限于课堂、课本的做法，密切联系学生的生活环境，引导他们在沸腾的生活中主动识字，建立一个识字教学的开放系统。

小学生生活识字的渠道很多，如果加以概括，主要有以下五条：（1）社会环境渠道，如地名、路名、桥名、招牌、广告、商标、标语、口号、春联等。(2)人际关系渠道，如亲戚、同学、老师、朋友、邻居、同事的姓名。(3)其他学科渠道，如数学、思想品德、社会、科学、音乐、美术、体育等课本中的文字。(4)课外读物渠道，如童话、寓言、小说、散文、诗歌中的书面文字。(5)影视活动渠道，如电影电视中的片头字幕、人物对话字幕、演职人员字幕、鸣谢单位字幕中的文字。以上这些都是学生无意识字的重要媒体，他们与汉字反复见面，耳濡目染，只要充分调动自身的积极性，发挥他们的各自潜能，汉字的音、形、义基本上都能"无师自通"。

我们如何利用各种机会，在潜移默化中进行全方位识字教学呢？

第一，激发生活识字兴趣。生活识字，要从兴趣开始，因为兴趣是一切学习的原动力。要想激发学生识字兴趣，首先必须培植学生热爱中华汉字的情感。中华汉字，在世界上独树一帜，是东方文化的杰出代表。它源远流长，形象优美，体态千姿，是中国的第五大发明，它的伟大功勋不亚于万里长城。它可爱的图画，横竖撇捺的奇妙组合，使它不再是僵硬的符号。"轻"字令人有飘浮感，"重"字一望而沉坠，"笑"字使人欢快，"哭"字一看就像在流泪。这些美丽的富有魅力的文字，足以激发学生掌握它们的愿望，调动学习情绪，产生驱遣文字的乐趣，甚至使学生能在语义之外，寻求那种文字对思维各感官的想象力。

第二，教给生活识字方法。生活识字一定要使学生掌握最基本的方法。学生掌握了正确的学习方法，就会产生两个飞跃，一是由"学会"变成"会学"，二是由"被动地学"变成"主动地学"。生活识字方法名目繁多，但被实践证明最有效的方法是比较法。从汉字本身来看，每个汉字都包含音、形、义三个要素，而识字教学的要求就是读准字音，认清字形，理解字义，进而会运用。由于汉字音、形、义特别复杂，学生辨认和记忆非常困难，如何建立汉字音、形、义的巩固联系，我们认为只有比较才能奏效。如在字音学习中，有同音、近音的比较；在字义学习中，有近义、反义的比较；在字形学习中，有形近字的比较等。有比较，才有鉴别，在比较中，学生自然能闻声、察形、知义、书正。

第三，提供生活识字舞台。教师要经常给学生展示生活识字的机会、舞台，让学生不断地交流自主识字的成果。坚持这样引导，学生不仅能增识许多汉字，而且还能培养他们的创新精神和实践能力。一位教师针对街头海报、店铺招牌、商业广告、街道路标中的错字、别字、繁体字及不规范的简化字屡见不鲜的现象，组织学

生走向社会，开展消灭错别字的"啄木鸟活动"。她的学生发现一家饮食店在橱窗上将"炸糕"写成"炸羔"，立即给这家饮食店的老板写了一份《纠正错别字建议书》，建议这家饮食店为纯洁、净化祖国语言文字改正上述错别字。这位学生具有高度的社会责任感，不让街头错别字泛滥成灾，污染我们的社会环境，着实令人钦佩！

　　第四，养成生活识字习惯。学习习惯是指学生在一定情境下自动地去进行某些活动的特殊倾向。它是学生在学习上的一种自动化动作。生活识字的良好习惯应当有如下的表现：学生在校内、家里、街道、社区，通过读书、看报、看电视、看商标字、招牌字、广告字……能自主识字；只要见到汉字，就产生识字的欲望，就自觉地识记。一位二年级的小学生跟随妈妈到菜市场买菜，他发现每种蔬菜都有一个标牌，标牌上标有蔬菜的名称。他对着每种蔬菜认真识记韭菜、芹菜、菠菜、茄子、辣椒、黄瓜、西红柿……这些字，小学生兴趣盎然，他把识字与认识事物结合起来。这就是在生活中主动识字的良好习惯。

美女教师的"爪子脸"

　　今天是新学期开学的第二天，我与同事踏着初春的残雪来到一所小学调研。

　　校长特别热情，在百忙之中抽空接待了我们。

　　上午，我们随机听了一堂三年级习作课。这是一节单项训练课，老师指导学生练写人物外貌。课堂构架新颖，先说后写，指向明确，气氛活跃。遗憾的是，开始动笔的时候，问题出现了。有不少学生写字姿势不规范，无论是握笔还是坐姿，随意性很大。就拿握笔姿势来说吧，有的是大拇指包扣式，有的是拇指内侧贴夹式，有的是指尖捏笔式，五花八门，不一而足。很多学生在书写过程中，身体姿势也不正确。他们或是头部严重左倾，几乎枕在肩膀上；或是身体严重前倾，几乎趴在桌子上；或是身体整体右倾，几乎躺在胳膊上。看到这些，我简直不敢相信自己的眼睛。孩子的写字姿势竟然如此不规范，令人惊讶。

　　下课了，我拿着几本习作本回到办公室，认真看起来。总体上说，习作内容还是蛮具体的，不论是写大人，还是写小孩，孩子们都能抓住人物的外貌特点进行描写。30分钟，能写出百余字的习作，且有血有肉，有的甚至文采飞扬，辞藻华丽，真是难能可贵。可问题又出现了，错别字不时跳入我的眼帘。拿错字来说吧，有的增添笔画，如考试的"试"，右半部多了一撇；有的删减笔画，如衬衣的"衬"，把"礻"字旁写成了"衤"字旁；有的改变形近部件，如敲门的"敲"，右半部写成了"支"。再拿别字来说吧，也有"一筐箩"：有误用同音字的，如头发浓密的"密"，写成了蜂蜜的"蜜"；有误用形近字的，如端端正正的"端"，写成了瑞雪的"瑞"；有误用"的、地、得"的，平均百字习作错别字超过三个。

更让人啼笑皆非的是，有一篇习作是这样描写班主任肖像的："我们的老师很美丽，她是女的，长着一张爪子脸。"听课时，我怎么没发现呢？很显然，这个学生把"瓜子脸"误写成了"爪子脸"。班主任批改这篇习作时，非得把鼻子气歪不可。

以上这些现象表明，这所小学汉字书写教育状况堪忧。

针对小学生书写暴露出来的问题，我们围炉论道，就地召开了一个微型研讨会。

校长：我感到内疚，学生写字姿势不规范的责任在学校，我们应该提高认识，加强教学卫生工作。悠悠万事，树人最大，教育为先。小学生正处生长发育的关键时期，以正确的姿势书写，不仅有利于书写的规范，也有利于学生的健康成长，否则会导致近视和脊柱弯曲。

老师：我应当自责，"教不严，师之惰"，这节课给我敲起了警钟，我要从中吸取经验教训。今后，我要严格要求学生，把好书写关，一定，一定！正确的书写姿势应该是：拇指、食指捏在笔杆下端，垫在中指的第一节，眼离书本一尺远，胸离桌子一拳远，手离笔尖一寸远。

主任：小学生正处在一个感知觉发展的特殊过渡时期，错别字的形成和小学生的心理特征有着密切的关联。比如，感知不精确，辨析不准确，注意不稳定，记忆不清晰，学习负迁移，思维定式影响，等等。认真学习小学教育心理理论，势在必行。作为教导主任，我要起带头作用。

同事：社会环境的影响不可小觑。比如，父母的错别字给孩子的"榜样作用"，亲密同伴交往中错别字的"相互作用"，各类媒体错别字对学生的"误导作用"，所有这些都是小学生写错别字外在因素。特别是随着电脑时代的到来，汉字书写也正在有意或无意地被弱化，这是事实。

末学：汉字是用笔画构成的形音义的综合体，是中华民族文化的符号，它以形

体的方正、数量的庞大、笔画的繁复著称于世。尽管一字一形，结构复杂，再加上众多的多音字和同音字，这确实给书写带来一定的困难。不过，在写字时如果稍加注意，有些错别字是完全可以避免的。

校长的内疚，老师的自责，主任的决心，弄得我们怪不好意思的。其实大家都有责任，包括上级教育行政部门和业务部门，甚至整个社会。研讨会虽然人数不多，时间不长，但是很有质量，言简意赅，都说到了点子上。

冷静审视目前小学生的书写现状，绝不是我们调研的那一所学校的问题。毫不夸张地说，这种语文教学的缺失是普遍的，也是严重的。

2015 年 1 月 19 日，《新晚报》几乎用了一个版面，刊发了记者董艳春写的特稿。文章说，哈尔滨市小学生汉字书写能力呈不断下滑的趋势，最新调查显示，习作百字错字率，2010 年为 3.17％，2011 年为 3.32％，2012 年为 4.01％，2013 年为 4.29％，写字姿势完全正确的孩子不足一成。多么可怕的一种教育现象呀！

中午，校长留饭。在学校食堂，我们与老师共进了午餐。

下午，我们和全体语文老师重新学习了《语文课程标准（2011 版）》。重点领会"标准"中这样几句话：

识字、写字是阅读和写作的基础，是第一学段的教学重点，也是贯串整个义务教育阶段的重要教学内容……每个学段都要指导学生写好汉字。要求学生写字姿势正确，指导学生掌握基本的书写技能，养成良好的书写习惯，提高书写质量。……第一、第二、第三学段，要在每天的语文课中安排 10 分钟，在教师指导下随堂练习，做到天天练。要在日常书写中增强练字意识，讲究练字效果。

但愿学校领导和老师牢牢记住这些话，从我做起，立刻行动起来，我们共同破解汉字书写的难题，为孩子的人生打下美好底色。

夕阳西下，我们离开了学校。路上，我脑海里不断浮现出今天调研的情景。这些情景最后叠印出如下的字幕：抓好小学书写教育刻不容缓！

至博而美的识字教学

识字是小学语文教育的重要组成部分。如何把高年级的识字教学上得厚重一些，文化内涵丰富一些，哈尔滨这位老师的教学片段令人称奇，拍案叫绝。

师：请同学猜一条谜语：手高眼低。打一字。

生：（不得其解）

师：我再说一条谜语，还是打这个字：手搭凉棚放眼量。（边说边把手反放在眼睛上方，学着孙悟空寻找妖怪的样子，往远处望）

生：（恍然大悟）看！

师：举手遮眼，就是看。（板书：看）"看"的意思很简单，它的同义词也很多，最常见的是哪一个？

生：视。

师：（板书：视）我说几个不同的"看"，请大家说出带"视"的词语。向上面看，向下面看，向周围看。

生：向上面看是"仰视"，向下面看是"俯视"，向周围看是"环视"。

师：偷偷地看，生气地看，斜向一边看。

生：偷偷地看是"窥视"，生气地看是"怒视"，斜向一边看是"斜视"。

师：大略看一看，集中视力看，仔细地看。

生：大略看一看是"扫视"，集中视力看是"凝视"，仔细地看是"审视"。

师：同学们说得非常正确。"看"字从"目"部首，顾名思义，要"看"必须用眼睛，人们常说"眉目传情，胜过说话"。下面请大家说几条带"目"字的成语。

生：鼠目寸光、目中无人、目不识丁。

生：一目了然、一目十行、有目共睹。

生：光彩夺目、触目惊心、死不瞑目。

生：目不转睛、目不暇接、琳琅满目。

生：目瞪口呆、目光如豆、目空一切。

师：同学们一口气说出这么多带"目"字的成语，真不简单。你们在课内外学了不少古诗，接下来，咱们再背几句带"看"字的古诗。先给大家点时间，想一想，写一写，然后交流。

生：相看两不厌，只有敬亭山。

师：这是谁的诗？

生：李白《独坐敬亭山》中的诗句。

生：日照香炉生紫烟，遥看瀑布挂前川。

生：君看一叶舟，出没风波里。

生：却看妻子愁何在，漫卷诗书喜欲狂。

师："却看"是什么意思？

生：回头看的意思。

生：今春看又过，何日是归年。

生：今夜鄜州月，闺中只独看。

师：以上这些诗句都是杜甫写的。

生：横看成岭侧成峰，远近高低各不同。

师：苏轼的名句，你能说一说这两句诗的意思吗？

生：正面看是一道山岭，侧面观是一座险峰，远近高低，山的姿态都不相同。

师：谁还能背诵？

生：杜牧《秋夕》中说："天阶夜色凉如水，坐看牵牛织女星。"

师："坐看"十分传神，把宫女许多细微的心理都包融进去了，真是意在言外，耐人寻味！

师：现在，请同学们把这些词语和诗句整理在笔记本上。

生：（动笔）

将识字教学做宽、做广、做丰、做厚，是这一教学片段的最大特征。犹如简单的一个"水"字，呈现江河湖海之汪泽，显示沟溪塘池之恬静，既有大浪淘沙的雄美，又有秋水长天的明丽。以往的识字教学大多数都是浅层次的，底蕴不深，常常就字教字，方法简单，很少见字、词、句内在的联系，看不出中国传统文化的特点。如教"大"字，只要学生说出这个字是一横一撇一捺，共三画，教师便夸其"顶呱呱"。如教"男"字，只要学生能说出这个字是上下结构，教师即赞其"你真棒"。诚然，在学生初识笔画和结构阶段，这样的教学也是非常必要的。但是到了第三学段，必须"水涨船高"，要体现出高年级的特点。这一教学片段，紧紧抓住"看"字。从谜语入手，一字开花，教师引导学生说出那么多带"视"的词语，那么多带"目"的成语，那么多带"看"的古诗，挖掘出了汉字在三千多年的历史发展中积累的大量文化信息，从而增加了识字教学知识含量。整个过程融合了科学性、知识性和趣味性，同时也让学生进一步感受了汉语言文字的魅力。这正是识字教育最理想的境界，也是当前我们有些语文课堂所缺少的。

识字教学，首先教的是文化

万山磅礴，必有主峰。对小学一年级学生来说，语文教学的主峰便是识字，因为"人生识字聪明始"，识字是阅读和写作的基础，是部编教材的一大特点。

识字，主要是掌握汉字的音、形、义，并在三者之间建立起联系，做到口诵其音，目察其形，心通其义，也就是通常所说的读准字音，认清字形，了解字义。

识字教学，首先教的是文化。中国的每一个汉字都是一个故事，都是一段文化。比如"人"字，一撇一捺就是一个支撑。它是象形的，这个字本身就是一个人的构成的故事。然而，以往的一年级识字教学大多都是浅层次的，底蕴不深，常常是就字教字，方法简单，教者不愿寻绎汉字内部潜在的规律，看不出中国传统文化的特点。如教"大"字，只要学生说出这个字是一横一撇一捺，共三画，教师便夸其"顶呱呱"；如教"男"字，只要学生能说出这个字是上下结构，教师就赞其"你真棒"。诚然，在学生初识笔画和结构阶段，这样的教学也是必要的。但不讲构字原理，机械地识认，必然影响识字教学的质量和效率。

我曾看过一节课，在识字教学中，有这样一个环节：

师：下面我们来写"家"这个生字。你们是怎样记住这个字的？

生：我是这样记住"家"的："家"是上下结构的字，上面是宝盖儿，下面有七画，横、撇、弯钩、撇、撇、撇、捺。

师：这样识记太复杂，老师有一个最好的方法，你们想知道吗？

生：想知道。

师：家，就是住的地方。宝盖儿就是这家的房子，宝盖下面的一横就是这间屋子的天棚。这家共有六口人。第一个小撇是妈妈，妈妈个子矮，大家在写的时候，要把这一撇写得短一些。弯钩是爸爸，爸爸成年累月在外边干活，所以把腰累弯了，同学们在写的时候不要把弯钩写成竖钩。这家有四个孩子，两个男孩儿，两个女孩儿。右边的一撇一捺是女孩儿，左边这两撇是男孩儿，因为爸爸妈妈非常喜爱他们，整天把他俩搂在怀里。

生：（哄堂大笑）

师：同学们，记住了吗？

生：记住了。

　　从表面上看，教者教"家"字挺热闹，又是爸爸，又是妈妈，又是孩子，充满了情趣，充满了笑声。但仔细分析，整个教学过程牵强附会，格调低下。这样识字，不但违背了汉字本身的科学性，而且也破坏了课堂教学的严肃性。

　　这个教学环节最大的问题是缺少理性，缺少文化。我们说，每个字从它的创造到今天的简化过程，都有一定的理据，都有一定的文化。就拿"家"来说吧，它是个会意字，从宀（mián），从豕（shǐ）。房屋（宀）内有猪（豕）就是"家"，即居室。上古的游猎民族无以为家，当圈养有猪时则表示居有定所，且当时畜牧业以养猪为主，猪在人们的生活中占有重要地位，所以用"豕"在"宀"中表示人居住的地方。引申指家庭，又指经营某种行业的人家。可以让学生这样识记形义：宝盖像住房，豕字当猪讲；屋里养有猪，生活得安康。通过这样的故事形式，给学生介绍古代先民的游猎生活方式，以及屋内养猪表示家的来历。学生不但理解了"家"的构字原理，还了解到了人类生活的演变历史，感受到了中华民族的灿烂文化。

　　语文难，难在识字；识字难，难在不识字理，不教文化。所谓字理，就是根据汉字的音、形、义的逻辑关系和造字背景发掘出来的识字方法。汉字的造字法通常称之为"六书"，即象形、指事、会意、形声、转注、假借。如果我们的语文教师在教学中能从汉字造字方法入手，去挖掘文字所潜藏的深层文化内涵，那么，学生不仅可以受到通常意义上的语文教育，还可以借此了解古代的文化知识。

　　拿"曲"字来说吧，它是个象形字，本义指盛物的器具。物件放在器具里时往往折叠变形，故以此表示弯曲的意思。唱歌时曲调是由高中低音连缀而成的，也成弯曲状，所以又作歌曲讲。这样理解，就不至于出现"太阳被射了两支箭"的笑话了。

　　再比如，学生常常把"初"字中的心字旁写成示字旁。如果我们在教学中，讲清"初"是个会意字，由"衣"和"刀"组成，表示用力裁衣，是缝制衣服的第一道工序，本义是"开始"的意思。柳宗元的《封建论》说："天地果无初乎？吾不得而知也。"意思是，天地果真没有开始吗？我是不知道的。又如"初春"，指春季刚开始，也就是春季的第一个月。这样一引申，学生就不会将"初"字写错了。

　　有一次，我听课，一位教师教"碧"字，编成了这样的顺口溜："王大娘，白大娘，并排坐在石头上。"乍一看，觉得新奇有趣，押韵好记，但与"碧"的本义毫无关系，只记字形不解字义。"碧"为形声字，从玉从石，白声。"碧"的本义是青绿色的玉石，引申为青绿色。"孤帆远影碧空尽"中的"碧"是碧蓝色，"接天莲叶无穷碧"中的"碧"为碧绿色。这就是中国五千年博大精深的汉字文化。

　　识字教学最大的悲哀是汉字文化的淡化和旁落。汉字是中华民族的根，文化是中华汉字的魂。文化具有历史性、渗透性、积淀性。知识是短暂的，能力是长久的，而文化则是永恒的。所以，我们在识字教学中要以文化人，以文育人，让识字真正成为立德树人的坚实土地。基于这样的考量，我认为，识字教学一定要体现文化自觉、文化意识、文化观照，"认识中华文化的丰厚博大，吸收民族文化智慧"，担负起传承中华文明和提升学生文化素养的重任。

　　汉字是中国儿童的第一文化，它形美如画，音美如歌，义美如诗，横平竖直皆风骨，撇捺飞扬是血脉。如果小学教师掌握了3000常用汉字的字理文化，我们就能够在识字教学中，居高临下，势如破竹。达到这个境界，其实并不难。手头有一本许慎的《说文解字》，再有一本王筠的《文字蒙求》，一字一世界，一笔一乾坤，去认真钻研，巧妙教学，你就能成为教学能手了。

　　书同文，语同音，不忘本来，面向未来，把识字教学牢牢地植根于汉字文化沃土之中，写方方正正的中国字，做堂堂正正的中国人。让我们用知识和双手托起明天的太阳吧！

第四辑　教研小品之阅读篇

万山磅礴，必有主峰，如果说语文教育是一座山，那么阅读教学则是其主峰。关于阅读，有这么一段美妙的文字：清新犹如朝露，灿烂仿佛云彩，剔透疑似珍珠，浩荡如同江河，这是阅读；水本无华，相荡乃成涟漪，石本无火，相击而发灵光，这是阅读。阅读有诗的细腻，有歌的甘醇，有情的回旋，有心的激荡，其中的滋味无与伦比。

也谈阅读教学的主要任务

万山磅礴，必有主峰。就语文课程而言，阅读教学理所当然就是小学语文教学的基础和主体。何以言之？小学阶段，语文课教学时数占各科授课总时数的40％左右，而三年级以后的阅读课教学时数，又占语文课总时数的70％以上。阅读教学是小学语文教学中费时最多、也是问题最多的部分。所以说，阅读教学是小学语文教学的中心环节，这是毋庸置疑的。

那么，阅读教学的主要任务是什么呢？在谈这个问题之前，首先要明确两个概念，一个是阅读，另一个是阅读教学。

什么是阅读？阅读，是一种复杂的心智活动，它是借助阅读材料中具有客观意义的文字符号，通过感觉、知觉、思维、想象等多种心理活动，来理解阅读材料的意义，从而了解作者思想感情的一种智力活动过程。即《语文课程标准（2011版）》所指出的："阅读是获取信息、认识世界、发展思维、获得审美体验的重要途径。"

什么是阅读教学？阅读教学是以课文教学为中心，组织学生通过阅读活动学习语文知识、培养语文能力、提高认识水平的教学活动。即《语文课程标准（2011版）》所指出的："阅读教学是学生、教师、教科书编者、文本之间对话的过程。"

如何看待阅读教学的价值取向，众说纷纭，其中有一种称"指向写作，是阅读教学的唯一目的"。笔者对这种观点不敢苟同。为什么呢？早在20世纪60年代，叶圣陶先生就明确指出过："练习阅读不只是练习写作的手段，练习阅读自有它的目的。"那么，阅读教学的目的到底是什么？叶老说："阅读教学之目的，我以为首在养成读书之良好习惯。教师辅导学生认真诵习课本，其意乃在使学生渐进于善读，终于能不待教师辅导而臻于通篇明晓。"可见，阅读教学的主要任务是培养学生浓厚的阅读兴趣和良好的阅读习惯，教给学生科学的阅读方法，形成一定的阅读能力和自学能力，而不是写作的附庸，更不能用写作教学代替阅读教学。

我们再来看一下阅读教学的内容。我国小学语文课本，历来都是文选型的，因此，阅读教学的基本模式就是一篇文章一篇文章地教学。一学期学一册书，这是有史以来的客观教学现实。文选式的语文教学又教给学生一些什么呢？那就要看文章本身从内容到形式有些什么了。一篇文章不外乎语言文字、思想内容、写作方法等几个方面。篇篇如此，无一例外。阅读教学中教文章、学文章，教师往往把功夫下在分析课文的内容上，同时也结合教些字、词、句、段、篇和写作技巧等方面的知识，历来阅读教学所能做到的，也就是如此而已。

在完成阅读教学任务方面，阅读本领的教学，过去一直是被忽略的，现在也没有引起更多人足够的重视。有的老师认为，课本是教师教学的依据，上课只要把课文里的内容让学生弄懂了，掌握了，这课书也就完成了教学任务，所以，阅读教学总是老一套：通读课文，扫除字、词障碍，分段理解内容，概括中心思想，做课后习题，好像阅读教学就是这么一个程式。阅读本领的教学在这些老师中似乎还没有被提到议事日程上来。如此看来，阅读本领教学是个薄弱环节，这个薄弱环节的存在，正是目前语文教学少、慢、差、费的重要原因。

阅读教学，到底该指向何处？早期，叶老曾提出过"课文只是一个例子"，主张"在课堂里教语文，最终目的在达到'不需要教'，使学生养成这样一种能力：不待老师教，自己能阅读"。怎样达到叶老提出的这种理想境界呢？笔者的观点是：教给学生阅读的本领，让学生掌握阅读的方法，学会终身学习。

语文是工具，凡是运用工具，都需要本领。那么，小学生应该掌握哪些最基本的阅读本领呢？目前尚无明确体系。依据阅读程序、内容、技能、规律、心理和习惯来看，笔者之见，大致应该是：识字的本领、写字的本领、解词的本领、析句的本领、分段的本领、解题的本领、默读的本领、朗读的本领、浏览的本领、背诵的本领、复述的本领、圈点勾画的本领、记叙文学习的本领、说明文学习的本领、应用文学习的本领、自学笔记的本领、剪贴报刊的本领、工具书查读的本领、资料积累的本领、图书馆利用的本领，等等。以识字本领为例，包括基本字带字识字、拼音识字、看图识字、查字典识字、编记口诀识字、语言环境识字等。以分段本领为例，包括按时间先后顺序分段，按空间变化顺序分段，按地点移动顺序分段，按事情发展顺序分段等。这些具体的阅读本领，可通过传授、渗透、指导、训练的方法，在阅读实践中教给学生，最终达到使学生自能阅读的目的。小学是打基础的阶段，上述提到的阅读本领，对小学生来说，不宜过高，可根据需要和可能，尽量做到简化、可操作。另外，在备课中，一定要明确每节课的教学目标，这节课要教给学生什么阅读本领，这种本领是第一次接触还是复习巩固应用，需通盘考虑，要求要明

确、具体。

古人云:"授人以鱼,只供一饭之需,授人以渔,终身受用无穷。"学生只有掌握了阅读本领这把打开知识宝库的金钥匙,才能彻底解决久治不愈的阅读教学高耗低效的问题。

让语文教学回归本位

课改初期,也就是 2003 年 5 月,我听了一位教师教二年级《北京》这篇课文。时隔十年,记忆犹新,教学环节大体是这样的。第一步,教师配乐范读课文。第二步,学生交流课前搜集到的有关北京的各种资料,如天安门的设计、紫禁城的由来、圆明园的建筑、颐和园的美景等。第三步,映示关于北京的多媒体课件。忽而是雄伟的天安门,忽而是高大的人民英雄纪念碑,忽而是壮观的立交桥。第四步,学生以自己喜欢的方式表达对首都赞美之情。于是,学生或舞蹈、或唱歌、或绘画,课堂好不热闹。第五步,齐读课文,畅谈收获。第六步,教师小结:"这节课,我们'游览'了北京城。北京是一本厚厚的线装书,北京是一幅多彩的水墨画,北京是祖国的心脏。同学们,快点成长吧,快去北京感受她的美丽和巨大变化吧!"

课后,我与教师进行了坦诚的对话。我开诚布公地说:"您这节课非语文现象和假主体行为过多,出现了一些误区。一是虚。语言训练没落实,不到位,生字哪里去了?'矗立'是什么意思?学生茫然。二是闹。表面看上去热热闹闹,红红火火,实际上学生没有认真读书,花哨的东西不少。三是杂。忽而音乐,忽而美术,忽而舞蹈,教学内容被开发得纵横无度,语文课被异化成了'大杂烩',令人眼花缭乱。四是偏。这节课随心所欲,想干什么就干什么,脱离了听、说、读、写这些最基本的最简单的语言训练,没有凸显语文个性,偏离了语文教学的发展方向。"教师反驳说:"您的意见我不敢苟同。我这节课贵在创新,重在综合,突出人文,尊重主体,带有很强的艺术性。开讲,'未成曲调先有情';环节,'一枝一叶总关情';讨论,'不及林间自在啼';教具,'大珠小珠落玉盘';氛围,'山雨欲来风满楼'。为设计这节课,我是煞费苦心。"我们各执一词,讨论得非常激烈,争论得面红耳赤,最后不了了之。

日前，我又听了这位教师的一节语文课。无独有偶，他恰巧讲的还是《北京》这篇课文。这次，他没有盲目综合，无度开放，而是返璞归真，突出了语文教学的本质特点，加强了语言文字训练。教学环节如下。

第一步，理解语言的训练。教学一篇课文，进行理解训练的内容实在太多了，可以从思想内容的角度设问，可以从语言文字的角度设问。学习第三自然段，教者是从理解语言表达方法的侧面提出问题的："课文是怎样将北京的马路和立交桥的美介绍给读者的?"这个问题提得好，抓住了课文所体现值得学习的遣词造句等语言表达方面的规律，实实在在地提高学生的语言水平。学生经过认真读书，答道："'北京有许多又宽又长的柏油马路。'通过'许多''又宽又长'这两个词语，我们就知道了北京的马路不但多，而且宽阔平坦，反映了北京的交通四通八达。"有的说："'立交桥的四周有绿毯似的草坪和拼成图案的花坛。'作者把草坪比喻成绿毯，这个比喻特别恰当，把北京绿色风采给写出来了。"

第二步，积累语言的训练。这篇课文共 226 个字，短小精悍，语言优美，适合背诵。在教学过程中，教者让学生在熟读的基础上，练习背诵课文三、四自然段，效果非常好。我们知道，小学生正处于语言发展的最佳年龄，他们词汇贫乏，掌握的句式也非常有限。对于他们来说，扩大词汇量，熟悉各种句式，发展自己的语言是其学习语文的主要任务。教师深谙此理，将课堂有效的时间还给学生，令其熟读成诵。书，只有牢牢记在心里，那才是学问。

第三步，运用语言的训练。目前，语文教学中学生学习语言，往往只达到"理解"这一水平级，无论是词语教学，句子教学，还是段落、篇章教学，教学目标大多是定位在"理解"这一层面上。我们知道，语言是一种交际工具，是一种技能，理解是运用的基础，积累是运用的前提，只有运用语言才是语文教学的终极目的。这位教者在课文教学过程中，拿出一定时间指导学生进行表达训练。

读一读，用下面的词语说两三句话，能用几个用几个。

绿树成荫　鲜花盛开　风景优美
名胜古迹　高楼大厦　川流不息

总之，这节课教者摈弃了烦琐分析，注重了咬文嚼字，强化了熟读背诵，体现

了迁移应用，是一节本位回归的好语文课。

两相对照，我们不难看出，前者舍本逐末，喧宾夺主，教师曲解了课程标准的教学要求，将语文课弄得不伦不类。后者一扫语文教学"浮华"之风，简简单单教语文，本本分分为学生，扎扎实实求发展。教师在提高学生的语文素养上下了很大功夫。

洗尽铅华见本色。冷静思考前几年"似雾，似风，似雨"的语文教学，确实是乱花渐欲迷人眼。当前，我们的语文教学正处在一个清醒期、转型期，莫让语文迷失自我，不为时尚丢弃永恒。在课改中，我们千万不能丢掉语文教育的传统和本真。语文确实具有多重的育人功能和广泛的奠基作用，但这决不能成为我们忽略或虚化甚至淡化语言的学习和吸收的理由。我们只有紧紧抓住语言训练这条主线，求是，崇实，鼎新，才能使语文教学在实施素质教育的进程中继续发挥不可替代的重要作用，不至于误入歧途。

请尊重文本

基础教育课程改革已经十五年了，贯彻新理念、执行新课标、实施新课程给小学语文课堂教学注入了前所未有的生机，成果让人刮目。但在课改中，也出现了一些误区。误区之一便是有的教师无视文本，在课堂上大搞"发散思维"和"多元解读"，致使语文教学走向了"自由化"的深渊。请看教例。

镜头一：

一位教师在执教《狼和小羊》一文后，鼓励学生大胆质疑。这时有位学生问道："难道这只小羊就这么可怜吗？这时候就不会有什么奇迹发生吗？"这位教师马上"因势利导"。没过多久，善于想象的学生小手如林："这时候，来了一位勇敢的猎人，举起猎枪，'啪'的一声，将恶狼打死了……""谁也没有想到，这只狼一头撞到一块大石头上，结果一命呜呼了……"孩子幼小心灵是善良的，不过这位教师面对学生的课堂生成，引导不加考虑，使寓言的主题黯然失色了。

镜头二：

一位教师教《狐狸和乌鸦》。

师：学完了课文，你想对狐狸或乌鸦说些什么呢？请大家先在小组讨论一下，尽量说得与别人不一样。

生：乌鸦，你真是太笨了，狐狸的话你还敢信任！

师：说得真好，谁继续表达？

生：乌鸦，你因为太爱听好话了，所以才落得这样的下场，你可要接受教训啊！

师：这种想法也不错，还有不一样的说法吗？

生：狐狸，我喜欢你，喜欢你的聪明，因为你能想办法把自己想要的东西骗到手。

师：这种见解与众不同，还有更新颖的想法吗？

…………

众所周知，《狐狸和乌鸦》的文本有其内在价值：光爱听好话，是很容易上当受骗的。怎能为了倡导所谓的个性化体验，而偏离文本内容的价值取向？

以上两则教例，共同之处就是丢开文本，另辟蹊径，无度开放。似乎学生越自由、气氛越活跃、观点越离奇越好。岂不知，这是把"个性化"变成了"自由化"了。

"课本，课本，一课之本。"文本在教学中有三个重要特性：第一，它是课堂教学活动的依凭，是我们课堂赖以依存的一个特质基础；第二，文本具有前提性，它在我们上课以前就已经存在了；第三，我们的语文课决定学这篇课文的时候，文本就有了规定性。课堂是由教师、学生、教材三个基本要素构建的特定的空间，是以教材为凭借，通过师生双方的交流而实现教学目标的舞台。由此看来，除了学生和老师之外，文本就是首要的了。文本是作者独特思想和体验的载体，对它的价值内涵的发掘，在我们的语文教学中占有极其重要的位置。通过文本，我们撷取了文化精髓并相应地获取了一定价值观念及实践能力。面对文本，我们没有理由不尊重它原有的意蕴。的确，在阅读创新的问题上，读者可以在阅读过程中调动个人的生活经历，渗透自我的情感理念，从不同的角度、不同文化背景对作品做出不同的解读。"一千个读者眼中有一千个哈姆雷特"，但我们能将其读成"林黛玉"或"薛宝钗"吗？的确，学生是学习主体，他们的独特体验是一种珍贵的教育资源。与传统教育相比，现代教育使我们越来越深刻地认识到，学生资源的发现和利用是我们今天教育的希望所在，尊重学生的独特体验才能培养学生的主体意识、创新精神，才能使

课堂焕发出生命的活力，也才能使学生的生命得以自主发展。但是，这并不意味着我们对什么都可以熟视无睹，都可以听之任之。

为了张扬学生的个性，培养孩子的创新精神，我们应该鼓励学生敢于发表个人见解，让课堂活跃起来。但这是不是意味着可以任学生思维肆意驰骋而不受约束，可以任其随便乱说呢？我认为，教师作为教学的引导者要把握住"多元解读"与"任意解读"的区别，不同学生对文本的理解可以在各自已有的生活经验的基础上合理产生，但不是毫无道理的瞎想乱猜，更不是漫无边际的信口开河。否则就歪曲了"多元解读"，也无从培养学生的创造性思维了。因此，当学生对文本做出个性反映时，教师不要忘记及时提醒和纠正，要知道"真理向前一步就是谬误"。

在新课程改革的过程中，出现这样的问题并不奇怪，只要我们准确地把握新课标的精神实质，准确地把握语文教学的特点，准确地把握文本的内涵，就不会在教学中节外生枝了。

倡简·务本·求实

小李是学校的教学能手，他要参加市里"创新杯"课堂教学艺术大赛，讲《观潮》这篇文章。几次打电话，请我上学校帮他备课。为了向青年教师学习，也为了交流思想，切磋教艺，我答应了。

周三下午三点，是小李所在学校全体教师业务学习的时间。我准时赶到学校，径直走进多媒体教室，和小李一起研究教材教法。从习惯出发，我首先让小李谈谈自己的一些初步想法。

小李特别热情，他首先给我倒了一杯热茶，然后非常投入地、有感情地把课文读了一遍。小李的范读不同寻常，他不但能全面、准确、深入地把握作品，而且还能具体、细致、真切地感受作品。朗读时，停顿、重音、语气、语调、节奏等技巧处理得非常恰当，尤其是"潮来时"那壮观景象，他读得回肠荡气，令人惊心动魄，令我仿佛就站在海宁市盐官镇海塘大堤上，亲耳听见"山崩地裂"的涛声一样，亲眼看见"千万匹白色战马齐头并进，浩浩荡荡地飞奔而来"一样。

我说："读得不错，这是你讲好《观潮》这篇课文的基础，如果能把课文背下来那就更好了。"

小李连忙说道:"我能背下来,不信您听。"说着,小李一口气一字不落地把课文背下来了。我实在佩服这位将课文倒背如流的青年教师。为了参赛,为了讲好课,他竟下了这么大的功夫。

接着,小李向我讲述了钱塘江大潮形成的原因。资料是那么翔实,数据是那么具体。他绘声绘色地说:"钱塘江自古以来被称为'天下奇观'。这种'天下奇观'的形成,既有地理因素,也有时间的因素。钱塘江口是喇叭形,外宽内窄,外深内浅。并且水底有一条人们看不见的'沙坎',潮波向江内涌进时,遇沙坎阻挡,使潮波变形,潮速加大,潮头壁立,潮头高度可达 3.5 米,潮差可达 8.9 米。潮涌全程可达 80 公里以上。"

我插话道:"你这种沿波讨源的备课方法值得提倡,但不宜给学生和盘托出。因为四年级的学生毕竟是小孩儿,况且课堂教学时间有限,如果处理不当,会适得其反。再者说,你讲的是语文课,而不是地理课。我建议这个环节删掉。"小李似有所悟,频频点头。

因为我们是在多媒体教室里备课,小李顺便给我播放了海宁观潮的录像短片,并且把"交叉潮""一线潮""回头潮"的镜头反复放了好几次。我还是第一次看到有关钱塘江大潮的电影。"一线潮"是这样出现的:未见潮影,先闻潮声,耳边传来轰隆的巨响,这时江面仍然是风平浪静。不一会儿,响声越来越大,犹如擂起万面战鼓,震耳欲聋,远处雾蒙蒙的江面出现一条白线,迅速西移,好像"素练横江,漫漫平沙起白虹"。再近,白线变成了一堵水墙,浪花飞溅,瞬间升高。随着这堵白墙迅速向前推移,海潮来到眼前,有万马奔腾之势,雷霆万钧之力,锐不可当。此时此刻,我看得目瞪口呆,忘记了一切。

我说:"看潮是一种乐趣,听潮是一种遐想。多媒体课件好,直观、生动、形象,感染力强,不但学生愿意看,连我这老头子也喜欢看。但要慎用多媒体课件,否则会喧宾夺主。"小李向我微微一笑,好像同意了我的观点。

古往今来,有关描写钱江潮的诗词歌赋很多,如宋代周密的《观潮》便是。小李打算在教学中设计一个"课堂延伸"环节,给学生介绍一些文学作品,其中就包括周密的《观潮》。随即大屏幕上出现了这样一段文字:

观潮

浙江之潮，天下之伟观也。自既望以至十八日为最盛。方其远处海门，仅如银线；继而渐进，则玉城雪岭，际天而来。大声如雷霆，震撼激射，吞天沃日，势极雄豪。杨诚斋诗云"海涌银为郭，江横玉系腰"者是也。每岁京尹出浙江亭教阅水军，艨艟数百，分列两岸；既而尽奔腾分合五阵之势，并有乘骑弄旗标枪舞刀于水面者，如履平地。倏尔黄烟四起，人物略不相睹，水爆轰震，声如崩山。烟消波静，则一舸无迹，仅有"敌船"为火所焚，随波而逝。吴儿善泅者数百，皆披发文身，手持十幅大彩旗，争先鼓勇，溯迎而上，出没于鲸波万仞中，腾身百变，而其尾略不沾湿，以此夸能。江干上下十余里间，珠翠罗绮溢目，车马塞途，饮食百物皆倍穹常时，而僦赁看幕，虽席地不容间也。

我说："我不反对'课堂延伸'，课堂延伸能扩展学生的知识面，增大教学密度和教学容量。但，小学语文姓'小'，属于启蒙教育，是打基础的阶段，小学生学习语文，许多内容对他们而言都是'第一次'。第一次认识某一个汉字，第一次遇见某一个词语，第一次接触某一个句式。无论是语文知识，还是语文能力，要求都不宜过高。如果讲深了，超越了学生的接受能力，那么势必欲速则不达。"

小李听了我的这番话，恋恋不舍地将大屏幕上周密的《观潮》删掉了。

快下班了，小李让我具体讲讲我对《观潮》的备课想法。我喝了一口茶，开诚布公地提出三点建议。

第一，倡简。我说："在全国大型的观摩课上，许多名师，包括于永正、支玉恒、贾志敏、靳家彦等大家，他们的课堂教学基本上都不用多媒体课件，但教学效果都非常好，给观摩者留下深刻的印象。他们的课之所以能受到欢迎，靠的是内功，而不是多媒体课件。你的课要消肿、减肥、瘦身、删繁就简的目的就是要突出'语文味'。'为师不识语文味，教尽经典也枉然'。那么，怎样坚守语文本位，教好本色语文呢？比如，本文有14个生字，要让学生在课堂上认认真真读课文，动手把生字圈画出来，再重点指导学生写好其中几个。再比如，在朗读训练的基础上，背诵课文第三、第四自然段。这两个自然段是全文的重点，写的是'潮来之时'人们观潮的情景。抓住描写浪潮气势的语句，背诵这两个自然段，不但能激发学生热爱祖国大好河山的思想感情，而且还能积累语言。剜倒筐里才是菜，吃到肚里才是饭。书，只有牢牢记在心里那才是学问。小学阶段是儿童学习语言的最佳时期，此时让学生多背点东西，终身受用。"

第二，务本。我说："有人问一位著名的雕塑家：您是怎样把石头雕成人像的？雕塑家答道：'把石头上不是人像的地方去掉。'我认为，语文课要尽可能地把不是语文或不具有'语文味'的东西统统清除语文课堂。莫让语文迷失自我，不为时尚丢弃永恒。语文教学的'自我'，就是指导学生学语习文，紧紧抓住字、词、句、篇和听、说、读、写不放。要细读文本，潜心涵泳，推敲语句，想想作者为什么用这个词而不用那个词，用这种说法而不用那种说法。比如，课文里有这样一句话：'我们随着观潮的人群，登上了海塘大堤。宽阔的钱塘江横卧在眼前。'作者为什么不用'出现'，而用'横卧'呢？经过仔细咀嚼，学生会感悟到：横卧，是横躺着的意思，原是表示人的动作的词，现在用来描述钱塘江，这是一种拟人的写法，用在这里非常生动。再比如，可指导学生进行填空练习，并说说这样写好在那里：浪潮越来越近，犹如（　　　），浩浩荡荡地（　　　）；那声音如同（　　　），好像（　　　）。在这段话里，还可以进行词语比较：'犹如''如同''好像'，词语运用不重复，富有变化。通过咬文嚼字，体会作者匠心。"

第三，求实。我说："真实、平实、扎实、丰实、充实是我心目中一堂好课的标准。真实，是有缺憾的课；平实，是常态下的课；扎实，是有意义的课；丰实，是生成的课；充实，是有效率的课。公开课，不拒绝漂亮，但，不能刻意追求漂亮；公开课，不拒绝完美，但，千千万万要避免'作秀'。走进新课程以来，小学语文课堂教学新策略、新方法、新手段、新艺术层出不穷，着实令广大一线教师眼花缭乱，其中不乏这种现象：课堂上热热闹闹，红红火火，结果一节课下来，学生没识几个字，连短短的一篇课文都读得结结巴巴。为了避免上述问题的出现，你还可以做两件事儿：首先，发挥你的优势，指导学生朗读课文，边读边想象，再说说'潮来前''潮来时''潮头过后'的壮观景象，尽量用上课文中生动的词语。其次，把课文中由四个字组成的词语抄下来。如天下奇观、闷雷滚动、人声鼎沸、风平浪静、横贯江面、齐头并进、浩浩荡荡、山崩地裂、奔腾西去、漫天卷地、风号浪吼等。"

下班的铃声响了，小李一直把我送到学校的大门外。他拉住我的手说："听君一席话，胜读十年书。我一定好好备课，重新设计。简简单单教语文，本本分分为学生，扎扎实实求发展。"

我说："我的意见仅供你参考，如果把你想的和我说的合二为一，创造性地巧妙地加以组合，你的课肯定会成功。"

聪明的小李会意地笑了。

一字未宜忽，语语悟其神

诗的语言是文学语言中的玫瑰，它以艳丽的色彩和迷人的芳香享誉人间。它字字珠玑，掷地有声；句句是珍宝，熠熠生辉。诗的语言精练而富有表现力，言有尽而意无穷；它音调和谐，具有鲜明的节奏和韵律，富有音乐美。因此，在"诗教"中，应紧扣诗的语言，"一字未宜忽，语语悟其神"。唯有这样，方得诗的精髓。王安石的《泊船瓜洲》："京口瓜洲一水间，钟山只隔数重山。春风又绿江南岸，明月何时照我还？"其中的"绿"字诗人曾反复斟酌，先后选用了"到""过""入""满"等字，最后才定为"绿"。这个"绿"字最为形象、精警。此字描绘了江南绿草茸茸、生机勃勃、春意盎然的景象，写出了动感，充满了生命力，与"春风"正相呼应。读了这个"绿"字，在春风吹拂下，千里江南，百草萌生，一片新绿的景色便栩栩如生地呈现在了我们的面前。

考虑古诗词的艺术特点，依据小学生的知识水平和接受能力，"诗教"语言学习可采取如下一些方法。

一、比较辨析，感受语言的准确之美

诗歌语言的精练来自字斟句酌。因为诗中的一个字，往往会影响一句诗甚至整首诗的艺术性，因此，诗人十分讲究炼字、炼句、炼意。教学中我们要引导学生比较辨析古诗中的重点词句，感受语言的准确性。李白的《望庐山瀑布》："日照香炉生紫烟，遥看瀑布挂前川。飞流直下三千尺，疑是银河落九天。"其中一个"生"字，不仅把香炉峰写"活"了，也把山间云朵冉冉上升、袅袅游动的景色表达得淋漓尽致。一个"挂"字，更显语言艺术极尽之至，惟妙惟肖，化动为静，表现出倾泻的瀑布在"遥看"中的形象。谁能将瀑布"挂"起来呢？这一"挂"就看出了诗人对大自然的歌颂和热爱。"落"字也很精彩，画出了高空突兀，巨流倾泻的磅礴气势。教学中可引导学生给"挂"换上"流""悬"等含义相近的动词，让学生比较辨析，各抒己见。通过看录像，体会"挂"字正好应验了"遥看"，使瀑布景色分外壮观，虽似长垂不动，却正说明了流速之快。而下句的"飞流直下三千尺"中，一个"直"字更让人感受到了近看瀑布的恢宏气势。比较辨析的方法，不但能使学生懂得运用语言应仔细推敲，更能锤炼学生准确用词造句的能力。

二、品味推敲，理解语言的精炼之美

中国文学的经典作品，从先秦开始，就用语极少而容量极大。尤其是诗歌，篇幅短小，语言凝练，是一种最典型的纲要式、图式化或轮廓化的结构，其中所包含的"空白"及各种未定之点比其他任何文学样式都多，因此就要求读者最充分地调动自己联想和想象的心理机制，对那些"空白之点"进行投射、填充和创造，使作品的形象和意境变得丰满起来，清晰起来。因此，在教学中要紧扣句中字词，引导学生细细品味，感受语言的精炼性。苏轼的《题西林壁》："横看成岭侧成峰，远近高低各不同。不识庐山真面目，只缘身在此山中。"本诗是苏轼游庐山所题，诗的最大特点是平中见奇，将写景与人生哲理的感悟巧妙地融为一体。诗人是怎样看山的？他是横看竖瞧，远望近观，仰瞻俯瞰，结果所见到的形象各不相同。在写看山的句子里，诗人省略了五个谓语动词"看"，"远近高低"这短短四个字，使读者仿佛看到了庐山雄伟、高峻的多姿多态。学生通过扩展"看"的近义词，如远眺、近瞧、侧视等，理解作者所站位置和"看"的不同角度。然后，结合简笔画，想象庐山俊秀的姿态，通过朗读品味，感受诗人高超的语言表现力。

三、朗读背诵，体会语言的和谐之美

诗歌不仅要使人去看去想，而且还要让人去诵读和倾听，甚至还要配上曲调去歌唱。这就要求诗歌要读之顺口，听之悦耳，要有疾徐相间的节奏感和抑扬起伏的音乐美。诗歌是最精美的语言艺术，语言富于音乐的审美特质是其显著的特征之一。诗歌的音乐美，是诗人多样的感情在诗中的自然流露。诗人的情感是作品周身流动的血液，要体悟诗人的情感并与之交流，就得读。因此，教师应在学生理解诗意，感悟意境的基础上，指导学生朗读，要求读得正确、流利、自然，读出逻辑重音，读出诗的感情，体会语言的音韵美。柳宗元的《江雪》："千山鸟飞绝，万径人踪灭。

孤舟蓑笠翁，独钓寒江雪。"这是一首诗，又是一幅宁静的山水风情画。诗中描写了一位身披蓑衣、头戴斗笠的老渔翁大雪天坐在江中扁舟上垂钓的形象。本诗从字面上看平淡如话，但字里行间饱含了诗人的感情。千座山上见不到一只飞鸟，万条路上没有一个人的影子。这里描写了辽阔、冷寂的环境，然而就在这个环境中，有一老渔翁在默然垂钓。这里的"孤"与"独"，把失意而又傲然不屈的老渔翁的形象突出出来了。"绝"和"灭"是写大雪中环境的幽静，"千"和"万"极言其多；"千山""万径"，使这个背景尽量广大寥廓，显得极端的沉寂；"孤"和"独"分别用来修饰"舟"和"钓"，写渔翁也正是为了表现作者的心境；"寒江雪"三个字把全诗前后两部分有机地联系起来，形成了一幅凝练概括的图景。所以，"千""万""绝""灭""孤""独""寒江雪"等字词应重读。全诗的基调是深沉孤寂的，声调可稍低些，速度也稍慢些。

小学古诗教学误区种种

目前，全国小学古诗教学异常活跃。各地纷纷召开报告会、研讨会、课堂教学观摩会。各家教育杂志也相继开辟专栏，连篇累牍地发表文章，探讨小学古诗教学理论与实践问题。我有幸听了一些课，看了一些文章，觉得小学古诗教学方向是正确的，但是，程度不同地还存在着一些误区。其具体表现在以下几点。

一、倾盆大雨式的题解

有些古诗反映的是作者在特定环境中的感情，如果不简单地交代一下诗人的有关生平和历史情况，学生很难理解诗歌的思想内容。但介绍只能是让学生有一个大概的了解，比如介绍作者。一般说来，只要晓得学的这首诗作者是谁，是哪个时代的人就行了。有的教师不管儿童的接受能力，教学参考资料上有多少，就给学生说多少，别号、官职、经历、文学主张、政治抱负……说了一大串。例如，有位教师讲《题西林壁》，他既讲了作者苏轼的生卒年月、政治思想，又讲了苏轼被贬谪、大赦的情况，既介绍了苏轼在散文、诗词、书法、绘画、音乐等方面的杰出成就，又介绍了苏轼和父亲苏洵、弟弟苏辙以"三苏"著称于世的史实。教师说的倒振振有词，学生却有如在云里雾中。

二、信口开河式的问答

众所周知，问答法又称谈话法，是教师根据学生已有的知识经验提问学生，并引导学生经过思考对所提问题自己得出结论从而获得知识发展智力的教学方法。有的教师在古诗教学中滥用问答法，本来一首古诗就是一幅色彩明朗、优美动人的图画，富有鲜明的艺术形象和深远的艺术意境，教学时应当反复诵读，在读中探寻诗歌的艺术魅力，进入诗歌所表现的艺术境界，品味诗歌所蕴含的情感，领会诗歌的意义。结果教学时一问一答，破坏了诗的艺术性，割裂了诗的整体性。如一位教师教《黄鹤楼送孟浩然之广陵》，他是这样运用问答教学法的：

问："故人西辞啥地方？"
答："故人西辞黄鹤楼。"
问："烟花几月下扬州？"
答："烟花三月下扬州。"

如此问答，真是滑稽可笑。

三、填鸭注入式的串讲

所谓串讲，就是朗读之后，依序逐字逐词逐句讲解，从理解每个字词句入手，达到理解全篇。串讲是古诗文教学的一种重要方法，不过课前要注意启发学生预习，在串讲过程中又一定要注意引导学生思考，不能搞填鸭式、注入式的满堂灌。

一位教师教《题西林壁》，他作如此的串讲："'横看成岭侧成峰'，横看，就是从正面看，侧，就是从侧面看。雄伟的庐山从正面看是一道连绵起伏的山岭；从侧面看，成了一座峻峭的山峰。'远近高低各不同'，这一句指庐山从远处、近处、高处、低处看，都呈现出不同的形象。'不识庐山真面目'，识，这里是看得清的意思。之所以看不清庐山的真面目，'只缘身在此山中'。缘，当因为讲；身，指自身；此，是这的意思。只是因为自身就在这庐山中间，眼界受到了局限。最后两句是先写结果后写原因。"

这样串讲，不如提出一些启发性问题，让学生专心琢磨："为什么从远、近、高、低各处看庐山，庐山的形象会不一样呢？自身在庐山之中为什么反而看不清庐山的真面目呢？我们观察其他事物也会有这种情况吗？举例说说看。"

四、文学鉴赏式的分析

小学古诗教学不排斥分析，但分析一定要深入浅出，适可而止，千万不能搞赏析。一位教者教《九月九日忆山东兄弟》，大讲虚实相生、相互映衬的诗歌创作艺术规律。他说："王维的《九月九日忆山东兄弟》是借助'象外之象''景外之景'表现意境的范例。'独在异乡为异客，每逢佳节倍思亲。遥知兄弟登高处，遍插茱萸少一人。'诗的首两句用一个'独'字两个'异'字，实写出诗人此刻心情孤独寂寞、直接表达出诗人强烈的思乡恋友之情。第三、第四句却改变了写法，诗人感情的表达不再是直叙，而是避实就虚，由近及远，不言自己却言远在故乡的兄弟们：他们今天登临时头上必定插上茱萸，一定会发现少了一位兄弟。不言自己忆兄弟，却言兄弟忆自己，立意更为新奇，取境更为巧妙。"如此鉴赏，小学生能接受得了吗？是的，形象思维是诗歌艺术的基本特征，在古诗教学中，我们应当引导学生展开想象的翅膀，再现诗歌所描写的意境。但是，硬让涉世未深、知识不多的小学生入情、达境、悟理，真是难于上青天。

五、囫囵吞枣式的翻译

古诗的翻译，可以帮助学生更好地理解诗意。在翻译古诗时，我们主张采用忠实原文并流畅的直译，即尽量保持诗的原意与原句结构，用口语表达出来。重点字落实，对号入座，力求准确、通顺。在这点上，不要怕人家说你咬文嚼字。就算是咬一点嚼一点，只要咬对了，嚼对了，总比昏昏然式的大糊涂教小糊涂好。一位教师教李白的《望庐山瀑布》，其中对"日照香炉生紫烟，遥看瀑布挂前川"两句的翻译是这样的："香炉峰顶彩云斑斓，一条瀑布像雪白的绸子飘拂在远处的崖壁上。"细心的读者看看，这样翻译，"日照""生紫烟""遥看""挂前川"总共十个字，就一下子全不见了，没有下落了。总共才翻译十四个字，竟然就有十个被翻译的字不翼而飞，而且还凭空增添了"彩云斑斓""飘拂在远处的崖壁上"。这又是从何而来的呢？难道"紫烟"就是"彩云斑斓"，"挂"就是"飘拂"，"前川"就是"远处的崖壁"吗？所以翻译必须做到"字求其训、句求其义、章求其旨"才好，切不可随心所欲，囫囵吞枣。当然，古诗的翻译，一定要在诗句的讲解以后进行，一定要让学生自己动手动脑，教师切不可包办代替。

六、花样翻新式的表演

有的教师错误地认为，古诗教学，尤其是古诗教学公开课，必须追求新奇，追求形式，于是挖空心思，想出不少花样来装点门面，掩饰那低劣的教学效果。譬如，有的用电子琴伴奏弹唱古诗，有的用竹板打节拍数念古诗，有的穿上古代服装表演古诗。我就看见过如下这样的一堂公开课。在哀乐声中，由学生扮演的陆游躺在桌子上，用颤抖的声音吟诵道："死去元知万事空，但悲不见九州同。王师北定中原日，家祭无忘告乃翁。"此时，众学生一拥而上，扒在陆游身上大声喊道："我们一定统一祖国，为您报仇！"这样的表演，表面上看热热闹闹，其实不伦不类。它把形式和内容机械地割裂开来，脱离实际，极端地夸大事物的表面形式，不仅白白浪费师生的时间和精力，搞无效劳动，使教学任务落空，而且久而久之，耳濡目染，也会使学生养成追求虚荣、讲究表面、学习不认真、做事不实在的不良作风，谬种流传，误人子弟。

上述现象，给我们留下一些思考。那就是当前小学古诗教学程度不同地存在着教学目标的误导、教学方法的错位和教学手段的滥用。这些负面影响不能不引起我们的注意。

好的提问在于相机诱导

好的提问在于相机诱导。相机，即选择时机，随机应变；诱导，即循循善诱，步步引导。课堂提问，有经验的教师大多都在相机诱导上下功夫，讲究启发的艺术，从而使学生的智能得以充分发展。那么，怎样相机诱导呢？请看下面几个教例。

一、当学生回答问题脱口而出时

学生回答问题对答如流，说明教师提出的问题过于简单，没有难度，学生不用

思考便可脱口而出。这时教师要在提出第一个问题让学生回答以后，顺着思路逐步深入地追问第二个、第三个问题，使学生的认识随着提问逐步趋向深化。一位教师教《卖火柴的小女孩》，在讲读第二段时，先提出一个问题："卖火柴的小女孩为什么要抽出一根火柴来擦燃？"接着，教师又问："为什么说'这是一道奇异的光'？"这样的提问先易后难，由浅入深，由近及远，富有启发、诱导性。

二、当学生回答问题卡壳时

学生回答问题，有时候思维活跃，语言流畅，可是说着说着卡壳了，出现了思维语言停滞、闭塞状态。怎么办？教师应及时进行调理、疏通和开拓，顺着自己所提的问题在思考方向和学习方法方面加以具体指导。一位教师教《将相和》"完璧归赵"一段，提出这样一个问题："蔺相如在'完璧归赵'中是怎样抓住秦王的弱点立功的？"开始学生答得比较顺利，后来就找不到问题的正确答案了。这时，教师启发说："要正确地回答这个问题，应该围绕秦王要求交换宝玉是真心还是假意来考虑。"经教师这样一提示，学生思路接通了，圆满地做出了准确的答案。

三、当学生回答问题出圈时

小学生有他们的年龄特征和兴趣爱好，他们考虑问题往往以自己的感情经验和情趣意向为标准，有时候回答问题好出圈，与教师的思路不一致。这时，教师就要因势利导，采取灵活机动的应变措施，将学生的思维引向正确的轨道上来。一位教师教《刻舟求剑》，先叫学生朗读课文，然后回答问题："那个人能把宝剑捞上来吗？为什么？"一个学生说："这把宝剑可以捞上来的，如果这个人是电视剧《大西洋底来的人》中的麦克·哈里斯，宝剑就可以捞上来了。"教师笑着说："看来，你是十分喜爱宝剑的，想方设法把它捞上来，其实，那是不可能的。你再读读课文，好好想想，为什么捞不上来？"这个学生一边读课文，一边思索，终于得出正确的结论。

四、当提出问题后课堂冷场时

有时候，教师提出一个问题，全班竟无一人举手，出现冷场局面。冷场原因之一，是教师所提问题难度太大，超出了学生的理解水平。这时，可以化难为易，将坡度放缓换一种说法。一位教师教《书的故事》第三段，他按课后思考作业题的要求，提问："从哪些地方可以看出年轻的卖票工人喜欢读鲁迅先生的书？"过了半分钟没有一个举手的。很显然这个问题太深，把学生难住了。于是，这位教师把问题分解了，从另一个角度设问："作者是怎样具体描写卖票工人买书时的动作、表情和语言的？"这样一变，学生举手争先恐后，发言非常热烈。

五、当学生回答问题丢三落四时

教师提出某个问题，有时学生理解不够全面，答得不够完善。为了纠正这种丢三落四的毛病，教师可通过广开思路予以指导。一位教师讲《将相和》，他提出这样一个问题："渑池相会后，秦王为什么放回赵王呢？"学生答："因为蔺相如机智勇敢，能制服秦王，所以秦王不得不放赵王回国。"教师引导说："秦王放赵王回国，仅仅是因为蔺相如制服了秦王吗？"学生想了想，补充说："秦王放赵王回国，另一个重要原因是秦王知道廉颇在边境上已经做好了准备，廉颇率领的军事力量是赵王的坚强后盾。"教师这样启发，拓宽了学生的思路，学生对问题有了较为全面的理解，经过充分思考，做出完整的答案。

古诗背诵当戒有口无心

到基层学校听课，常见小学生在课前一两分钟由班长带领背诵古诗。或"白日依山尽"，或"春眠不知晓"，或"床前明月光"，不管什么年级，也不管哪个班级，学生往往不带任何表情。他们一边整理学具，一边哼哼呀呀。时间到了，教师呼停，便打开书本上课。看到这个场景，我不由得想到一句歇后语：小和尚念经——有口无心。

说也巧，一天晚上，我和妻子看电视，有这样一个镜头映入眼帘：在古代寺庙里，晨钟暮鼓，一群沙弥微闭双眼，盘腿而坐，手敲木鱼，诵读经书，一样的声调，一样的表情，一样的动作。时间到了，他们站起身来，嘻嘻哈哈地散了。看到这里，不禁让人哑然失笑。我说："这个场面和我看到的小学生课前背诵古诗何其相似乃尔。"妻子笑道："你怎么把小学生与小和尚相提并论呢？"我说："我不敢责怪学生，因为他们毕竟是孩子。我想说的是有些教古诗的老师，已经陷入语文教学的泥淖里

了，不知道背诵古诗的过程，实际上是'情感交流，灵魂对视'的过程。"关了电视，我给妻子讲述另外一个真实的故事。

"文化大革命"期间，我在生产队干活，有一位老者常在休息时背诵毛主席诗词。这位老者是下放户，据说早年在省广播电台当过播音员，个子不高，满脸沟壑，对汉字书写极具个性。比如，写朗读的"读"字，不是左右结构，而是上下结构，上面是一个"口"字，下面是一个"心"字。他说，背诵也好，朗读也罢，都得动口动心，有口无心那是不行的，这心就是感情。

深秋的一天，社员们在地里下玉米棒子。歇气了，在我的提议下，他给大家背诵了《采桑子·重阳》：

人生易老天难老，
岁岁重阳，
今又重阳，
战地黄花分外香。

一年一度秋风劲，
不似春光，
胜似春光，
辽阔江天万里霜。

这苍老而浑厚的声音在秋野中回荡，在场的社员无不为之而动容，并且报以热烈的掌声。此时的老者，已经泪流满面，不能自控了。

妻子听了我的讲述，不免哽咽起来，连声说道："动情了，动情了。"

审视当前小学古诗教学，问题比较多，有口无心的傻读傻背便是其中的一种表现。孩子们不晓得"凡歌诗，须要整容定气，清朗其声音，均审其节调"的道理。

"教不严，师之惰"，看来有些话得和老师好好说一说。

古诗是我国优秀传统文化的瑰宝，更是小学语文教学的一项重要内容。《语文课程标准（2011版）》指出："诵读优秀诗文，注意通过语调、韵律、节奏等体味作品的内容和情感。"诗歌讲究韵律和谐，平仄相对，隔句押韵，具有音乐美、节奏美、音韵美，只有通过诵读才能品味到诗歌艺术之美。而诵读讲究字正腔圆，感情充沛，需要融情于诗，用心感悟诗人的情思，把情感体验用声音传达出来，从而实现诗歌艺术的再创造。故王守仁主张："讽诵之际，务令专心一志，口诵心惟，字字句句，绅绎反复，抑扬其音节，宽虚其心意，久则义礼浃洽，聪明日开矣。"

教语文，学养是第一位的。倘若我们的语文老师平时多储备一些知识，多增长一些学问，具有一定的国学底子和文学才华，在古诗教学中，对学生多做一些指导、多做一些示范，孩子们就不至于在背诵中出现"有口无心"的毛病了。

板书乱象的背后

日前，我看了一节小学语文公开课，教学内容是文言文《杨氏之子》。30分钟的微课，真可谓行云流水。在多媒体课件的配合下，教师教得轻轻松松，潇潇洒洒。可是，回过头来细细品味这节课，作为教研员的我实在有话要说。在这节"高端"的语文课上，传统的黑板板书给丢了，取而代之的是精心制作的课件和教具。那么，具体的教学流程到底怎样呢？

在"合作学习，读懂文本"的环节中，教者开始了"板书"。

学习"梁国杨氏子九岁，甚聪惠"这句时，教者把一块印有"甚聪惠"的纸板粘在黑板上；学习"为设果，果有杨梅"这句时，教者把一块印有"有礼貌"的纸板粘在黑板上；学习"儿应声答曰"这句时，教者把一块印有"反应快"的纸板粘在黑板上；学习"未闻孔雀是夫子家禽"这句时，教者把一块印有"会说话"的纸板粘在黑板上。然后，教者再用一个大大的"{"把这几个词语联在一起，就形成了如下的板书设计：

$$甚聪惠\begin{cases}有礼貌\\反应快\\会说话\end{cases}$$

另外，"禽"是本课的生字。教者用多媒体课件演示了这个字的结构、笔画和笔

顺。接着在大屏幕的田字格上指导学生书写，笔画自动出现，画面清晰，色彩鲜艳，夺人眼球。总而言之一句话，这节课，鼠标轻轻一点，纸板轻轻一粘，动态的和静态的文字便替代了教者的板书。学生在"入我彀中"之后，本堂语文教学就顺利地结束了。

课上，教者在黑板上只字未写。信息技术和纸板教具的介入，从表面看来，确实给教学带来诸多的便利。但是，恰恰就是这些环节，削弱了教师的主导作用，也暴露了教者的"藏拙"问题。这是一位青年教师，大概很难写出一手漂亮的字，怕自己歪歪扭扭"惨不忍睹"的板书影响教学效果，于是乎，她就用精美的课件和教具加以掩饰。这种扬长避短的做法实在不可取。语文教师的课堂板书，是对教学内容提纲挈领式的演示，可以帮助学生更好地理解、记忆教材要点，是课堂教学的重要组成部分。好的板书，老师一手流畅、潇洒的粉笔字，对学生的书写更具有示范作用，同时也是一种美的熏陶。制作再好的课件和教具也不能替代老师的板书。因为板书有相当的随意性，板书往往随着课堂上学情的变化和新的教学内容的生成，要灵活地调整原来的板书设计。一旦板书被做成了课件和教具，便已铁板钉钉，不容再作任何变动了。

在这里，我想对青年教师说的是，板书是洞察教材的"窗口"，是开启思路的"钥匙"，是排疑解难的"桥梁"，是实施教学的"蓝图"。好的板书能撬开学生智慧的大门，能给人以志得神怡的艺术效果。语文老师至少应该关注一下自己的书写，能写一手大体过得去的板书，尤其不要忽视板书对学生书写乃至语文学习和审美情趣潜移默化的作用。工具课岂能等闲视之，基本功不可低人一等。我看过不少小语界名家的课，其中包括斯霞、霍懋征、袁瑢、支玉恒、贾志敏、于永正、靳家彦等。无论现代信息技术使语文教学发生了怎样的变化，这些名家始终没有忘记教室里的那块黑板。书写课题、教学生字、答疑解难、板书设计，他们的粉笔字就像一个个跳动的音符、一幅幅动人的图画，在课堂上熠熠生辉，令学生难以忘怀。莫让板书迷失自我，不为时尚丢弃永恒。向语文教学名家学习吧，赶快练一手好字，让传统的板书在语文课堂上永放光芒！

为"讲"正名

日前，我在某校听课，对一位教者指导学生学杜牧的《山行》感触颇深。请看如下片段：

师：同学们，"停车坐爱枫林晚"的"坐"是什么意思？
生：把屁股放在枫林的树墩上。
师：不对。
生：乘坐的意思。
师：也不对。
生：座位。
师：更不对。
生：（面面相觑）
师：实在不知道了，老师告诉你们吧，这里的"坐"当"因为"讲。整句诗的意思是：停下车来是因为喜爱黄昏时的枫林。
生：（恍然大悟）

"坐"是古今意义变迁比较大的词，学生以今度古，说出几个似是而非的解释，无可非议。这里需要指出的是，这位教者硬让刚开始学习古诗的小学生准确无误地说出"坐"的意思，倒是滑稽可笑。

评课时，我问教者："您为什么不直接告诉学生'坐'字的意思，而乱让学生猜谜，无端地浪费时间呢？"教者振振有词地说："新课改不是提倡以学生为主体，老师要少讲吗？"听了教者的这番话，我感到问题的严重性。

很显然这位教者把"讲授法"与"满堂灌"混为一谈了，怕一提"讲"字便有"注入"之嫌。我看这大可不必，我们不能"谈讲色变"。我认为，是否"满堂灌""注入式"，不在"讲"的本身，而在于教者的"讲"是不是得法。违背"讲"的要求，可能成为注入式；合乎"讲"的要求，就具有启发性。大量实践证明，阅读教

学离不开"讲",诸如介绍时代背景、叙述事件过程、分析人物形象、描绘情境气氛、说明事物特征、讲解文章结构，甚至非常必要的"咬文嚼字"等，哪一个环节不需要讲？

"讲"是传统的语文教学方法，是阅读教学不可或缺的一环，古今中外一些语文教育大家对"讲"都给予充分肯定。清代王筠说："学生是人，不是猪狗，读书不讲，是念藏经也，嚼木札也，钝者或俯首受驱使，敏者必不甘心。"叶圣陶指出："学生不能理解者要讲，理解而不透者要讲。"又说："提问不能答，指点不开窍然后畅讲，印入更深。"苏霍姆林斯基说："教师的语言是一种什么也代替不了的影响学生心灵的工具。"由此可见，阅读教学不能不讲，如果教师在教学中什么也不讲，任凭学生一读到底，一议到底，一练到底，或者大搞"十万个为什么"形式主义的提问，那么教学也就不成为教学了。

在阅读教学中，为什么非讲不可呢？第一，小学儿童对客观事物认识能力较差，思维和语言正在发展，书面语言刚开始学习。在这个时期，要求儿童阅读的教材，无论从内容上说，还是从记录语言的文字上说，都要依靠教师的讲解，儿童才能顺利地进行学习。第二，"讲"可以保证知识的系统性、完整性、深刻性，又可以针对学生的情况，突出重点、难点，节省教学时间。第三，"讲"还可以避免情绪中断，便于教师控制教学过程，能充分发挥教师的主导作用。第四，"讲"能够更好地显示教师在知识的理解和语言的运用等方面的示范作用，从而使学生的心智得以开发。

当然，教师的"讲"是为了学生的"读"，"讲"的最终目的是为了达到用不着"讲"。那种不切实际、四面出击、一讲到底的做法是不足取的。"讲"要捕捉最佳时机，创设适宜情境，要根据不同的教学内容和教学对象采用不同的讲的方式，或娓娓动听地叙述，或栩栩如生地描绘，或鞭辟入里地议论，或条理清楚地说明。使学生如临其境，如通其情，如闻其声，如见其形，受到良好的思想教育、感情陶冶、意志砥砺，在习得语文知识的同时，也能提高思维能力。

总之，"讲"不是洪水猛兽，对"讲"更不能如老鼠过街，人人喊打。在阅读教学中，要给"讲"一席之地，教师要名正言顺地"讲"，理直气壮地"讲"。

第五辑　教研小品之作文篇

陆游有诗言:"汝果欲学诗,功夫在诗外。"作文的道理大体一致,学生果欲写好作文,只在作文本身的小圈子里腾挪翻滚是不会有出息的。好作文需要有两种生活的滋养:一是自然的生活,二是文化的生活。只有两种生活的土壤都肥沃,才能使作文这株生命之花长得饱满,长得灿烂。

我的小学作文教育观

我国著名作家刘绍棠为《小学生作文报》题词，语重心长地指出："文章乃经国大事，也要从娃娃抓起。"千古文章蕴含着民族自强不息的奋斗精神，凝聚着民族智慧才华，展示着民族凛然刚烈的气节情操，记载着民族文明发展的里程，流淌着独具特色的民族美德情感。当了40年小学语文教研员，我深感这"经国大业"应当及早地从天真烂漫的儿童抓起。

作文是一种生命状态和生活行为，小学作文就是一种"儿童文化"。为儿童打下为文做人的坚实基础极为重要。如何揭开小学生作文的奥秘，指导他们写好作文呢？我的观点有以下十一点。

一、作文的性质——练笔

关于对作文的称谓，《语文课程标准（2011版）》隐去了"作文"的提法，将低年级的写作训练称作"写话"，将中高年级的写作训练定名为"习作"，到第四学段才叫"写作"。这里没有什么深意，无非是为了体现降低小学阶段写作的难度而已。由此观之，小学生作文是"我手写我口"，是把自己看到的、听到的、想到的、有意义的内容用文字表达出来，不是为他人立言。

小学生作文不同于作家的文艺创作，也不同于科学家写学术论文和专著。它是一种习作，"直书口说"，属于练笔的性质，是学习用词造句和谋篇布局的基本功，初步掌握运用连贯的书面语言的能力，目的是进行日常的交际。正如《语文课程标准（2011版）》指出的，小学毕业时，"能写简单的记实作文和想象作文"就行了，要求不宜过高，不能拿中学生的标准要求小学生。

叶圣陶先生说："关于作文教学，我想大概先得想想学生为什么要学作文。要回答似乎并不难，当然是：人在生活中、在工作中随时需要作文，所以要学作文。在从前并不是人人需要，在今天却人人需要。写封信，打个报告，写个总结，起个发言稿，写一份说明书，写一篇研究论文，诸如此类，不是各行各业的人经常要做的事吗？因此要求学生要写好作文，在中学阶段打下坚实的基础。至于作诗作小说，并不是人人所需要，学生有兴趣去试作，当然绝对不宜禁止，但是这并非作文教学的目标。"

叶圣陶先生的这段话虽然是针对中学作文教学讲的，对小学作文教学也完全适用。要学会用书面语言进行日常交际，就必须掌握各种实用文，包括记叙、说明、议论、应用等文体。但是记叙文是学习各类文体的基础，也符合小学生的思维特点。因此小学以学写记叙文为主，当然也要会写常用的应用文，包括简短的书信、便条、读书笔记等。

当下的小学作文教学，还存在着"成人化""文学化"的倾向。不顾儿童年龄心理特点，违反儿童作文教学规律，揠苗助长，必然两败俱伤。

二、作文的要务——育人

刘勰在《文心雕龙》中指出："文之为德也，大矣。"文是思想认识、道德情感的载体；作文是影射学生心灵的一面镜子，也是滋润学生心田的一泓清泉。所以，教师要树立"为做人而作文"的教学理念，不能把塑造学生人格、发展精神世界仅仅停留在发展其语言上，要引导学生通过作文寻求做人的真谛。把作文教学的过程与陶冶学生的道德情操、升华学生的思想境界、提高学生的文化品位有机地结合起来。要处理好"知与能""文与道""练文与育人"的辩证统一关系，使儿童思想道德水平和语言文字表达能力相互促进，同步提高，在提高习作水平的同时，提高思想道德素质。

巴金有一本《自传》，他谈到在法国学习的体会时说："我学到的是把写作和生活融合在一起，把作家与人融合在一起。我认为作品的最高境界是二者的一致。"求得作文和做人二者的最佳统一，是作文教学中的德育目标。作文教学中的德育，要面向现代化，面向世界，面向未来。不仅要在作文之前有目的、有计划地开展丰富多彩的活动，把课内课外、校内校外，学校、家庭、社会融为一体，让儿童在实践活动中接触自然，接触社会，认识事物，陶冶情操，提高思想水平；而且，要将深化认识、转变思想、指导行动、养成良好的行为习惯渗透在作文教学的各个环节，贯穿于作文教学的全过程。总之，教师要让儿童先做健全的人，再写健康的文，使教作文与教做人得到和谐的统一。只有这样，才能使被肢解的作文教学重新得到有机的整合。

现在，还有个别的老师对儿童作文中出现的认识偏差，认为是"思维求异"，不注意积极引导，及时纠正，这是不足取的。

三、作文的主体——儿童

素质教育有一个显著的特征，即发展性，也可称为主体性。作文训练体现发展性，其核心是把训练真正落实到每个学生的身上。写作的主体是学生，写作的核心也是学生。以儿童为本是小学作文教学的真谛，也是小学作文教学的航标。关注生命主体的发展，唤醒生命主体自我进步的渴望，使之在自由的天幕下，发现自我、丰富自我、展示自我，让心灵轻舞飞扬，这是我们作文教学所追求的最高境界。

《语文课程标准（2011版）》指出：写作教学要"为学生的自主写作提供有利条件和广阔空间，减少对学生的束缚，鼓励自由表达和有创意的表达。鼓励写想象中的事物。加强平时练笔指导，改进作文命题方式，提倡学生自主选题。""写作教学应抓住取材、立意、构思、起草、加工等环节，指导学生在写作实践中学会写作。重视引导学生在自我修改和相互修改的过程中提高写作能力。"为了实现作文教学省时高效的目的，我们应当下放学生习作的"自主权"。在作文教学中要帮助学生树立起"我要写"的自觉训练意识，"要我写"的自我训练意识，"自己写，写自己，自己改，改自己"的主动训练意识，使学生由爱作文、练作文到能作文。

为了唤起学生的写作欲望，启迪学生思维的火花，使之激情荡漾地投入写作，我们应当注意"入乎其内，出乎其外"，使作文教学贴近学生的生活，贴近学生的实际，贴近学生的实践。在每一次习作时，教师都应使学生明白写文章是自己的事儿，教师只起指点和帮助的作用，不能越俎代庖。看到一个题目后，学生应独立审题，搜索记忆中的素材，并独立成文，独立修改。另外，教师应常常为学生提供较多的自由命题和选材的机会，提倡学生自由写作，学生想写什么，想说什么，就让他们尽情地倾吐，教师不必强求一律，更不能横加干涉。让学生在习作过程中，想别人所未想，写别人所未写，说别人所未说，从而表现出每一个学生鲜明的个性色彩。

当然，突出学生的主体作用，不等于忽视或否定老师在教学中的特殊作用，学生自主作文不等于没有教师的指导。自主是相对的，不是绝对的。

四、作文的源泉——生活

陆机在《文赋》中曾这样写道:"瞩万物而思纷。"意即现实生活中的一切事物都是作文的源泉,任何一篇文质兼美的文章,都源于丰富多彩、变幻无穷的生活。

作文让不少学生头疼,有搜肠刮肚之苦,捉襟见肘之窘,常言:"作文难,作文难,提起作文心里烦。"究其原因,就是缺乏生活。叶圣陶先生曾这样说:"生活就如泉源,文章犹如溪水,泉源丰富而不枯竭,溪水自然活泼泼地流个不歇。"学生作文的思想、观点、情感等构成文章的一切材料都是来源于生活,积蓄于生活。当学生能积极参与生活实践,在生活中"采蜜",那么写出来的文章内容就会充实、生动、活泼,有血有肉;反之,即使是花大力气去"挤","挤"出来的文章亦是苍白无力、干瘪乏味、缺乏生气的。

"生活之树常青",生活是作文取之不尽用之不竭的源泉。开辟生活的源头,耕耘生活的沃土,在学生心田播撒燃烧生活热情的火种。生活无处不飞花,对学生来说,春夏秋冬,风霜雨雪,各具风姿;日月星辰,山川河流,奥妙无穷;花草树木,飞禽走兽,魅力无限。变幻莫测的自然万物,永远使孩子们感到新奇,充满探究的欲望。教师要引导学生从"家庭—学校"这两点一线的小天地里走出来,到大自然中去,到社会实践中去,用眼去看,用耳去听,用手去做,用嘴去尝,用鼻去闻,肤触心惟,指导他们在生活中作文,在生活中思索,用手中的笔写出富有生活情趣的文章,把文章变为生活的再现、思想的再现和情感的再现。

五、作文的先导——说话

说是用嘴作文,写是用笔说话。先说后写,先述后作,是作文教学的又一条重要规律。

从心理学的观点看,说话是运用口头语言表情达意的一个复杂的生理、心理活动的过程。它要求说话人把要说的话条理化、系统化,形成语脉、语流,边想边说,思维和表达几乎同时进行。

从言语发展顺序看,口头作文的发展走在书面作文的前面,说是写的基础。这里的基础,不仅表现在口头作文可以为书面作文提供大量的词汇、正确的句式和恰当地表达方式,而且口头作文可以使书面作文的神经系统预先得到训练。更为重要

的是，口头作文是小学低年级学生发展书面语言的一种"工具"。这是因为，儿童的内部言语不够完善，而在将他们的思想写出之前必须将思想组织成有条理的、连贯的语言，因此他们就不得不借用外部的口头言语来替代内部言语发挥作用，即将内部言语外化为口头言语，借助口头言语检验和调节自己的思想。即使中年级的学生，也存在这一现象。少部分学生作文时口中总是念念有词，就是一例。

蒋仲仁先生在《说话和作文》中指出："说话影响作文，它们之间的关系是正比例的关系。说话说得好不好，在很大程度上影响作文作得好不好……书面语言是加工了的口头语言。不论怎样加工，总不能离开口头语言这个根本。"由此得出结论：口头作文训练，有利于学生书面作文的发展。学生如果能把思想讲得准确、有条理、有趣味，只要具备一定的语言基础，写下来就可能是像样的文章。"凝神默想，一挥而就"，学生要把表达的内容想好了，再说一遍，然后再正式动笔，行文就会感到容易些，所写的文章内容也更为充实。试着念一遍写好的文章，运用语感去品味、推敲，再进一步修改，那么，可以进一步提高作文的表现力。

六、作文的基础——阅读

"半亩方塘一鉴开，天光云影共徘徊。问渠哪得清如许，为有源头活水来。"朱熹这首千古流传的读书诗告诉我们，阅读是作文的"源头活水"。阅读与作文，一个是吸收，一个是倾吐。没有吸收，哪有倾吐？劳于读书，逸于作文，古人对此早有论述。扬雄说："能读千赋，则善为之矣。"杜甫说："读书破万卷，下笔如有神。"万斯同说："必尽读天下之书，尽通古今之事，然后可以放笔为文。"欧阳修说："作诗须多诵古今人诗。不独诗尔，其他文字皆然。"

为什么读对写能起如此巨大的作用呢？程端礼引用果斋先生的话，形象地说明了读写之间的关系："读书如销铜，聚铜入炉，大韝扇之，不销不止，极用费力。作文如铸器，铜既销矣，随模铸器，一冶即成，只要识模，全不费力。所谓劳于读书，逸于作文者此也。"唐彪在《读书作文谱》中解释说："多读，而又得父师良友指点，则书中义理与作文法度，了然于心，握笔构思时，自有确然见解，天然议论，出于心手。"这里对"义理"和"法度"的"确然见解"，就是上面比喻中的"销铜"和"模子"，内容和形式问题解决了，作文时自然一挥而就。

众所周知，儿童掌握知识技能的过程，常常从示范开始，然后是模仿，再是在练习和运用中加深理解和巩固，不断纠正错误，最后逐步达到熟练掌握的境地。在语文教学中，课内阅读可以为学生提供一定数量的文质兼美的课文，课外阅读则可提供数量更多、内容更广的学习范例。这些课文和范例，是学生模仿写作的良好的直观形式。所以，博览群书，扩大阅读量，是学写作文的基础。

七、作文的途径——模仿

学书法需要临帖，学绘画需要临摹，学演戏需要模拟，同样，学作文需要仿写。从广义上讲，学生的习作实际上是对所学知识及现实生活的一种模仿。从心理学角度看，模仿是学习作文心理上的需要，也是作文教学的必要手段。

首先，我们来看看先哲对仿写的看法。刘知几说："夫述者相效，自古而然。"又说："若不仰范前哲，何以贻厥后来？"朱熹指出："古人作文作诗，多是模仿前人而作之，盖学之既久，自然纯熟。"许多有成就的作家在他们学习写作之初，都经过模仿练习这一阶段，就是在他们有了很高的写作水平的时候，为了学习某种新的表现手法，也需要模仿。白居易的诗句"安得万里裘，盖裹周四垠"，就是由杜甫的"安得广厦千万间，大庇天下寒士俱欢颜"脱化而来的；王勃的名句"落霞与孤鹜齐飞，秋水共长天一色"，则是由庾信的"落花与芝盖齐飞，杨柳共春旗一色"点化而成的。

我们再来看看今人仿写的例子。据《中国教育报》报道，2012年诺贝尔文学奖获得者、著名作家莫言受邀来到北京一〇一中学，与师生们分享自己的阅读和文学创作体会，畅谈自己是如何走上文学之路的。在最初发表的一系列的小说中，莫言特别提到了《售棉大道》和《民间音乐》。他说："这两部小说都是我的模仿之作。"美学大师朱光潜在其《谈作文》一文中写道："许多第一流作者起初都经过模仿的阶段。莎士比亚起初模仿过英国旧戏剧作者，勃朗宁起初模仿过雪莱，陀思妥耶夫斯基和许多俄国小说家都模仿雨果。"像莎士比亚那样的大作家初学写作都从模仿开始，我们小学生学作文有什么理由不从模仿开始？

小学作文启蒙从模仿入手，抓住小学儿童模仿个性，是因材施教的必然。

进行仿写训练，应选准范文的仿写点，把仿写贯穿于连词成句、积句成段、构段成篇的习作训练全过程，可仿内容，可仿语言，可仿技法，可仿思路，等等。要注意结合现实生活，形式上模仿，内容上创新，思想上升华，做到既形近，又神似。

八、作文的诀窍——多练

要提高自己的写作水平，除了要多读多看之外，还必须多练。中国有句俗话："拳不离手，曲不离口。"这就是说，要打好拳，必须不断地练手法；要唱好歌，必须不断地练嗓子。写文章也是这样，不经常练习，要想提高写作水平，是很困难的，练习得多了，就会熟能生巧，得心应手。正如叶圣陶先生所说，写作是一种技能，宜于在实践中反复练习。如果光做到"读书破万卷"，却从来不动笔，那是肯定写不出文章来的。这正像有人在屋子里读了许多介绍游泳知识和方法的书，却从来不下水，是一辈子也学不会游泳的。

古人在这方面也有论述。李渔说："作文之事，贵于专一。专则生巧，散乃入愚。专则易于奏工，散者难于责效。"欧阳修认为，要写好文章，"无它术，唯勤读书而多为之，自工"。为什么"读书以熟为贵，作文亦然"呢？唐彪指出："盖常作则机关熟，题虽甚难，为之亦易；不常做，则理路生，题虽甚易，为之则难。"总之，要手笔熟，唯有多写，这是符合从写作实践中培养写作能力的规律的。

任何一种能力的养成，都离不开反复的实践。我国著名画家齐白石初学刻印时，总是失败。他向老师求教，老师说："南泉冲有的是楚石，你挑一担回去，随磨随刻，等它都成了石浆，就刻好了。"齐白石从此发愤刻苦，终于练出了一手刻印的高超技艺。

天才来自勤奋，多读多写，勤学苦练，的确是学习写作的一条重要经验。

九、作文的阵地——课外

陆游有诗云："汝果欲学诗，功夫在诗外。"同理，作文的主阵地不是课内，而是课外。何以言之？笔者不相信，一个人一周写一篇习作就能写好作文。一周两节作文课，80分钟，学生用来"写"的时间，不过40来分钟。当前流行的观点是，课堂是作文教学的主阵地，如果这一观点站得住脚的话，那么一个星期，六天多的时间成了"次阵地"，40分钟反倒是"主阵地"，这显然是笔糊涂账。作文教学与当前综合实践活动相似，汇报式的综合实践课并不是综合实践活动的主阵地，真正的主阵地是实践的过程、参与的过程、活动的过程。作文训练和自由作文的关系，是池塘和湖泊的关系。如果有人不断地、努力地搅动池塘里的水，说要让池塘里的水动起来，进而影响到湖泊，使湖泊里的水活泼起来，这无异于痴人说梦。以训练为主的作文教学，正闹着这么一个笑话。作文教学应当从"湖泊"入手，想法子将"湖泊"之"水"引入"池塘"，"池塘"里的"水"自然会成为活水，作文教学也自然有了活水源头。

如何让学生占领作文的"主阵地"呢？写日记是最好的办法。日记写作灵活方便。从内容上讲，宇宙间万事万物，大至宏观世界，小至微观世界，从人生社会到自然现象，没有不可被日记作为写作内容的。从写作上讲，它可叙事、可议论、可抒情、可写景、可写人，毫不受限制，都可以挥洒自如，尽情运笔。

有人总结过写日记的好处：

——写日记，能使学生平时注意多观察、多记录，习作时有内容可写。

——写日记，不拘一格，这一篇着意写景、那一篇侧重抒情、第三篇偏于叙事、第四篇发表议论，各种体裁都有练习的机会。

——写日记，实事求是，有什么就写什么，怎样看就怎样写，言之有物，心手如一，有助于培养健康朴素的文风。

——写日记，不打草稿，一挥而就，可以锻炼思维活动的敏捷性，可以锻炼下笔成文的硬功夫。

日记是写作的一种形式，教学生写日记也就是教给学生一种表达的方式。

十、作文的动力——兴趣

畏惧心理是小学生，特别是平时语文能力较弱的学生习作心境不佳的重要心理表现。他们"谈文色变""望文生畏"，每逢老师布置作文时，教室里总是"唉"声一片。曾有人形象地将学生作文时的窘态描写为"横眉冷对方格纸，俯首顿足咬笔头"。

行为科学家认为，在人的行为中，有需要、动机、行为、目标四个因素。它们之间的关系是：需要引起动机，动机支配行为，行为指向目标。动机是人的行为指向目标的重要环节，它前承需要，后启行为和目标，因而要抓住动机这一关键环节进行激励，从而使学生进入"引笔行墨，快意累累"的作文境界。

那么，怎样激发小学生的写作兴趣，让"习作"变为"喜作"呢？

首先要把"要我写"变为"我要写"。要做到这一根本性的转变，就得激发学生

对作文的热爱，把写作融入儿童的生活，让孩子把写作看成一桩乐事，看成是自己快乐童年生活的组成部分。日有所思，夜有所梦，街头巷尾、电视网络中看到的，家庭、校园的亲友、伙伴中听到的，小实验、小制作获得的成功，同伴交往中有过的苦涩，身边生活的新奇和异味，都会及时演变为写话和习作的内容，令孩子从中品尝到生活和写作的乐趣。

其次，要运用灵活多样的教学方法，激发学生的写作欲望。有的教师在作文课上创设情境，将学生引入情境，使学生如身临其境，触景生情，情动而辞发；有的教师故布疑阵，使学生遇疑而思，思路展开了，文脉贯通了，写作的兴趣也提高了；有的教师故设悬念，讲故事讲到最关键、最精彩处，戛然而止，让学生补充想象，进行"续写"。这样的作文课，学生跃跃欲试，完全沉浸在积极思考之中，时而锁眉沉思，时而会心微笑，让情感陶醉，任想象驰骋。学生进入了"角色"，达到了这样的境界，学生的习作没有不进步的。

十一、作文的生命——真实

作文贵在立诚。《易传·乾》有言："修辞立其诚，所以居业也。"

立诚的基本要求就是"作文"与"做人"的统一。人文合一是作文的规律，人是作文的灵魂，作文是心灵的喷泉，要写"真"文，先做"真"人。新课程环境下的作文教学发轫于"做人"，回归于"做人"。新修订的《语文课程标准（2011版）》再次强调："在写作教学中，应注重培养学生观察、思考、表达和创造的能力。要求学生说真话、实话、心里话，不说假话、空话、套话，并且抵制抄袭行为。"这是对学生的"道德"规范，"为人"准则。

有的教师专心致志于各种所谓的"作文能力"训练，认为作文便是"作"出来的，可以任意拔高，无中生有，口是心非，而把塑造健康的人格给淡忘了。作文与内心的真实想法相背离，造成了"做人"和"作文"的分裂，其结果只能两败俱伤，既失去"做人"的起码"真诚"，又失去"作文"应有的"真实"。学生在作文中失去了"我"，写作文就只能胡编乱造，无病呻吟。所以，我们要帮助学生找回作文的灵魂，让学生用真实的情感、独特的见解、灵动的章法展示个性。

在新课程改革日益深化的今天，我们怎样找回学生作文的灵魂呢？一句话，那就是作文要从内容入手，坚持"言文一致"的原则。心要真诚，情要真挚，话怎么说，就怎么写，我眼看世界，我手写我口，我口言我心，做到一个"真"字。道真事、说真人、吐真情，写一句话、一段话，乃至一篇文章，要把自己想写的人、事、景、物真实地呈现出来。不说假话、大话、空话，不能口是心非，弄虚作假。要做老实人，说老实话，写老实文，这是作文的真谛。

教师一定要为学生的作文提供有利的条件和广阔空间，减少对学生作文的束缚，鼓励自主作文和有创意的表达，尊重儿童的天性，呼唤儿童的灵性，发展儿童的悟性，张扬儿童的个性。教师要开放胸怀，不棒杀异端，不轻易否定异类，不伤害童心，不钳制童真，把学生当成孩子，把文字当成文章，让他们写出有个性、有活力、有灵性的文章来。

作文教学的十个主张

作文是一种能力，是学生一辈子要用的能力，是他们安身立命、求得生存与发展的能力。那么，如何培养学生这种能力呢？不才提出十个主张，愿意和大家交流，这十个主张是：及早起步、引向生活、培养兴趣、开阔思维、读写结合、文语同步、大小交错、内外相通、师生批改、亲自"下水"。下面将略加阐述。

一、及早起步

作文绝不是从第二学段开始的，如果是这样，那就晚了。我认为，作文始于识字。小学生入学后，认识了几百字，会写一些常用的简单汉字，便能写话了。我们应该抓住小学生作文心理的最佳期，因势利导，让他们拿起笔来，抒发自己的真情实感。如部编语文教材一年级上册《语文园地八》有这样一个训练内容："新年快到了，给家人或朋友写一句祝福的话吧！"教学时，通过说一说祝福送给谁、祝福什么、谁送的祝福、什么时候送祝福，引导学生掌握祝福语的写法，这便是一例。写话是作文的开始，从写一句话到写几句话，再到写一段话，这就是小作文。当然，作文教学不能躐等，一开始就让学生写四五百字的有头有尾的大文章，那是小学高年级的要求。

二、引向生活

生活是写作的源泉。学生作文的思想、观点、感情及一切材料都来自现实生活。学生积极地参加实践活动，写出的文章就有特色。因为在实践活动中，儿童的多种分析器作用于同一对象，在大脑皮质形成多种分析器的神经联系。这种联系长期地牢固地保存在皮质内，儿童一旦回忆起当时的活动情景，就能顺利进行写作。所以，小学作文教学要向生活开放。我们要有计划、有目的地带领学生走向大自然，走向社会，为他们提供广阔的认识天地，让儿童在各种活动中接受教育、增长知识、开阔视野。只有这样，学生写出来的文章才会充实、生动、活泼，有血有肉。

三、培养兴趣

从心理学角度看，兴趣是一种内在力量，它能促使学生萌发强烈的求知欲，从内心产生一种自我追求的力量。就作文教学而言，教师一旦激发和培养了学生的写作兴趣，学生就会自觉地写，自觉地练，从而主动地促使写作能力得到发展。激发学生作文兴趣的方法有：向学生进行写作目的的教育，使儿童懂得写好作文的重要性；经常表扬那些认真学习和刻苦练习写作的学生；创设情境搞即兴作文；自由命题写自己的见闻；适当开展作文竞赛活动，等等。

四、开阔思维

观察力、思维力、想象力是作文的基本功，其中思维力是核心。就写文章来说，客观事物反映到人的头脑中，必须经过缜密的思维活动，才能用语言表达出来。从这个意义上讲，作文训练主要是思维训练。在作文教学中发展学生的思维，主要是指导学生对面临的作文材料进行系统的思考，学会谋篇布局。要根据已占有的材料确定好文章的中心思想，然后根据中心考虑哪些材料写进去、哪些材料不写，哪些多写一点、哪些少写一点，先写什么、后写什么，给文章搭架子。

五、读写结合

读写结合是语文教学的规律，读写的共同点是思维训练。读是内化的吸收，是对语言的理解，其过程是：理解→思维→吸收。写是外化的表达，是对语言的运用，其过程是：观察→思维→表达。我们要抓住读写结合的共同点来以读悟写，以写带读。读写结合有五条对应关系：解题与审题；归纳中心与表达中心；分析课文与布局谋篇；捕捉重点段与突出重点段；品评语言与遣词造句。

六、文语同步。

叶圣陶先生说："口头为语，书面为文，文本于语，不可偏指。"培养学生口头表达能力必须得"说"，培养学生书面表达能力必须得"写"，读写应密切结合，同步进行。心理学实验表明，初学作文的儿童，对同样的题材，说清了再写与不说就写，效果大不一样，前者优于后者。文语怎样同步进行呢？我认为：第一要先说后写。每次作文前，首先要引导学生说立意、述提纲、谈开头、讲片段、议结尾。第二要开设口头作文课，加强口语训练。练习的形式有看图说话，口述见闻，演讲辩论，说讲故事等。

七、大小交错

任何一篇文章都是由若干在内容上有着内在联系的片段组成的。片段与整篇文章，犹如一台完整的机器与组成这台机器的零件一样，息息相关，一脉相承。精制合格的零件必然能装配出质量优良的机器。因此，要完成"课标"的要求，就必须加强片段训练。可以单周一次大作文，双周一次小作文，两者交替进行。在训练时，要根据学生的实际水平，有目的有计划有步骤地开展，注意训练的科学性和系统性。就片段训练的内容看，不外乎是一处景物、一件物品、一只动物、一株植物、一幅肖像、一席对话、一些动作、一番心理等。片段训练要求明确，内容单一，结构简单，形式灵活，容易掌握。

八、内外贯通

作文是创造性的劳动，没有什么秘诀，更无可以直接套用的公式。文章要写得好，主要得多说多写。欧阳修说：作文"无它术，唯勤读书而多为之，自工"。光靠课内有限的时间练习说与写，显然是不够的，因此必须开辟第二课堂。多说，可以结合课外活动，如主题会、故事会、读书报告会等，让学生有更多的机会练习口头表达。多写，可以结合学生日常生活中所见所闻，让他们写观察日记、写周记；结

合课外阅读和听广播、看电视等活动，写读书笔记或观后感。

九、师生批改

批改，如果教师包办代替，那是勤而无功、劳而少效的；如果一股脑儿推给学生，必然加重学生的课业负担，最终达不到目的。多年来，许多老师在作文批改上大胆进行改革实验，摸索出不少新经验。其中，教师批，学生改，效果最佳。这种批改方法，既可以发挥教师的主导作用，又可以激发学生的积极性，提高学生修改作文的能力。教师批学生改的具体方法是：教师对学生作文中出现的错别字、用错的标点、使用不当的词语以及病句等，只用符号勾画出来；对篇章结构上的毛病，或内容不健康的地方，通过批语指出，然后把改的事交给学生去做。这就变教师的单边活动为师生的双边活动，有利于作文效率的提高。

十、亲自"下水"

教师"下水"与学生同泳，是一种提高作文教学质量的有效方法。叶圣陶先生指出："唯有老师善读善写，乃能引导学生渐进于善读善写。"此话说得多么中肯！教师"下水"好处有四：一可以激发学生的写作兴趣；二可以感知作文的甘苦与得失；三可以获取指导学生作文的及时信息；四可以提高教师的文化素养。教师"下水"方式大体有三种：第一，写前"下水"，能启发学生弄清写作的要求；第二，写中"下水"，能帮助学生解决写作中的具体困难；第三，写后"下水"，能引导学生突破写作中的难点。教学中，教师应根据需要选择。

作文教学积蓄的理性思考

当前，中学生的作文，比较普遍存在的问题是：文章内容空泛、笼统，表达不具体、不准确。学生在作文课上，常常是搜索枯肠、冥思苦想，咬笔杆、搓橡皮，直愣愣地坐上十几分钟、甚至几十分钟，也难以下笔，很是苦恼。为什么学生一上作文课就喊头疼？究其根源，我认为就是平时缺乏积蓄，准备不足，修养较差。无米之炊，巧妇难为！腹中空空，表达何从？这种现象不能不引起我们的思考。

一、作文离不开积蓄

作文是一种智能活动，它需要正确的思想观点，丰富的事实材料，较强的表现能力。这三点都和积蓄有着密不可分的关系。

（一）主题、论点的形成需要积蓄

文章的主题或论点是作者对客观事物的认识和评价。正确的认识和评价来源于现实生活，是社会实践的总结、概括和提炼。

马克思主义经典作家向来十分重视从积蓄丰富的实际经验中去归纳、总结、提取观点。马克思积四十多年的心血写成《资本论》。为了完成这部巨著，马克思研读了 1500 多种书，做了笔记做 25 年之久。列宁对马克思的这部光辉著作的产生做过十分精辟的说明，他讲道："《资本论》不是别的，正是'把堆积如山的实际材料总结为几点概括的、彼此紧相联系的思想'。"

光彩夺目的艺术瑰宝，无不精炼于生活的丰厚矿源。许多文学家的创作实践，也生动地说明了正是由于生活实践的广博积蓄，才开掘出洞察深刻的作品主题。我国西汉时代伟大的历史学家、文学家司马迁，少年时曾耕牧于河山之阳，二十而南游。他行天下，周览四海名山大川、名胜古迹，搜集整理了大量史料，向各地人民学习语言，加上因为李陵辩解而受腐刑的遭遇，广阔的游历、实地的调查和亲自经受的不幸，使得他的生活极其丰富，于是"欲以究天人之际，通古今之变，成一家之言"，写出了《史记》这部千古传诵的名著。

（二）题材、论据的精选需要积蓄

广泛的积蓄，是作者精选题材和论据的基础，取之愈博，发之愈精。没有大量的积蓄，就无法充分地比较，也就选不出恰如其分的题材和论据。

任何事物都不是孤立地存在着，它往往有许多方面，也往往和周围的事物有许多内部和外部的联系。要正确地认识它，准确地论证它，就得掌握问题的各个方面。列宁在《统计学和社会学》一文中说："罗列一般例子是毫不费劲的，但这是没有任何意义的或者完全起相反的作用，因为在具体的历史情况下，一切事情都有它个别的情况。如果从事实的全部总和，从事实的联系去掌握事实，那么，事实不仅是胜于雄辩的东西，而且是证据确凿的东西。"这段话清楚地说明了全面积蓄与准确选择的关系。列宁身体力行这一唯物主义的正确观点，仅写《帝国主义是资本主义的最

高阶段》一书，便搜集了数目惊人的文献资料，终于使这篇文章在论据确凿的基础上成为一部划时代的经典著作。

（三）精妙、娴熟的表现技巧需要积蓄

写文章，生活积累和思想修养固然重要，但是，光有生活积累和思想修养还不够，还必须熟练地掌握文章的表现技巧。技巧的积蓄不外乎多读和多写，正如鲁迅先生说的："文章应该怎样做，我说不出来，因为自己的作文，是由于多看和练习，此外并无心得或方法的。"

所谓多读，就是要"博采众家，取其所长"。古人说："读书破万卷，下笔如有神。"一个人读书多了，写起文章来就会丰富充实，绚丽多彩。高尔基刚满十五岁，就已读过大仲马、雨果、巴尔扎克、海涅、斐尔丁、狄更斯、萧伯纳、普希金、莱蒙托夫、果戈理、屠格涅夫、陀思妥耶夫斯基、托尔斯泰等艺术大师们的很多名著，成了一个博学少年。老作家冰心也是这样，7 岁就已读完了《三国演义》，11 岁前就读完了《水浒传》《聊斋志异》《西游记》《东周列国志》《说岳》《再生缘》《儿女英雄传》《红楼梦》，等等。他们后来之所以能写出那些影响深远的作品，和博览群书、广为借鉴有着极为密切的关系。对于当代的中学生来说，同样要读古今中外的名篇名著，读那些位于人类文化顶端的作品，读那些思想上给人以启发、结构上让人无法释手、语言上给人以美感的书与文章。绝不该读那些现在摆满柜台的"作文大全""写作秘诀""作文辞典"之类早就被鲁迅斥之为专门"掏青年腰包"的货色。

再说多写。俗话说"熟能生巧"，然而写得不多，如何能"熟"？练得不"熟"，如何生"巧"？要"熟"就要勤写苦练，养成习惯；一经变为习惯，形成"动力定型"，"自动化"了，那就能够得心应手，兴到笔随。清人姚鼐在《与陈硕士书》中就谈了这样的体会："大抵文字须熟乃妙，熟则利弊自明。手之所至，随意生态，常语滞义，不遣而自去矣。"唐彪亦有如是的认识："谚云：'读十篇不如做一篇'。盖常做则机关熟，题虽甚难，为之亦易；不常做，则理路生，题虽甚易，为之则难。"常做就懂得写作规律和方法，不常做就生涩阻隔。熟与不熟，实在是学技巧、用技巧的一个关键。

二、作文积蓄的内容

既然积蓄在作文中有如此不可替代的作用，那么，我们积蓄什么呢？

（一）积蓄素材

素材是尚未经过提炼和加工的写作材料，是作文的物质基础，犹如木之本，水之源。叶圣陶在《作文论》中说："我们知道有了优美的原料可以制成美好的器物，不曾见空恃技巧却造出好的器物来。"作文也是这样，要有雄厚、丰富的材料。有了这些，才"不致枉费写作的劳力"。指导学生积蓄作文素材，数量要大，品类要多，并能分门别类储存。从写作范围的角度，可分为人物类、事件类、景物类；从材料性质的角度，可分为理想爱国类、事业情操类、青春惜时类、求知进取类等。这些材料，有事例、数据、故事、典故等，学生作文时，再经过精选、提炼、改造、加工，转换为作文题材。

（二）积蓄语言

郭沫若说："胸藏万汇凭吞吐，笔有千钧任歙张。"语言是文学的第一要素，当然，也是作文的第一要素。语言大师老舍说："我们的最好的思想，最深厚的感情，只能被最美好的语言表达出来。"孙犁也说过："从事写作的人，应当像追求真理一样去追求语言。"积蓄语言要在常用汉字的基础上进行，要一点一点地积累，积少成多，由字而词、而短语、而句子、而段落、而篇章，持之以恒，久而为功。对于祖国语言宝库中那些久经岁月磨炼仍放出夺目光彩的古典诗词、脍炙人口的名篇佳作，则尤其要积蓄。久而久之，便可加工、改造，转换成自己的语言。作文时，便能信手拈来，意到笔随。

（三）积蓄技法

除了指导学生积蓄写作内容和语言，也要指导学生积蓄写作技巧和方法，否则，内容和语言再完备也不能算是好文章。中学生写作技法的内容包括两大方面。一方面是写好一篇文章的写作技法，如摄材技法、立意技法、选材技法、结构技法、言语技法、起草技法、修改技法等。另一方面是常用的基本的表达技法，如叙述，包括顺叙、倒叙、插叙；描写，包括肖像描写、语言描写、心理描写、环境描写；抒情，包括借景抒情、托物寄怀、缘事写情、寓情于理、直抒胸臆；议论，包括归纳论证、演绎论证、类比论证。

三、作文积蓄的途径

对中学生来说，积累作文素材、语言和技法，主要有两条途径：一条是生活，

另一条是阅读。生活是作文之源，阅读是作文之流，我们要开源引流。

（一）开生活之源

朱熹在《观书有感》一诗中写道："问渠那得清如许？为有源头活水来。"生活犹如源泉，文章犹如流水，源泉丰盈而不枯竭，溪水自然流畅不止。如果离开了生活，一切文章都变成了无本之木，无源之水。一个作者，要想使自己的文章内容写得充实，就应该注意生活的积蓄。英国诗人雪莱在《伊斯兰的起义》的序言中说："我从童年就熟悉山岭、湖泊、海洋和寂静的森林……我曾在遥远的原野里漂泊。我曾泛舟于波澜壮阔的江上，夜以继日地驶过山间的急湍，看日出、日落，看满天繁星闪现。我见过不少人烟稠密的城市，处处看到群众的情操如何昂扬，磅礴，低沉，递变。我见过暴政和战争的明目张胆、暴戾恣睢的场景；多少城市和乡村变成了零零落落的断壁废墟，赤身裸体的居民们在荒凉的门前坐以待毙……我就是从这些泉源中吸取了我的诗歌形象的养料。"雪莱如果没有这些丰富的生活积累，是决不能写出史诗般的传世之作的。同样的，我国当代著名作家柳青所以能写出深刻反映中国农村社会主义改造的历史画卷《创业史》，这与他长期深入生活、观察体验、积累材料是分不开的。柳青在陕西省长安县（今西安市长安区）皇甫村生活了十四年，他以那里为根据地，对社会主义变革中的农民进行了长期的观察、了解，和他们交朋友，替他们办事情。在十几年的交往中，柳青积累了雄厚的生活基础。他的作品中的人物在生活中几乎都能找到影子。正因为他的生活底子厚实，所以写作时能够左右逢源，游刃自如。

现在有些中学生整日忙于应试，"两耳不闻窗外事，一心只读圣贤书"，面对丰富多彩的生活，常常是视而不见，听而不闻，笼笼统统，模模糊糊，甚至误认为生活平淡无味，没有什么情趣。他们当然也就不能深入思考，不能表达了。这样，作文的时候必然是临渴掘井。这就是多年来中学作文教学效率低、学生作文水平长年徘徊在低水平线上的主要症结所在。

（二）引阅读之流

阅读不单是为了作文，但要写好作文必须阅读。因为阅读是写作的基础，是沟通生活与作文的渠道，是间接获取写作材料的桥梁，也是直接获取写作知识和语言材料的重要途径。"万卷山积，一篇吟成。""《文选》烂，秀才半。"人们总是把读与写紧密地联结起来，并十分重视二者的因果关系。

　　阅读对写作的影响也可能是自觉的、被意识到的，但是在大多数情况下是潜移默化的。读了很多书，学到很多知识，得到很多启发，时过境迁，似乎和书分手了，好多东西似乎被忘掉了，但是只要是当时真的动了脑筋，真正地理解了、消化了，当要拿起笔来作文的时候，那些用得着的词语、句型、典故、事例就会像著名学者邹韬奋所说的那样"突然出现于我的脑际，奔驰于我的腕下"。

　　现在的中学生阅读量太少，除了薄薄的几本语文教材之外，"乃不知有汉，无论魏晋"，到铺纸濡墨时，那些恰切的词语和句子怎能乎之即出，探囊取物？故此，广大语文教师要牢牢记住"劳于读书，逸于作文"的道理，要理直气壮地、大张旗鼓地抓学生的课内外读书活动。

四、作文积蓄的方法

　　对中学生来说，积蓄有六大方法。

（一）观察

　　"生活之树是常青的。"教师要千方百计地为学生开辟生活的源头，耕耘生活的沃土，在学生心田播撒燃烧生活热情的火种，鼓励他们做热心人，做有心人，当生活的主人，留心生活，精细观察。建立观察基地，开辟实验园地，拓宽活动天地，让学生走出课堂，走出校园，到工厂去参观，到农村去走访，到军营去联欢，到园林去观赏，到老区去慰问，把整个社会当成学生学习作文的大课堂。

（二）感受

　　感受不同于观察。观察主要是对物态的反映，感受主要是心态活动。我们常说："世事洞明皆学问，人情练达即文章。"其中的"洞明""练达"即含有感受的意思。引导学生感受生活，要做到"五官开放，心官激荡"，亲眼去看，亲耳去听，亲手去做，肤触心唯，让眼、耳、鼻、舌、身一齐向客观世界开放，使得他们的心灵激荡起来，让他们的大脑成为一部反应灵敏的感受器。让学生把思想和感情凝集在笔尖，或赞美好人好事，或抨击坏人坏事，嬉笑怒骂，墨饱笔酣。

（三）阅读

　　书是社会生活的缩影。我主张，心治之书，要记在心头，随时撷取；目治之书，浏览一遍即可；口治之书，要大声读出来；手治之书，要认真抄下来。对自己特别重要的书，要深钻细研，洞察入微；对同自己关系较远的书，要大致看一看，只求

略知一二。当然，阅读也要有比较，有鉴别，去伪存真，不能尽信书籍。

（四）背诵

"操千曲而后晓声，观千剑而后识器。"我们倡导巴金十二三岁背会《古文观止》上222篇佳作的做法，将古今传诵不衰、脍炙人口的诗、词、曲、文中的名篇佳作，让学生熟读成诵，并且烂熟于心，心领神会，"使其言皆若出于吾之口"，"使其意皆若出于吾之心"，提高学生古诗文素养。

（五）记录

俗话说，"最浅的墨水也胜过最好的记忆"，"记忆好不如笔头勤"。记录是思考的激发器，是记忆的储存箱，是创造的发源地。我们要学习唐代诗人李贺"每得佳句，投入锦囊"的做法，写生活日记、记读书笔记、做资料卡片，养成"不动笔墨不看书"的良好习惯，日积月累，坚持不懈，只有这样，才能"滴水穿石"。

（六）视听

视听，就是看电视，听广播。广播、电视是一种大众传播媒介，从"大语文教育观"讲，广播、电视也是学习语文的课堂。吉林省著名特级教师赵谦翔在实验班开设一门《东方时空》课，每天早晨七点到八点组织学生收看中央电视台这本电视新闻杂志。实践证明，《东方时空》课，不仅使学生眼观四海云水，耳听五洲风雷，心系天下兴亡，而且也能解决作文"无米之炊"的难题。

五、结论

古人云："不积跬步，无以至千里；不积小流，无以成江海。"这就是说，千里之行，始于足下，浩瀚大海，源于点滴。学习作文呈沉淀式提高的特殊规律，绝非是一朝一夕所能奏效的，舍积蓄别无他途，这就是本文的结论。

"教师下水"：作文教学成功的经验

苏轼有一句名诗："春江水暖鸭先知。"此句很有理趣，意思是鸭子因为常在水中，江水由凉转暖，它是最先知道的。有人根据这句诗的意思，提出教师"下水"指导学生作文的理论。什么是"教师下水"呢？

当代中国语文教育家刘国正说："'教师下水'，指的是在作文教学中，教师出了题目，不光让学生作，自己也作，自己亲自尝尝'梨子'的滋味，便于指导学生。"

传统的作文教学是"君子动口不动手"，一个题目抛给学生，教师隔靴搔痒地说上几句，然后毕其功于一役，完事大吉。由于教师述而不作，学生思路狭窄，行文滞涩，只好"江枫渔火对愁眠"，甚至从心里厌恶作文，害怕作文。

为什么在作文教学中教师只讲不写，只说不写呢？王太吉在《"下水"有感》中找出四条原因："一是认为已指导过了，写之不必；二是时间仓促，忙于教务，无暇顾及；三是眼高手低，不屑下问，写则见报见刊；四是手笔疏懒，担心文思枯竭，见笑于学生。"这是语文教师的普遍心理，说得非常准。

叶圣陶在20世纪60年代初，为《文汇报》写的《"教师下水"》一文中，旗帜鲜明地倡导"教师下水"练笔。他说："语文教师教学生作文，要是老师自己经常动动笔，或者作跟学生相同的题目，或者另写些什么，就能更有效地帮助学生，加快学生的进步。经常动动笔，用比喻的说法说，就是'下水'。这无非希望老师深知作文的甘苦，无论取材布局，遣词造句，知其然又知其所以然，而且非常熟练，且有敏感，几乎不假思索，而自然能左右逢源。这样的时候，随时给学生引导一下，指点几句，全是最有益的启发，最切用的经验。"叶老的教诲，情真理正，值得细细体味，深长思之。

在叶老的倡导下，"文化大革命"之后，有不少教研部门和学校号召教师写"下水文"，并做出有关规定。如济南市槐荫区教研室在1982年年初，就动员全区语文教师把写"下水文"当作一项重要教学基本功。凡学生作的题目，教师尽量动笔写。浙江省临海县双港区辅导中心学校对三至五年级语文教师提出写"下水文"的要求，规定区、社中心校及较大的完全小学，三至五年级各班每次须有三至五篇较好的学生习作，连同教师的"下水文"一起上交辅导中心校。教师的"下水文"，由区辅导中心校评改；学生的习作，挑好的翻印，发给各校。全学期上交八次以上且写得较好的教师，期末给以一定的奖励。湖北省潜江县把教师写"下水文"作为一种教学常规，并使之经常化、制度化。

为总结和推广"教师下水"的经验，全国有不少家出版社先后出版了教师写给学生看的书。如1984年湖北少年儿童出版社出版了由李其白等人编写的《小学教师下水文》。之后，1986年中国展望出版社出版了由罗树华、李振村编写的《小学教

师"下水"佳作选》。这样的书，学生愿意看，教师也喜欢读，在全国产生了广泛的影响。

从实践中，大家体会到"教师下水"好处很多。山西的白建华在《小议"下水文"》中总结出四点好处：一是能根据亲身体会制定出行之有效的作文教学内容和教学方法；二是能引起学生习作的兴趣；三是能有目的有针对性地指导学生作文；四是教师自身的写作素质也能得到提高。湖北的周治平在《"下水"作文大有好处》一文中也总结出四点好处；一是写"下水文"有利于提高语文教师的基本素质；二是写"下水文"有利于激发学生写作兴趣，增强师生之间的感情；三是写"下水文"有利于促进阅读教学；四是写"下水文"有利于指导作文讲评。张田若在《〈优秀"下水文"集〉序言》中，语重心长地说："总之，教师写'下水文'好处甚多，因此我劝大家都要勇于'下水'。"

既然"教师下水"有这么多的好处，那么，我们应该怎样写"下水文"呢？

首先，必须明确写"下水文"的要求。"下水文"要符合大纲和教材对作文的要求，不能脱离学生的接受能力；"下水文"要反映学生生活，注意发现和选择美好的事物；"下水文"要有儿童情趣，选材要新，立意要新，构思要新；"下水文"尽可能用学生的心理、语言和口气去写，这样便于学生把握和模仿。

其次，必须把握写"下水文"的时机。教师"下水"时间大体有三种。第一，写前"下水"。写前"下水"可以启发学生弄清习作的目的要求。第二，写中"下水"。写中"下水"可以帮助学生解决写作中的具体困难。第三，写后"下水"。写后"下水"可以引导学生突破写作中的难点。

最后，必须了解写"下水文"的类型。在"下水"写作的目的性、针对性上，有为帮助学生理解和达到写作中的某项基本要求而写的"引路"文，有为帮助学生借鉴课文和范文写作方法而写的"搭桥"文，有为帮助学生突破写作难点而写的"攻关"文。还有针对小学生习作中的毛病，采用"示范性下水""启发性下水""逆行性下水"三种不同的"下水"方法。所谓"示范性下水"，就是针对学生作文中普遍存在的毛病写一段或几段内容相似而形式各异的"下水文"片段，给学生做样子，引导他们对照并改正。"示范性下水"可以给学生提供写的范例，教给写的方法，开拓写的思路，在纠正习作毛病的过程中不断提高学生的写作水平。所谓"启发性下水"，就是针对学生作文中的毛病设计一段或几段文字，将毛病明显的部分空着不写，让学生在教师的启发下补写进去，这样可给学生以深刻的印象，从而达到纠正这一毛病的目的。所谓"逆行性下水"，就是结合学生习作中同一类的毛病设计一段文字，让学生自己修改，这样可给他们提供一个识别错误的机会，还可以培养学生修改文章的能力。

"教师下水"，确定是作文教学的一条成功经验，并在一些地区已蔚然成风。但是，目前在运用"下水文"上还存在一些问题。白建华撰文指出：有的教师将"下水文"当范文让学生仿写，结果严重地束缚了学生思维的发展；有的教师迫于领导要求，但又水平有限，"下水文"写得粗制滥造，对学生不仅起不到指导的作用，反而在某种程度上影响了学生的写作兴趣和写作能力的提高；还有的教师自己写不出"下水文"，便借别人的文章代替，因为没有亲身体会，所以收不到"下水文"的效果。出现上述情况的根本原因是教师教学指导思想还不明确，对教师写"下水文"的意义还认识不足，在当前进行的作文教学改革中应当引起重视。

作文贵在立诚

一、作文撒谎不可小觑

1991年3月《上海教育科研》刊登署名周新发的文章，题目是《中小学作文训练写实的调查研究》。文章指出，题材真实的只占三分之一。时间过去二十多年了，这一调查结果，依然有着现实的警醒意义。

据《成都商报》报道，成都某小学四年级学生的作文中，班上四十多个孩子，竟有三十多个写的是自己如何智斗人贩或小偷，其中26个学生承认了自己是乱编的。（《中国青年报》，2010-04-16）

无独有偶，日前，我担任某市小学生作文大赛评委，翻阅了近千份学生的作文，也发现了大量的令人痛心的作文撒谎现象。如写《我身边的雷锋》，让座子、推车子、抱孩子、领瞎子、捡夹子，这种"五子登科"、言不由衷的内容屡见不鲜。

近日，网络上"20句经典小学生撒谎作文语句"流传甚广，我这里仅举10例：

（1）扶老奶奶过马路后，老奶奶问道："小朋友，谢谢你，你叫什么名字？"学生拍着胸脯回答："我叫红领巾。"

（2）每当遇到困难想退缩的时候，脑海中忽然闪过毛爷爷、张海迪大姐姐的身影，和他们比起来，我这点困难算什么！

（3）买东西的时候，阿姨多找了两角钱。突然看到胸前飘扬的红领巾，我就退了回去，低下头，发现胸前的红领巾更加鲜艳了。

（4）五星红旗，是用烈士的鲜血染红的，无数革命先辈抛头颅洒热血，才换来了我们今天的幸福生活。和他们比起来，我心里惭愧极了。

（5）烛光下，看着妈妈头顶的几缕白发闪闪发亮，用布满老茧的手灵巧地帮我缝补衣服，我的泪水再也忍不住流了出来。

（6）今天是教师节，我想起了老师，他们是蜡烛，燃烧自己，照亮别人，是"灵魂的工程师"，是辛勤的园丁，指引我们前进的方向。

（7）阳光灿烂，风和日丽，我在马路边，捡到一角钱，交给了警察叔叔。警察叔叔夸奖我是一个懂事的好孩子，我心里美滋滋的。

（8）小红是我的同桌，清秀的眉毛下长着一双水灵灵的大眼睛，仿佛会说话一般，腮边还有两个浅浅的小酒窝，美丽极了。

（9）我的奶奶是一个鹤发童颜的老人，她经常给我讲故事，陪我数星星，晚上当我被子掉的时候，她都来帮我亲自盖上。有这样的一个好奶奶真幸福。

（10）写议论文，需要举例子的时候，牛顿、居里夫人、爱迪生、马克思、白求恩、毛泽东、雷锋一个个闪亮登场。尽管很多时候学生都不知道他们究竟是干什么的。

读了这些连篇累牍的假话、空话、套话的作文，让人坐立不安。这种"失真"现象说明，在中国，说真话的教育是一场持久而艰难的战斗。

作文说假话、空话、套话是一种不良的文风，我们应当大张旗鼓地反对。儿童必须从小养成实事求是的思想方法，在作文中不要唱高调，不要写归写、做归做，言行不一致。作文不是为了考试，它是一种表达方式，不需要虚伪，不需要无病呻吟，不需要冠冕堂皇。学生胡编乱造与虚构、想象是完全不相同的两回事。

二、作文撒谎根源何在

作文撒谎原因有三：一是学生没有材料可写，这叫"巧妇难为无米之炊"。"作文难，作文难，提起作文我心烦"，是学生作文时的心理；"无话可说怕作文，假话连篇编作文，东拼西凑抄作文"，是学生作文时的表现。学生平时不善于观察，缺少生活积累，提笔时，只好"时挑野菜和根煮，旋斫生柴带叶烧"，以"假、大、空"来凑数。二是学生作文观的问题。在学生的意识里，作文是个假东西，可以撒谎。当学生写着"爸爸，我想对你说""妈妈，我想对你说"之类的作文时，他们知道，最终看这篇作文的是老师；当学生写着"心中的小秘密"，表达对伙伴的思念或愤怒的时候，他们知道，最终看这些文字的也是老师。三是教师指导问题。在写作教学中，教师缺少命题技巧，不善于从学生实际出发，布置出让学生可以沉下心来观察体验自己的生活、又充分表达个人思想感情的题目。

什么是作文？对少年儿童来说，作文就是练习把自己看到的、听到的、想到的内容或亲身经历的事情，用恰当的语言文字表达出来。作文是心灵，是情感，是尊严，是荣耀，是本真的袒露，是压抑的冲动，是秘密的公开，是温馨的表白，是内在的觉醒。基于这一理念，我认为，作文是一个"人"的世界、"言"的世界、"心"的世界、"情"的世界，是一个丰富的精神家园。作文就是应试制度的突围和人文价值的升腾，就是人的生命情怀别样凸显。

作文贵在立诚。《易传·乾》有言："修辞立其诚，所以居业也。"

叶圣陶指出："作文的求诚实含着以下的意思：从原料讲，要是真实的、深厚的，不说那些浮游无着不可征验的话；从态度讲，要是诚恳的、严肃的，不取那些油滑、轻薄、十分卑鄙的样子。"

立诚，是由作文的性质决定的。从客观上说，作文是生活的反映；从主观上说，作文是为了表达内心情感的需要。因此，如叶圣陶所言："训练学生写作，必须注重于倾吐他们的积蓄，无非要他们生活上终身受用的意思。这是'修辞立诚'的基础。"

立诚的基本要求就是"作文"与"做人"的统一。人文合一是作文的规律，人是作文的灵魂，作文是心灵的喷泉，要写"真"文，先做"真"人。新课程环境下的作文教学发轫于"做人"，回归于"做人"。新修订的《语文课程标准（2011版）》

再次强调："在写作教学中，应注重培养学生观察、思考、表达和创造的能力。要求学生说真话、实话、心里话，不说假话、空话、套话，并且抵制抄袭行为。"这是对学生的"道德"规范，"为人"准则。有的教师专心致志于各种所谓的"作文能力"训练，认为作文便是"作"出来的，可以任意拔高，可以无中生有，可以口是心非，而把塑造健康的人格给淡忘了。作文与内心的真实想法相背离，造成了"做人"和"作文"的分裂，其结果只能两败俱伤，既失去"做人"的起码"真诚"，又失去"作文"应有的"真实"。学生在作文中失去了"我"，写作文就只能胡编乱造，无病呻吟，所以，我们要帮助学生找回作文的灵魂，让学生用真实的情感、独特的见解、灵动的章法展示个性。

三、怎样避免作文撒谎

写作是语文教育的"半壁江山"，又是语文学习的"一座大山"，"抵制撒谎作文"体现了母语教育德育为先、育人为本的时代特征。

在新课程改革日益深化的今天，我们怎样找回学生作文的灵魂呢？一句话，那就是作文要从内容入手，坚持"言文一致"的原则。话怎么说，就怎么写，我眼看世界，我手写我口，我口言我心，做到一个"真"字。道真事、说真人、吐真情，写一句话，一段话，乃至一篇文章，要把自己想写的人、事、景、物真实地呈现出来。不说假话、大话、空话，不能口是心非，弄虚作假。要做老实人，说老实话，写老实文，这是作文的真谛。

生活是作文取之不尽、用之不竭的源头活水。叶圣陶说："生活犹如泉源，文章犹如溪水，泉源丰盈而不枯竭，溪水自然活泼泼地流个不歇。"叶老这句话形象地说明了生活与文章二者之间是源与流的关系，离开了生活，作文就成了无源之水，无本之木。作文固然要伏在桌子上写，但作文材料却不能够单从桌子上取得。只有放飞作文，学生才会从自己的亲身经历中寻找素材，把目光投向生活的广阔空间，鲜活的素材才会滚滚而来。为此，老师应该让学生在作文的世界里生活，在生活的世界里作文，让作文和生活交融在一起。从观察感知、体验顿悟，到捕捉信息、提炼素材，直至构思谋篇、运笔成文，都要以生活为准。

贴近实际是学生"易于动笔"的前提，关键要注意"入乎其内，出乎其外"。教师要深入学生中间，了解学生的生活、感受学生的生活，有目的、有计划地引导学生表达自己的生活。要去掉各种各样的条条框框，以"真"为美，让学生说心里的事、说烦恼的事、说痛苦的事、说高兴的事。教师一定要为学生的作文提供有利的条件和广阔的空间，减少对学生作文的束缚，鼓励自主作文和有创意的表达，提倡学生自主拟题，少写命题作文，要开放胸怀，不棒杀异端、不轻易否定异类、不伤害童心、不钳制童真，把学生当成孩子、把文字当成文章，让他们写出有个性、有活力、有灵性的文章来。

立诚，是作文目的达成的需要；立诚，是作文与生活关系的体现；立诚，是时代向学生提出的要求。如果学生都能自觉地摒弃写作中的撒谎行为，则教育幸甚，国家幸甚！

小学生喜欢什么样的习作批语

对学生习作的思想内容、篇章结构、语言文字或写作态度做出的评价，谓之批语。批语写得精当，对于调动学生写作积极性具有很大的作用。茅盾上小学时，教师在他的《宋太祖杯酒释兵论》的文末，写下这样的批语："好笔力，好见地，读史有眼，立论有识，小子可造。"在《秦始皇汉高祖隋文帝论》的文末，批语更为精彩："目光如炬，笔锐似剑，洋洋千言，宛若水银泻地，无孔不入。"读着这样的文字，我们可以想象少年的茅盾该是如何受其感发和激励。

有资料显示，当下的小学生对教师写的批语，不看的占 45%，大体看一下的占 33%，能仔细琢磨的只占 22%。究其原因，大概与当前流行的套话批语有关，如"中心明确，内容具体，语言通顺，望你百尺竿头更进一步"，等等。这种千篇一律公式化的批语怎能让学生喜欢？

那么，小学生喜欢怎样的习作批语呢？

一、赏识性的批语

什么叫赏识？指认识到别人的才能或作品的价值而予以重视或赞扬。古今中外因被人赏识而成"大器"的人不乏其例。我国古代著名文学家左思写的《三都赋》被皇甫谧发现，为之作序，才使左思的文章获得"洛阳纸贵"的盛誉。默默无闻的

刘勰，为名重当朝的沈约赏识，《文心雕龙》才得以传世。白居易得到顾况的赏识，终能诗满天下。俄国著名诗人普希金得到茹可夫斯基的赏识，后来成为"俄罗斯文学之父"。列夫·托尔斯泰青年时写的《童年》得到涅克拉索夫的肯定，才使他有信心而攀登世界文豪的宝座。我国现代著名作家丁玲在回忆自己的创作道路时说，自从叶圣陶发表了她的第一篇小说，便激发了她对文学的热情，选定了文学创作为她的终身事业。所以，赏识能激发人的心理需求，是一种积极的强化手段，使人自尊、自信，化成一种动力，实现人的自身价值。

请看两则赏识性的批语：

一位教师看了学生的习作《家乡的秋天》，觉得不错。她写道："在你的笔下，秋天是多么美啊！老师从你的作文中看到了那高远而深蓝的天空，看到了金黄的稻田、南飞的北雁和那飘零的黄叶。这一切，无不让我感受到秋天的美丽与神奇。我多么想对秋天说：秋天啊，化腐朽为神奇的秋天，你使学生的习作多么优美啊！"

另一位教师看了学生的习作《我的父亲》，觉得挺好。他写道："文中对父亲的介绍是全面的：从外貌到内心，从工作到生活，写得非常具体。对父亲的介绍又是有重点的：重在写父亲的感情，人物形象丰满、真实，富于生活气息。为这样的父亲自豪吧，再努力，不要辜负父亲的期望！"

这两则批语饱蘸感情，用"以文会友"的方式，书写了对学生的期望、关怀与抚爱，在肯定、鼓励、赞扬、嘉许中，使学生从中获取了进步的信心和力量。

当然，写赏识性批语要实事求是，注意掌握分寸，考虑分量，不能把赏识变成廉价颂扬。如："你很有天才，希望努力精进，定能成为第二个高尔基！""读你的文章，使我感到：得天下之英才而教育之，乃人生之幸事！""你的文章气魄很大，有大文豪的胸襟！"这样的批语是要不得的，它会使学生飘飘然自命不凡，狂妄自大。

二、鼓励性的批语

有这样的一个故事：一位私塾老先生在批阅学生作文时发现有三篇不同寻常的卷子，他分别给他们加上批语。第一篇写了标题后，只写了一个"夫"字就没了。他批曰："大有作文之势！"第二篇仅有标题，连"夫"字也没有。他批曰："引而不发，妙也！"第三篇干脆白卷，连标题都没写。他还是给他加上一个批语："清白可喜。"这当然是个笑语，带着某些讽刺意味。但笑过之后，逆向思考一下，我认为它还颇有一些启示意义，那就是写批语时要注意学习一些鼓励的学问。

小学生由于知识浅，经验少，写出来的文章不可能没有错误。但一篇文章不管怎样糟糕，总不至于全篇都要不得，也绝不至于一无可取，即使是一个词用得妥当，一句话说得中肯，也要给予鼓励。鲁迅先生在《这个与那个》一文中曾经打过这样一个比喻："孩子初学步的第一步，在成人看来，的确是幼稚、危险，不成样子，或者简直是可笑的。但无论怎样的愚妇人，却总是以恳切的希望的心，看他跨出这第一步去，绝不会因为他的走法幼稚，怕要阻碍阔人路线而'逼死'他；也绝不至于将他禁在床上，使他躺着研究到能够飞跑时再下地。因为她知道，假如这么办，即使长到一百岁也还是不会走路的。"我们小学语文老师一定要"以恳切的希望的心"，去看自己的学生"跨出这第一步去"。

请看两则鼓励性的批语：

虽然写作对你来说并不是很喜欢的，但你却像蜗牛一样踏踏实实走好每一步，坚持写作，从不辍笔。你的精神着实令人钦佩，以你的个性定会闯出自己的一片天地。

老师很喜欢看你的文章。可就是文中没有一个标点符号。如果能改掉这个小毛病，你的文章会更加精彩！

学生习作中出现这样那样毛病，是不足为怪的，需要教师耐心搀扶。从某种意义上说，好习作不一定是老师教出来的，但可能是教师鼓励出来的。教育的艺术，说到底是一种鼓励的艺术，写习作批语也是如此。

有的老师看到比较糟糕的文章，就大发雷霆，挥笔乱涂"不通""废话连篇""词不达意"，甚至写上"遍地荆棘，你叫樵夫如何下手！"这样的粗暴斥责，不仅会挫伤学生的积极性，而且还会使他们丧失信心，产生自卑心理。甚至有的学生撕了习作本，让教师辛苦的批改化为乌有。

三、启发性的批语

启发性评语是指，为学生留下思考的空间和时间，让学生揣摩批语的言外之意、弦外之音，以欲言又止的语言技巧引导学生反复推敲、修改自己的习作。正如叶圣

陶先生所指出的："至于批改，无论全班改、轮流改、重点改，必须使学生明晓教师之用意，且能用之于此后之实践，乃为有效。"经验证明，要使批语真正发挥作用，就要设法使学生理解和消化批语，让学生对自己习作中出现的问题，既知其然，又知其所以然，从而真正领悟到为什么"应该那样写"而"不应该这样写"。

例如，有个学生记大院里的一位叔叔冒着酷暑，将生病的邻居老大娘及时送医院抢救的感人事件。习作的内容无疑是应予肯定的，但学生一段到底，错别字不少，主要情节不具体。批语指出："这件事很感人，可惜许多事没写清楚。比如，当时老大娘病情危急是什么样的，为什么只是这位叔叔一个人背去？背去医院途中又遇到一些什么困难，到了医院人们又是怎么说的？假如你能把这些改具体，把错别字消灭，一定能成为一篇佳作的。"

有人说，教师的批语应该像树上挂着的桃子一样，总在吸引学生。学生只要跳一下，就能摘得到，每跳一次就有一次收获。这一比喻，令人赞赏，此则批语就起到了这个作用。

批语不宜多用诸如"优点是什么""缺点是什么""应该这样""不应该那样"一类注入式提法，而应采用富有启发性的批语，或多方设问，或采用商量的口吻、交谈的语气来激发学生积极思考，开启他们的心扉，使其在积极思考中去寻求答案。这样做，效果常常会超出教师的预料。如一个学生在习作中写有"皓月当空，繁星闪烁"的句子，教师批道："请你在皓月的夜间，再看看天空，有繁星吗？"这样具体指点，能使学生认识自己的习作犯有常识性的错误。

四、幽默性的批语

德国著名学者海因·雷曼麦说："用幽默的方式说出严肃的真理，比直截了当地提出更能为人接受。"此话千真万确。就拿批语来说，对学生习作中出现的缺点和错误，教师要对其进行批评和指正，若批语用得不恰当，常会引起相反的作用。幽默的批语可以恰到好处地解决问题，使学生在欢愉兴奋中充分而真实地认识自己的错误。譬如有个学生的一篇作文中就有近 20 个错别字。于是老师批道："你这篇文章从内容到构思都挺不错，就是错别字太'猖狂'了。"学生看到批语后，"扑哧"一笑，心悦诚服地认识到自己的问题。之后，他的作文中的错别字明显少了，显然是多加注意了。如果采用教训人的口吻或者惩罚的方法对待学生，就不会有这样好的效果了。

幽默风趣的批语，令人玩味，启人深思，犹如吕洞宾的指头——具有"点石成金"的神奇功能。有位学生，文章写得好，但字写得"毛"。这位老师就下了这样的批语："好马须配好鞍，这样美的文章，没有整齐的文字相配，多不相称啊!"一则幽默诙谐的批语，使这位学生在忍俊不禁的心理状态下警醒、震悟，获得教益。

必须注意，批语语言的形象、幽默一定要掌握分寸，否则会误使学生认为老师在讽刺他，从而产生抵触情绪，这样就弄巧成拙了。例如，一个学生书写时，总习惯把撇、捺、竖写得特别长，文面很不整洁。老师的批语是这样写的："看你的字真累人，长枪短棒，刀光剑影，弄得人心惊肉跳，你能把字写规范吗?"

还有一则批语是这样写的："错别字多得像马蜂窝，你已经是四年级学生了，怎么还可以用拼音代替不会写的字呢？你的字典是不是在睡觉？"

这样的批语有点幽默过分，不利于民主、平等的师生关系的建立。

五、规范性的批语

批语是写给学生看的，是对习作和做人的评点和指导，其目的之一就是要给学生做出一个榜样。所以教师在写批语时，各方面都要做到合乎规范。要求学生做到的事，老师首先要做到。老师写的批语，卷面要干净、整齐，使人看了感到舒服；遣词造句要力求准确、生动，富有启发性；标点符号的使用要恰当，合乎规范；书写汉字要正确、工整，不写不规范的简体字。如果老师写字龙飞凤舞，字迹不工整，很难想象学生会从中获得有益的启示。

我看过一些批语，有的字迹潦草杂乱，将"考虑"写成"老虎"，把"武"写成"或"，学生难以辨认。有的随心所欲，开头不空格，写完一句话随便一点，不是顿号也不是句号。有的语句不符合语法规范，还有错别字。所有这些都是不足取的。

作文教学的经典传统

作文是一门古老的学科。在未有文字之前，我们的祖先就开始了作文。正如鲁迅先生在《门外文谈》中所说："假如那时大家抬木头……其中有一个人叫道'杭育

杭育'，那么这就是创作。"毫无疑问，这是人类历史上第一篇石破天惊的口头作文。文字既出，写作实践得到空前发展，且不说灿若繁星的不朽之作，就是那些用甲骨文为记录符号的占卜、天象，描写征战、田猎的辞片，也是稀有之作。至于写作理论，林林总总，千汇荡荡，其中有些观点千余年来一直熠熠生辉。

一、多读多写，利病自明

传统的作文训练，很重视多读多写。有人问苏轼，"学文如何？"他回答说："前辈但看多做多而已。"欧阳修也说："无它术，唯勤读书而多为之，自工。"看来多读多写虽是"笨"方法，却是行之有效的。有故事为证，据《欧阳修全集》记载："先公四岁而孤，家贫无资，太夫人以荻画地，教以书字。多诵古人篇章，使学为诗。及其稍长，而家无书读，就闾里士人家借而读之，或因而抄录。抄录未毕，而已能诵其书。以至昼夜忘寝食，唯读书是务。自幼所作诗赋文字，下笔已如成人。"

古人又认为，"读"不能代替"写"，要写好文章，一定要常写。唐彪说："盖常作则机关熟，题虽甚难，为之亦易；不常作则理路生，题虽甚易，为之则难。"他认为："人之不乐多作者，大抵因艰难费力之故，不知艰难费力者，由于手笔不熟也。"总之，要手笔熟，唯有多写，这才符合从写作实践中培养写作能力的规律。

二、文字频改，功夫自出

古人有"文不厌改""日锻月炼"之语，勤写还需与多改配合。多改，目的在于深入揣摩，由此，既可以达到更牢固地掌握语言文字的运用方法，又能养成严肃认真、一丝不苟的写作态度和习惯。贾岛"推敲"的传说，欧阳修改定《醉翁亭记》第一句的故事，王安石的"春风又绿江南岸"炼字佳话，都是脍炙人口的逸闻美谈。这一类的典故，不胜枚举。

多改，并不是依赖老师给改，而是要求学生自己修改；不是只指个别词句的润饰，而是指通篇文章的检点。唐彪在《读书作文谱》中引武叔卿的话说："如文章草创已定，便从头至尾，一一检点。气有不顺处，须疏之使顺；机有不圆处，须炼之使圆；血脉有不贯处，须融之使贯；音节有不叶处，须调之使叶。如此仔细推敲，自然疵病稀少。"

有些人不但要求学生认真修改自己的文章，还提倡看别人怎样修改文章，从中体会写作方法，吸取有益的经验，所以有这样的传说：黄鲁直于相国寺得宋子京《唐史稿》一册，归而熟观之，自是文章日进。此无他也，见其窜易句子与初造意不同，而识其用意所起故也。

三、模仿先哲，精妙自来

古人认为，儿童作文是从模仿开始的，模仿是沟通读与写的桥梁。刘知几说："夫述者相效，自古而然。"又说："若不仰范前哲，何以贻厥后来？"许多有成就的作家在他们学习写作之初，都经过模仿练习这一阶段。就是在他们有了很高的写作水平的时候，为了学习某种新的表现手法，也需要模仿。白居易的诗句："安得万里裘，盖裹周四垠"就是由杜甫的"安得广厦千万间，大庇天下寒士俱欢颜"脱化而来的；王勃的名句"落霞与孤鹜齐飞，秋水共长天一色"则是由庾信的"落花与芝盖齐飞，杨柳共春旗一色"点化而成的。

模仿什么，怎样模仿？古人的一些主张是值得重视的。归纳起来有两条：一条是模仿名家名篇。朱熹说："大率古人文章皆是行正路，后来杜撰底，皆是行狭隘邪路去了。而今只是依正底路脉做将去，少间文章，自会高人。"研究历史上大作家成"家"的过程，可以看出，他们总是学了前世名家的文章，吸取其所长。另一条是不袭古人诗文，王守溪说："所为文必师古，使人读之不知所师，善师古者也。韩师孟，今读韩文，不见其为孟也；欧学韩，今读欧文，不觉其为韩也。若拘拘模仿，如邯郸之学步，里人之效颦矣，所谓师其神，不师其貌，此最为文之真诀。"模仿古人，不袭古人，这是学习古人的正确路子。因为古人写的是彼时彼地的人和事，而学生写的是此时此地的人和事。可以借鉴古人的写作方法来表达今天的内容，但是文章是自己的，抄袭古人则是毫无意义的，也达不到练习作文的目的。

四、先放后收，路子自通

古人一向主张训练学生作文要经过"先放后收"的过程。首先鼓动学生大胆地写，等到有了一定的基础之后，再要求精炼严谨。谢枋得说："凡学文，初要胆大，终要心小。由粗入细，由俗入雅，由繁入简，由豪荡入纯粹……初学熟之，开广其胸襟，发舒其志气，但见文之易，不见文之难，必能放言高论，笔端不窘束矣。"欧阳修在《与渑池徐宰》中指出："作文之体，初欲奔驰，久当搏节，使简从严正，时

或放肆以自舒，勿为一体，则尽善矣。"古人认为，学生练习作文，必须经过一个由放到收的过程，在这个过程中，文章逐步由粗入细，由俗入雅，由繁入简，由奇到平，作文水平也就逐步提高了。这是符合学习作文的一般规律的。初学者由于不会作文，不免有畏惧情绪，如果鼓动他们大胆地写、尽情地写，发挥其想象、扩展其胸臆，会打消他们的畏惧情绪。文章的形式虽然粗糙，但内容都比较丰富，在这个基础上再引导学生提炼，就会逐步提高。如果违反这一规律，学生刚练习作文，就在文章上做很多规定，提出过高的要求，这样，不仅会使他们感到作文很难，而且也不可能达到要求。

历史上大文学家在指导初学者作文时是按着这个路子指点的。欧阳修在《与渑池徐宰》中有这样一段话："所寄近著甚佳，论议正宜如此。然著撰苟多，他日更自精择，少去其繁，则峻洁矣。然不必勉强，勉强简节之，则不流畅，须待自然而至。"苏东坡在给李豸的回信中也说了类似的话："惠示古赋近诗，词气卓越，意趣不凡，甚可喜也。但微伤冗，后当稍收敛之，今未可也。"文学家之见略同。

应用文，小学语文教育的"一池春水"

应用文是指在日常工作、学习、生活和社会交往中广泛使用，并具有某些惯用格式的实用性文章。

应用文在我国源远流长，据说，自有文字以来就有应用文。我国最古老的甲骨文、钟鼎文，镌刻在甲骨和钟鼎之上。这些文字，实际上就是我国最早的应用文。从"五四"新文化运动起，我国的一些语文课本即已编入应用文，作为正课"俾使正式接受"。中华人民共和国成立以后，国家制定的课程标准和教学大纲对应用文的教学都有明确的规定。例如，1950年《小学语文课程暂行标准（草案）》指出：二年级练习写日记或周记；三年级篇幅加长，另外练习写便条、布告、通知和书信等；四年级练习写墙报、演说的拟稿、会议记录或工作报告；五年级加新闻摘要、听讲记录、计划书或章则等。

应用文是人们日常交际中，处理公务和私事使用频率最高的一种工具。在所有的文体中，应用文和人们的关系最密切、最直接。它的触角涉及社会生活各个领域，大至党章国法，小至个人私事，都是应用文施展才能的"用武之地"。例如，邀请某些人开会，拟份通知；向别人借东西，出个借据；有事外出，写张请假条，等等。随着科学技术的进步，现代文明的发展和商品社会的需要，应用文的使用将更为普遍。

然而，时至今日，作为"经国之大业，不朽之盛事"的应用文却备受冷落。有的学校甚至把应用文列为语文教学的"副品"，打入"冷宫"。应用文无形中淡出小学语文教学舞台，后果会是怎样呢？有网络作者著文曰："笔者在教育实践中，经常碰到学生请假不会写假条的事情，也曾遇到大学毕业的学生不会写简历及自荐信的例子。尤其是生活中，经常会有人问及书信中抬头的用法、布告启事中的惯用语、柬帖中排名先后的原则、对人的称谓，等等。"响应者甚众。对此，古今中外贤达翘楚均有明鉴，蔡元培先生早就说过："因研究学问的必要，社会生活的必要，我们不能不教他实用文。"叶圣陶也指出过："大学生不一定要能写小说诗歌，但是一定要能写工作和生活中实用的文章，而且非写得既通顺又扎实不可。"

面对小学应用文教学质量滑坡的现状，我的想法是：

第一，提高认识。应用文写作能力是一个人智能结构中不可缺少的组成部分，是现代化社会生活对一个人的语文素养提出的一个严肃的任务，一个迫切的要求。因此，小学语文教学应努力帮助学生掌握应用文写作基本技能，使其能够适应现实生活与未来岗位的需求，顺利融入社会、立足社会，成为合格的社会一员。

第二，明确要求。课程标准在第二学段要求是"能用简短的书信、便条进行交流"；第三学段要求是"学写读书笔记，学写常见应用文"。除了《语文课程标准（2011版）》提到的书信、便条和读书笔记之外，小学常见的应用文还应当包括日记、通知、借条、领条、决心书、申请书、表扬信、招领启事等。

第三，加强指导。针对应用文规格性强、练习单调乏味的弱点，可采用创设生活情境方式，以提高学生写作的积极性。举一个例子：

材料：六年五班王静的妈妈在菜场买菜时，不慎将一把尼龙折叠伞遗失。二年一班张萍拾到后，交给学校大队部，归还了失主。

训练要求：教师将全班学生分成四组。第一组，以王静妈妈的身份，写张"寻物启事"；第二组，以学校大队部的名义，写张"招领启事"；第三组，以王静妈妈

的身份，写封感谢信；第四组，以学校大队部小记者的身份，写篇板报稿。

这样训练比较生动、有趣，让学生乐于动笔，似在进行有趣的游戏，从而达到了"切实而有味，实用而见效"的目的。

日记，那块青青的芳草地

作文一科，向来就是一门没有大纲、没有教材、没有教法的"三无"课程。毋庸讳言，当下许多学生对其都缺乏兴趣。"作文难，作文难，提起作文我心烦"，这就是他们的心声。

有成语道"骨鲠在喉"，说明只有在"不吐不快"的状况下，才能生成语言文字表达的心理基础。怎样促使学生产生作文动机，用某种机制刺激他们"不写不行"呢？我想起了三十年前指导孩子写日记的事。

1985 年，女儿羊羊六岁，读小学一年级。一日，我把她叫到身边："上学了，识字了，写写日记吧。"

"什么是日记？"羊羊不解地问道。

"日记，顾名思义就是一日一记。记什么呢？记自己在一天中做过的，或看到的，听到的事。你年纪小，刚上学，每天写一句话就行。"接着我又简单地给她讲了日记的格式，并递给她一个精美的小本子。

羊羊嫣然一笑，屁颠地走了。

翌日，打开她的日记本，一行幼稚的铅笔字映入我的眼帘：

今天，我家的花母鸡下了一个大"○"。

孩子不会写鸡蛋的"蛋"，便画了一个圆圈。"人生识字聪明始"，这是她的文化创造！

可是，没过几天，问题来了——孩子坚持不住了。天天日记，对识字不多的蒙童来说，这的确是一项不小的工程。为了培养羊羊的毅力和兴趣，我决定陪她一起写。晚饭后的第一件事就是日记。生活中所见、所闻、所做的事情太多了，我们每天都认真地记录。有话则长，无话则短，高兴了，有时间了，就多写两句；情绪低落了，时间紧了，就少写两句。喜怒哀乐尽在行文之中。就这样，日记成了我和孩子沟通的平台，写日记也成了我们生活中的一种习惯，觉得每天不写几句就手里发痒。

大约过了半年，也就是一年级下学期，问题又来了——孩子学会了说假话。有一则日记，她是这样写的："下午放学，过马路的时候，我看见一位老奶奶，马上去扶她。老奶奶问：'小朋友，谢谢你，你叫什么名字？'我回答说：'我叫红领巾。'"

读罢此话，我深有慨焉。不用核实，这是一段失真的语言。出于家长的责任，我把孩子批评了。责备的不是她做的事，而是她说的话。日记记录的是最真实的生活，"修辞立其诚"，假话、大话、空话都是不能写的。

羊羊哭了。

日记是本真的袒露，不能无病呻吟，更不能胡编乱造。为了让孩子找回日记的灵魂，我有意识地引导她到大自然去，闻花香，沐春风，打几个滚，踢几脚球，让其眼、耳、鼻、舌、身充分动起来，因为生活是写作"取之不尽，用之不竭"的源泉。

上了二年级，羊羊写了一篇观察日记：

我家的鱼缸里有几条凤尾鱼，它们每天快活地在水草间游来游去。其中，有一条鱼肚子特别大。爸爸说，这条鱼快产卵了，让我注意观察。

星期天，我坐在鱼缸前给小鱼喂食。突然，发现那条快当妈妈的鱼不见了。它藏在哪里呢？我用牙签轻轻地拨开水草，原来那条鱼正躲在水底生宝宝呢。你看，一条条小鱼从妈妈肚子里钻出来，在水中欢快地游着。小鱼很小，头尾连在一起，鱼妈妈摆着大尾巴，小心地保护自己的孩子。希望它们快点长大，好和爸爸妈妈一起玩儿。

从写一句话到写一段话，再到写几段话，一年多一点的时间，我最大的享受是聆听孩子的心声，童言心语真是妙不可言。

日有所记，天长日久，既可以丰富生活经验，又能提高写作水平。从小培养孩子记日记，其一生受益，厥功至伟。坊间有人曾言："用日记代替命题作文。"通过三十年前的家庭实验，我看此话甚当！

也谈写话、习作"夹用拼音"

我的外孙女旺旺，特别乖巧，今年 9 岁，上小学三年级。她爱读书，喜欢写日记，在班上，学习成绩数一数二。

上周六，她如约而至，来到我家。一进门就兴高采烈地说："姥爷，昨天我在全校作文竞赛活动中得了 99 分。"我接过她的卷子，可不是吗，两个红红的"9"字并排出现在卷子的右上角，特别夺人眼球。

旺旺习作的题目是《我的爷爷》。开头写道："60 多岁的爷爷，家住农村。他两 bìn 斑白，满脸皱纹。由于多年的操劳，他的手背粗糙得像老松树皮，裂开了一道道口子。"

旺旺的习作之所以没得满分，就是因为在行文中，"两鬓"的"鬓"不会写，她用"bìn"这个拼音代替了，老师按"错别字"处理，扣去 1 分。旺旺说："作文竞赛不允许查字典，就是让查字典，也会打断思路，不能顺顺当当地写下去，所以我才用了汉语拼音。"

听了孩子的这般叙述，我感慨万分，拉着她的手说道："这篇习作要是姥爷批，给 101 分，原因是这篇习作写得具体、生动。尤其是开头一段，将你爷爷粗糙的手背比喻成老松树皮，特别形象。另外，你在行文时，不被汉字所烦扰，把没有学过的生字新词大胆地用拼音来代替，这是一种成功的文化创新，你做得对！"这番鼓励的话语，令旺旺露出了甜甜的笑容。

孩子走后，我陷入了沉思。小学生在写话、习作中"夹用拼音"，按错别字处理，对这种做法我想饶舌几句。

汉语拼音，两千年孕育，三百年成长，一个世纪历史的积淀，成就了它的辉煌。拼音的诞生使中国难认、难学的"方块字"有了全球通用码。在母语基础教育中，汉语拼音自 1958 年进入小学语文课本以来，就一直是小学语文教学的重要内容。

"汉语拼音"，顾名思义，是拼写"汉语"的，不能仅仅理解为是给"汉字"注音的。在儿童识字不多的情况下，用拼音代替写话、习作中没有学过的、不会写的字，解决发展语言与识字的矛盾，以达到听、说、读、写全面提高的目的，我认为，这种做法是可取的。它不仅仅是为了巩固汉语拼音，而更重要的是能提高语文教学质量。具体说来，至少有以下四点好处：第一，可以从小培养学生遣词造句的能力，为将来用汉字写作打下基础；第二，可以使学生把学过的知识运用到实际中去；第三，可以从小培养学生独立思考的能力和学习兴趣；第四，可以使学生把学过的汉字放到词语和句子中去练习、巩固。

语文是工具，对小学生来说，汉语拼音是工具中的工具。孩子凭借这一有效的工具，"我手写我口"，把自己看到的、听到的、想到的或自己亲身经历过的人、事、景、物用恰当的语言毫无顾忌地写出来，从而彻底摆脱了"无话可说怕作文，假话连篇编作文，东拼西凑抄作文"的窘境，我们何乐而不为呢？

写话、习作是一种表达能力，思维流畅、语言丰富、表达准确是其重要的指标。如果孩子因为识字量不多、不会写字而限制了思维的流畅、语言的丰富和表达的准确，是一件很遗憾的事情。当然了，具体问题要具体分析。考试时，学生写话、习作中的出现的拼音，要区别对待。如果是学生学过的、要求会写的字，学生还用拼音代替，应该按"错别字"处理；如果是没有学过的新字生词，学生用拼音代替，应该鼓励，按"创新"处理。在平时的写话、习作中，学生遇见了"拦路虎"，写完之后，应及时通过查字典，或请教同学、老师等，把拼音改为汉字。

今天的社会已经进入了大数据时代，在这个社会里，小学阶段汉语拼音的功用不应该继续锁在"帮助识字、学习普通话和查字典"上。《语文课程标准（2011版）》指出：要"注意汉语拼音在现实语言生活中的运用"。依我看来，现实语言生活中运用汉语拼音，就应当包括写话、习作中的"夹用拼音"。

作文批改应提倡"一文一得"

清人唐彪说："文章不能一做便佳，须频改之方入妙耳。此意学人必不可不知也。"可见文章"入妙"是"频改"的结果，因而在"频改"过程中也最容易领悟文章"入妙"之法。

由唐彪这句话，我想到了当下的小学作文批改问题。好作文是改出来的，此话千真万确。那么作文由谁来改？我不赞成完全甩给学生操作，因为小学阶段的儿童

无论从知识结构、认知水平、生活阅历、心理特点、思维能力、文字功夫等方面来看，他们很难将整篇文章改好。由此看来，作文批改乃教师之事，天经地义，责无旁贷。

毋庸讳言，批改作文是一项费时费力的繁重的脑力劳动。批改的高投入低效率一直困扰着广大语文教师。全班学生四五十人，每次作文批改从思想内容到篇章结构，从语言文字到标点符号，从行款格式到书写质量，巨细不遗。这样的大批大改，说实在的，作文本上那一道道殷红的笔迹，往往是劳而无功的。

对小学生的作文，面面俱到，精批细改，试图一次批改解决所有的问题，是不切实际的做法。那么怎样批改效果比较好呢？我的观点是：大道至简，放弃是一种智慧。

第一，目标单一，对解决问题较易奏效。

吕叔湘先生在回忆他的老师批改作文的方法时说："张老师批改作文有一个特点，就是对不同的人有不同的批改重点。有人错别字多，就着重批他的错别字；有人说话啰唆，就着重批他的啰唆；有人说话不照顾前后，就着重批他的失于照应……当然着重点不是一成不变的，一个缺点克服了，另一件事又提到日程上来了。现在回想起来，这确实是个好办法，学生的注意力容易集中，不至于闹浑身是病，不知道如何下手。"

另外，批语也要因学生知识水平、个性特点的不同而不同。如《夏夜趣事》这篇习作，有个学生开头这样描写："这是夏天的一个晚上，明月高悬，繁星闪烁，爽风吹来，非常宜人。"这段描写意在为写趣事服务，但小作者考虑不周，因而出现了"明月高悬，繁星闪烁"的矛盾之处。如果小作者是学习比较好的学生，可以这样批："以美景衬托趣事，好！请细心读一读，发现并改正描写中的错误。"如果小作者是学习比较差的学生，可以这样批："学会用写景为写事服务，这是好的。问题是'明月高悬'时会不会'繁星闪烁'呢？你平时可能没有留心观察吧，请修改一下。"这样在语言的深浅、褒贬的程度和留下的作业等方面都因人而异，保证各有所悟，各有所得。

要有所得，就必有所失，失去一些要求，是为了更好地达到一个要求。批改中的这个得与失的辩证法，是值得提倡的。

第二，批改要围绕一个中心，力求给学生留下深刻印象。

　　每次作文都有特定的教学目的和要求，据此确定每次批改的重点。如《我最敬佩的人》，习作要求是"选择有代表性的几件事，写出人物的优秀品质，注意段落之间的联系。"在批改时，就应围绕这要求进行，至于开头结尾的方式，人物的外貌、心理描写等，就不要求作为批改的重要内容。

　　再如教科版《语文》五年级下册第一次习作要求是："在学校里，我们每天和老师相处，他们的音容笑貌、一举一动都给我们留下了深刻的印象。请以《我的老师》为题，选择一两件事，写一篇习作，注意写出老师的外貌特点。"

　　批改这篇习作，不必全面开花，眉毛胡子一把抓，应突出外貌描写这个重点。如有一篇作文是这样开头的：

　　王老师虽然不曾是我们的班主任，也不是我们的主课老师，可是只要一提起她，同学们不禁会啧啧称赞。她在我们的眼里是一个既严肃而又和蔼可亲的老师。五十上下的年龄，中等身材，目光温和而有神，嘴边略挂着微笑，用一口半生半硬的普通话，为我们讲解生动有趣的自然科学知识。这一切都使我们感到格外的亲切。

　　请看教师的修改：把"她在我们的眼里是一个既严肃而又和蔼可亲的老师"，改为"她在大家心目中是一个既严于教学而又和蔼可亲的好老师"。经这一改，把"眼里"改为"心目中"，更加深了对王老师的爱戴之情；把"严肃"改为"严于教学"，与后面的"和蔼可亲"相接更利于刻画出良师的形象。同时又把"半生半硬"改为"带有上海口音"。

　　批者，评也；改者，正也。作文批改是一项艰苦、细微的创造性劳动，它要求教师本人舍得把自己的心血和才智，熔铸在批改作文的笔尖上。只有这样，作文批改才能达到最高的境界。

第六辑　教研小品之教师篇

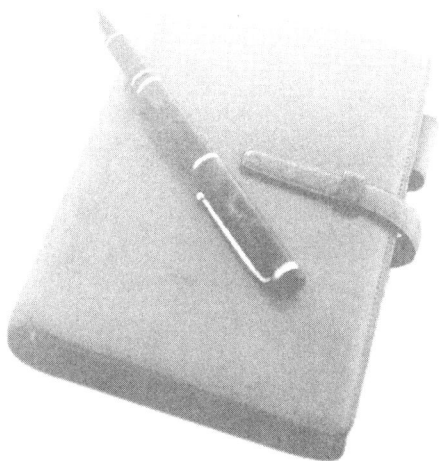

一位成熟的语文教师，应当正确把握语文课程的性质，担负起教学生学习语文、学习做人的责任；应当努力遵循语文教学规律，在教学中追求体验感悟与科学训练的平衡；应当凸显学生主体地位，让他们放飞思想，平等对话，学语习文，自主实践；应当不断学习，勇于探索，善于反思，使自己和学生和教学共同成长。

工欲善其事，必先利其器

大凡经历过一段粉笔生涯的人，都有这样的体会：上好一堂课并非一件易事，而上好一堂成功的课，尤难。因为教学既是一门严肃的科学，又是一门巧妙的艺术，教学过程是教师的创造性劳动的过程，不仅需要坚实的专业基础知识，而且有赖于教师过硬的教学基本功。所谓"台上一分钟，台下十年功"就是这个道理。"工欲善其事，必先利其器。"一个语文教师，要"善"其语文教师之"事"，就必须"利"其从事语文教学之"器"，练好语文教师的内功。为此，我从任教之初，就比较重视语文教学基本功的磨炼，并把"纸上得来终觉浅，绝知此事要躬行"作为自己的座右铭。

如果说，望、闻、问、切是中医的基本功，唱、念、做、打是戏曲演员的基本功的话，那么听、说、读、写则是语文教师的基本功。

语文教学的根本目的就是使学生掌握语文知识，形成语文能力。因此，从事语文教学特别需要一套足为范式的语文能力，那就是：听能得要领，说能得人心，读能得真谛，写能得佳文。语文教学只有具备了听、说、读、写四项能力，才算获得了完整的语文教学基本功结构。具备了这些基本功，才可能在正确的教学思想指导下，不断地改进教学，提高教学质量，承担起历史所赋予的培养"四有"人才的重任。

下面我从四个方面和朋友谈谈。

一、听的基本功

听，是一种接受口头语言信息的能力。教学听知能力是教学所需要的一种较为高级的语言智力，不经过严格的科学的训练，是很难获取的。语文教师只有具备了较高的听知能力，才能有效地培养学生听知能力。

我练听的基本功，主要是通过听广播、看电视、听学生发言、听别人谈话等形式来锻炼自己的注意力、辨音力、审义力、听记力、听评力、组合力。这里的听评力是一项难度较大的语文教学基本功。在课堂教学中，学生的朗读、复述、答问、讨论、质疑，都属于过耳之声，稍纵即逝，教师能及时对其做出恰当的评价是不容易的。这个评价要能辨音——听懂普通话和有关方言，做到听得真切，不出差错。能举要——边听边捕捉讲话的要点，记下重要内容；能明义——听清楚讲话的中心意思，听懂讲话的"弦外之音"；能识讹——听出讲话中的问题，诸如观点、用词造句等方面的错误。这是教师学识水平、教学能力的综合表现。所以，我平时十分重视这方面的自我训练，多年来，丝毫不敢懈怠。

二、说的基本功

语文教师的基本功包括说普通话的能力、课堂讲话的能力和教学演讲的能力。说，一能抓住人心，二能打动人心，三能深入人心。抓住人心，即有吸引力；打动人心，即有感染力；深入人心，即有说服力。语文教师讲话应当成为学生的楷模。如果不能以声引人、以情感人、以理服人，不能做到声情并茂、情理双至，教师就很难深得人心。

普通话用于讲课、谈话与演讲，传情达意，富有韵味，悦耳愉心。我把学习普通话作为语文教学的起点，最有效的办法有四：一是坚持听广播、看电视；二是找出自己所属方言同普通话方面的对应规律；三是案头常备字典和词典，随时查阅，纠正方言土语；四是经常留意他人谈话以鉴赏和学习。

教学是语言的艺术。充满知识智力，富有启迪诱导的讲话，是提高课堂教学质量的一个重要手段。教师在课堂上讲话，应当做到：语音标准，用词恰当，句法规范，表达连贯，通俗易懂，生动形象；要有严密的科学性，鲜明的教育性，较强的启发性，高度的直观性，强烈的感染性。我认为，教学语言如同电影语言、相声语言、音乐语言一样，属于专业语言。教学语言是教师在教学的具体条件下，即在有明确的教学任务，针对特定的学习对象，使用规定的教材，采用一定的方法，在有限的时间内，达到某种预想结果的活动中使用的语言。成功的教学无不得力于教学语言的功力。我锤炼教学语言的诀窍是：上课前想好要说的话，诸如怎样开讲，怎样提问，怎样过渡，怎样结尾，用哪些关键词，都要背下来；上课时说话要倾注感情，凭借富有感情色彩的语言，引起学生反响和共鸣；下课后我常常静思默想，回忆教学用语，什么地方成功，什么地方失误，及时总结经验教训。

语文教师除了进行课堂教学外，还要开展各项课外活动，如开设课外专题讲座，

作阅读辅导报告，出席教学研究会议的发言，公开教学的评议讲话，参与社会活动的演说，以及经验介绍和学术交流等。这些活动都离不开演讲。因此，教学演讲能力也是语文教师一种重要基本功。我练教学演讲基本功主要靠多参加一些社会活动，在实践中练音、练口、练胆，学习掌握演讲技能，提高自己的语言魅力。叙述要朴实具体，描绘要生动形象，说明要清楚准确，说理要科学通俗，抒情要真切感人。

三、读的基本功

朗读和默读是语文教师读的基本功。

朗读就是把文字作品转化为有声语言的创作活动。教师的朗读要能使学生为之动容，要足为学生示范，要求字字入耳，句句入心。美的地方要读得学生心向往之，丑的地方要读得学生深恶痛绝，乐的地方要读得学生忍俊不禁，悲的地方要读得学生蹙眉落泪。我备课每每都是从读入手，这样既能练习朗读基本功，又能深入理解教材内容。一读，感知课文内容；二读，研究文章题目；三读，抓住课后习题；四读，探讨作者思路；五读，咀嚼语言文字；六读，体味思想感情。备课时，一篇文章读这么几遍，就能基本上达到"使其言皆若出于吾之口，使其意皆若出于吾之心"的境界。

默读我力求做到见于书、入于目、发于心，要字求其训、句索其旨、章探其义。同时比较熟练地掌握了音序检字法、部首检字法和笔画检字法。

四、写的基本功

语文教师写的基本功，一是写字，二是写作。

字是语文教师的衣冠。作为一名语文教师，你所写的字，不管是钢笔字、粉笔字还是毛笔字，不管是写在作业本上的、黑板上的还是墙报上的字，都要给学生以示范。具体说，第一，能写工整、匀称、秀美的钢笔字；第二，能写大小适中、笔画规矩、美观大方的粉笔字；第三，能写有帖意、字体工整、结构合理、起笔收笔交代清楚的毛笔字。写字也表现出我们怎样做人。其实练字并不难，每提笔时，严肃认真、不苟且就是了。

这里要提及的是，有些青年教师不太重视板书，往往临摹动意，随写随抹，而且写字龙飞凤舞，使人难以辨认。这种不正之风，会带给学生很坏影响的。我认为，板书是教师在备课中精心构思的艺术结晶，是学生感知知识信息的视觉渠道，是发展学生智力和形成良好思维品质的桥梁。板书要像提纯的金、琢成的玉那样，不在于多，而在于精。板书设计的美学价值在于书之有用，书之有度，书之有据，书之有时，书之有方。

有人说，只会讲文章，不会写文章的人，只能算"半个语文教师"。这话并不为过。因为一个语文教师写作水平的高低。直接关系到他的教学质量，正如叶圣陶所云："惟有教师善读善写，乃能导引学生渐进于善读善写。"正因为如此，语文教师应当具有写一般文章的过硬本领，在审题、立意、选词、造句、谋篇等方面确有见解，用自己的体会把为文之道、行文之法给学生讲清楚。这样，才能有效地指导学生作文，帮助他们切实提高写作水平。为此，我坚持数年，经常写些教学心得、教材分析、教法探讨等方面的文章，在全国各地发表。常说口里顺，常写手不笨；常读胸中有本，常写笔下生花，的确如此。

青年教师朋友们，致天下之治在人才，成天下之才在教化，行教化之业在教师。我愿和你们共同勤学苦练，不断提高语文教学基本功，用以报效祖国，建设四化。

说东道西话备课

什么叫备课？《中国大百科全书》有明确定义："教师在上课前的教学准备"。教学是艺术，艺术必须千锤百炼，必须做认真的准备。有人说，在备课上多花点时间，如根上浇水；在课堂上靠增加学生负担提高教学质量，似叶上施肥。这话千真万确。

没备课或者备课不充分的教师不能进课堂。

记得我刚参加工作时，教三年级语文课。备课马马虎虎，有时抄起教材就去上课，碰钉子是常事。一次，我教"残酷"这个词，翻来覆去地讲"残是残忍的残，酷是酷虐的酷，残酷就是残忍酷虐的意思"，累得口干舌燥。下课了，学生把我团团围住，问："什么是残忍酷虐？"原来，我不讲学生还明白，我一讲他们反而糊涂了。讲课砸锅了，我十分懊恼。老校长看出了我的心思，说："讲课失败不要紧，要紧的是好好找一找原因。"接着他语重心长地给我讲了一个故事。一个画家去拜访阿道夫·门采尔，向他诉苦说："我真不明白，为什么我画一幅画只消一天工夫，可是卖

掉它却要等上整整一年。""请倒过来试试吧，亲爱的。"门采尔认真地说，"要是您花一年的功夫去画它，那么只用一天，就准能卖掉它了。"老校长也叫我"倒过来试试"。吃一堑，长一智。于是，我遵照老校长的指示，开始认真备课。在讲课之前，老校长还叮嘱我做好三件事：前一天，默演讲稿，组织语言，理清线索；前一小时，澄清过滤，去粗取精；临上课前十分钟，在脑子里过一次电影。只有这样，才能把教学对象、教学内容、教学语言、教学流程装在脑子里，记在心上，做到呼之即出。

现在，我深深体会到，要保质保量上好 40 分钟的课，最少要拿出三个 40 分钟的时间来备课，否则难以保证课的质量。备课是一种艰苦细致的创造性劳动，教材不经过自己一番咀嚼品味，就不能融会贯通。试想，一篇课文思想是他人的，语言是他人的，感情也是他人的，教者自己不甚了了，那么他执教时必然捉襟见肘，运转维艰，惝恍迷离。

谈到备课，我以为第一要务是备学生。

学生是重要的课程资源，他们的个性品质丰富多彩。为了"知己知彼"，我常常在新学期接新班一周内将每个新生的姓名、年龄、民族、家庭成员等有关情况以最快的速度记住、掌握学生这些自然情况，既是尊重他们，与其心心相印，又能调动他们的学习能动性，与其丝丝默契。否则，开学很长时间了，连自己学生的名字都叫不上来，岂不尴尬。在了解学生个人情况上，应该懂得，我们看到多少张不同的面孔，便应看到多少个不同的性格。教师若能把这个学生与那个学生加以区别，就如同区别他们的面孔一样，便算是真正对学生有所了解了。了解学生的有效途径和方法就是谈话。我与学生谈话有两种方式：一是邀请式谈话，二是随机性谈话。不管哪种谈话，我都把学生看成自己的知心朋友，做到感情亲切，态度和蔼，举止真实。《学记》说："知其心，然后能救其失也。"把学生的情况摸清楚了，就能在课堂教学中"对症下药"，因材施教。譬如，对学困生、贫困生、单亲子女及有特殊个性和心理的学生，尽量做到哪把钥匙开哪把锁。

备课时，进入学生角色，揣摩学生在学习课文时的感受和可能遇到的问题，一定做到目中有人。学生不是缩小的成人。儿童的世界带有自己鲜明的特点，他们观察世界、阅读文字、理解事物，有自己独特的角度和方式。鉴于此，我每次备课，都要反复问自己这样几个问题：学生读了这篇课文，最感兴趣的可能是哪几点？学生会以什么方式来理解课文的难点？学生是否喜欢我的这种设计？这种设计是否符合学生的学习水平和心理特点？其实，每个老师进入学生角色都有自己的方式，不一定像我这样问问题，但有一点是共同的：老师必须有一颗童心。正如叶圣陶先生所说的：只有老师像孩子一样，才能理解孩子。

当然了，备课也要备自己。要求学生读的我先读，要求学生背的我先背，要求学生写的我先写，要求学生做的我先做。在"下水"的过程中，来提高自己的语文能力。

就拿背诵课文来说吧，一套语文课本，就是一个琳琅满目的美的世界。论内容，古今中外名作荟萃，久经时间考验，历来脍炙人口；谈形式，有诗歌、散文、童话、寓言，新颖活泼，娱人耳目。游览语文课本，不难发现，凡名篇佳作之所以流芳后世，经久不衰，语言优美是重要的原因之一。小学语文教材，语言准确，鲜明生动，一句话，一个字，如珠落玉盘，流动自如，咀嚼起来，余味无穷。观有绘画色彩美，听有音乐韵律美，读有铿锵节奏美。我备课，总是从读入手，披文入情，先把课文背下来，然后沿波讨源。《燕子》一文中，有一段是描写燕子栖息情态的："嫩蓝的天空，几痕细线连于电杆之间，线上停着几个小黑点，那就是燕子。这多么像正待演奏的曲谱啊！"这是作者对燕子的赞美，同时，也是全文颇具魅力的收束。这段话设喻形象含蓄，富有神韵，它预示着行将到来的"百花争艳的盛会"，将使春意更浓，春光更美。在这支春的"交响曲"中，活泼可爱的小燕子是一个十分重要的"音符"。这篇课文既不是诗，也不是画，但读后却使人感到如诗如画。只有将其背下来，才能感到作者柔毫上蘸的不是墨，而是蘸着春的鲜艳色彩，对祖国的歌颂。

那么，备课从那入手呢？——读。我每备一课书，都是从读开始。或朗读，或默读，在吟咏中促使自己尽快进入作品之中。一读，感知课文内容；二读，研究文章题目；三读，抓住课后习题；四读，探讨作者思路；五读，咀嚼语言文字；六读，体会思想感情。在备课时，一篇文章读了这么几遍，就能基本上达到"其言皆若出于吾之口，其意皆若出于吾之心"的境界。例如我备《鸬鹚》这篇文章，首先是朗朗有声地读课文，反复地读，有滋有味地读。尤其是第二自然段："渔人忽然站起来，拿竹篙向船舷上一抹，这些水鸟都扑扑地钻进水里去了。湖面上荡起一圈圈粼粼的波纹，无数浪花在夕阳的柔光中跳跃。"一边朗读，一边品味，渐渐地，"一抹"这个词语跃入我的情感视野："一抹"表示渔人动作的轻捷，渔人对鸬鹚的爱护，鸬鹚和渔人配合的默契；"一抹"是湖面从静态到动态的开始，抹出了渔人劳动的欢乐

和丰收的喜悦……抓住"一抹"，也就抓住了这段文字的魂。

大声地诵读可以使自己进入一种忘我的状态，可以更好地感受语言文字的魅力所在。大声读之后，还要潜心默读，反复咀嚼，以期与作者思想感情产生更强烈的共鸣。例如，备《我的战友邱少云》这篇课文时，我反复默读，对"烈火在他身上烧了半个多钟头才渐渐地熄灭"和"看看时间，从发起冲锋到战斗结束，才 20 分钟"这两句话中的"才"字有了更深刻的理解。同样一个副词，前者表示时间长，后者表示时间短。这看似平常的两个"才"字，不仅在时间的长短上做了对比，更重要的是表现了人物的心理和感情。如果没有对课文反复地读，这种对语言文字独特而深刻的感悟是不可能有的。

我觉得备课从读入手，或者朗朗有声地读，或者默默无声地读，读得滚瓜烂熟，读得有滋有味，读得声情并茂，是不可或缺的关键一步。实际上这个做法并不新鲜，甚至显得有些"落伍"。但看一看现在一些青年教师的备课，我们就会感到，"老调重弹"大有必要。现在很多青年老师，拿到教材，课文还没有读透，就急急忙忙翻阅教参、搜寻各种资料，或者寻找有关名师的教案拿来照葫芦画瓢。这些做法无可厚非。"教参"和现成的"教案"不是不可以用，"天机云锦用在我，剪裁妙处非刀尺"，只是不能生搬硬套，必须用心剪裁，这才是正确的方法。但如果没有把读熟读透课文作为基础，课文外搜罗的东西再多，效果也不会好。

备课，不能仅仅着眼于当下执教的一篇篇课文，还应沿波讨源。因为一篇篇课文不过是语言文字大树上的一枝一叶，要想把这一枝一叶研究透彻，不把关注的目光投向大树，那是不可能的。备课时，我尽量多看一些参考资料，有原著的一定要读原著。教《少年闰土》，我读鲁迅的《故乡》；教《草船借箭》，我读罗贯中的《三国演义》……这样再来研究教材就能居高临下，把握全局。

我备课总是要多问几个为什么，知其意，明其理，虽然这些隐藏得很深的"意"和"理"不一定全部传递给孩子。1958 年我国有过一段不切实际的浮夸风，造成国民经济的比例失调。叶圣陶先生写了一篇借物抒情的散文《爬山虎》，赞扬爬山虎脚踏实地，不屈不挠，在奋进中展现力量。后来，《爬山虎》经过改动选入小学语文课本，其题目改为《爬山虎的脚》。很多老师把它当成一篇常识性的课文来教，这和《爬山虎》的原意相距甚远。联系《那片绿绿的爬山虎》，其中分明写着："'是的，那是前几年写的呢！'说着，他眯起眼睛也望望窗外那爬山虎。我不知那一刻老先生想起的是什么。"课文的结尾"那片爬山虎总是那么绿着",不正是对人格力量的礼赞吗！可见，了解时代背景、作者创作的意图、作品的时代意义，才能知人论世，见微知著，不然，备课又何以谈得上广度和深度。

《草原》一文中有"一碧千里"一词，一位教者把这个词讲成"好远好远，一眼望去，绿得很呀"。其实"千里"在此不是指距离，而是指面积；"一"不是量词而是副词，当"全""都"讲；"一碧千里"是"千里一碧"的倒装。

再以"秉烛夜游"这个词语来说，一位教者望文生义，把"烛"解为蜡烛，显然是不知道这个词语出自曹丕的《与吴质书》。此"烛"实际指的是灯笼、火把。

再如李白的《早发白帝城》中"千里江陵一日还"的"还"字，一些注释都解为"回来""回到"。结合这首诗的写作时间，李白当时正在流放途中，忽遇大赦，一个"还"字包含了多少重获自由的喜悦、兴奋的感情。再结合郦道元的"朝发白帝，暮至江陵"的名句，将"还"字讲成"到达"更能表达江水急和诗人急切摆脱羁绊的心情。

准备了这么多内容，不能一下子都塞给学生，其中很大一部分是教师自己掌握的。只有居高临下，才能势如破竹。"任你弱水三千，我自取一瓢饮。"在讲课时，我每每披沙拣金，备多用寡，力求把握特点，突出重点，突破难点，克服弱点，攻其一点，让学生获得真知。就拿《那片绿绿的爬山虎》这篇课文来说吧，从字、词、句、篇，到语、修、逻、文，从听、说、读、写，到知、情、意、行，不能不分巨细一股脑都让学生理解和掌握。因为教材内容和教学内容是两码事。教材内容是教学内容的基本源泉。教学内容并不等于教材内容，教学内容是对教材内容进行精选、调整、加工和提炼的结果。另外，不能把教学重点单纯地理解为教学内容上的，即知识、技能上的重点，它同时还应作为训练学生智力活动方法的重点。基于上述这些认识，依据《语文课程标准（2011 版）》第三学段阅读和习作的有关要求，以及学生心理、年龄特点，考虑这是一篇讲读课文，结合单元和课文的训练重点，我紧紧抓住文中"受益匪浅"这个词语，对学生进行品味词句、领悟情感的学法指导，培养学生修改自己习作的习惯。我是这样制定教学目标的：（1）自学本课生字，理解词句，能用"受益匪浅""堪称楷模"词语造句；（2）有感情地朗读课文，从叶圣陶认真修改一个中学生的习作这件事得到启发，养成认真修改习作的习惯；（3）以叶圣陶修改的《一张画像》为例，学习修改习作的方法。

最后，我还想说说写教案。

我初为人师时，在一所农村小学教语文。时任校长是一位女性，姓庞，五十多岁，皮肤白皙，微胖。这位校长从来不检查老师的备课笔记，但天天都听我们的课。下课后，她总是从教师教得是否有效、学生学得是否愉快来和大家交换意见。为了把课上好，不让校长挑出毛病，我认真钻研教材，全面了解学生，仔细考虑教法，将大量的笔墨落在书上，在教材的天头地脚和字里行间进行圈、点、批、注、勾、画。诸如作者介绍、正音正字、词语解释、段落划分、中心思想、板书设计，以及富有启发性的提问，统统被我写在书上。有时教材空白处写满了，我就在每篇课文的后面粘贴活页。一学期下来，一本书加厚了两三倍，里边密密麻麻都是我的手迹。拿着这样的教材去上课，看一眼一目了然，讲起课来得心应手。

有一次，庞校长一反常态，突然要看我们的备课笔记，说是近日县教育局领导要来学校检查教学工作。无奈，我只好把课本呈上。第二天，全校的备课笔记发下来了，庞校长在我的语文书上用红笔写了二十个字："新颖独特，彰显个性，以简驭繁，操作性强，妙不可言。"不久，庞校长退休了，但是，我却养成了在书上备课的习惯，并且奉为圭臬，一直延续到如今。

在书上备课，我把它看作是一种勇气和尝试，是向重数量轻质量、重格式轻内容、重统一轻创新的八股式文牍教案的挑战。当然，这种做法还值得讨论，但对我来说至少要坚持下去。

毋庸讳言，"教师累，学生苦，负担重，效率低，能力差"是长期以来困扰小学语文教育的一大难题，其实，解放和松绑教师，课堂教学满盘皆活。现在很多教师都是戴着枷锁跳舞，由于形式主义和烦琐哲学作祟，他们每天都在重复着千人一面、千课一式的抄写教案的劳动。"年年岁岁教此课，岁岁年年都一样"，浪费时间，消耗精力，我实在看不惯。我的妻子也是小学教师。不久前的一天晚上，我看完了电视，正想躺下休息，只见她还在灯下奋笔疾书呢。我感到奇怪，问道："你在写什么？"她百无聊赖地答道："备课。"我走到妻子身旁，一边给她轻轻按摩双肩，一边关心地问道："这节课什么时间讲？"妻子漫不经心地说："上周就讲完了。"我不解地问道："你怎么才备课？"她苦笑着说："我把课备在两张纸上了，明天校长要检查备课笔记，我的备课薄上少一节。趁你看电视，我把它补上，不然，学校要扣分的。"我说："你这样做，是戴草帽打伞——多此一举。与其重抄教案，倒不如写点教后反思。"妻子表示无可奈何。

编写教案是教师备课的最后一道工序，也是备课信息经过加工后输出的过程。教案的编写要因人而异，因课而异，因时而异，应当考虑变化性，灵活运用，避免死板教条。教无定法，学无定法，写教案也是如此。学校不必统一格式，更不必统一标准，按照新课程理念，解放老师的双手，给他们一点自主权。

老校长的三句话

45年前，那时我刚"出道"，我的课堂教学显得特别青涩，不会上课，不懂方法，一切对我来说都是陌生的。老校长见状，语重心长地对我说了三句话，这三句话至今我还记忆犹新。

第一句话——让学生静下来再上课。

上课铃声响了，孩子像野马归槽一样跑进教室。你看：他们有的小脸通红，热汗涔涔；有的撅着小嘴，面带愠色；有的兴高采烈，手舞足蹈；有的耷拉个脑袋，无精打采。此时的课堂就像市场一样，乱哄哄的，学生一时难以平静下来。在这种状况下，我开始上课了，其教学效果是可想而知的。

记得铩羽后回到办公室，老校长来到我身边，拉着我的手说，吃一堑，长一智，不要灰心。遇到这种情况，你不能马上拿起教案、粉笔、课本、教具走进教室，匆匆忙忙去上课。这时，须整装，轻轻推门进教室。入屋，先在门口注目全班学生，以安定情绪，吸引注意力。然后走上讲台，让自己尽量做到神情亲切、庄重、肃穆。站定后，用一个期待的眼神或一句巧妙的语言来组织教学。有时也可以简要地肯定学生的表现，提出学习的要求，运用语言的感召力，激发学生的情感，促使他们产生努力达到目标的学习欲望和兴趣，从而调动学生的有意注意。或者站在讲台上，环视教室，稍微停一下，这样也会使嘈杂的教室顿时安静下来，这叫"此时无声胜有声"。总之，一句话，让学生静下来再上课。

后来，我学习诸子百家，对老校长这番话有了进一步的认识。朱熹曾说："入学工夫，须是静坐。静坐则本源已定，虽不免逐物，及收归来，也有个安顿处。"在读书学习之前，人的思绪和情感是纷繁芜杂的，呼吸之间的节奏也是比较紊乱的，内

心也安定不下来。如果气息和心神未定即开始上课，其成效就会大打折扣，甚至徒劳无功。让学生在上课之前静坐一会儿，就能起到平和气息、收敛身心和聚会精神之效。

第二句话——出现偶发事件莫慌张。

教研会上，老校长讲了这样一个故事。

在镇中心小学礼堂，一位老师给一年级小学生讲骆宾王的《鹅》。课堂上，高潮迭起，教学非常顺利。就在这时，这位老师眼睛一扫，发现一个小男孩儿目光不在书上，总是向外张望。小男孩在看什么呢？一片疑云涌上他的心头，原来礼堂外面的窗台上蹲着一只瑟瑟发抖的小花猫。心不在焉的小男孩儿，左瞧瞧，右望望，实在坐不住了，突然站起来打开窗户，随着一股寒风，小花猫"嗖"的一声窜入室内，在学生中间跑来跑去，并且"喵喵"地叫个不停。顿时，课堂乱成了一锅粥。见此情景，这位老师让那个小男孩儿迅速地抓住小花猫，放在讲台上，请同学们仔细观察这个可爱的小精灵。然后，他用微笑的目光看着那个小男孩儿说道："脚穿钉鞋行无声，不爱吃素爱吃腥。白天无事打瞌睡，夜晚捕鼠逞英雄。你知道是什么吗？"小男孩儿沉下了头，脸红红的，不好意思地说："猫。"随即，这位老师在黑板上写了一个"猫"字，再注上汉语拼音，领着学生读了三遍，并提醒大家："这个'猫'字就是咱们明天要学的《小猫钓鱼》的'猫'，记住了吗？"同学们异口同声地说："记住了！"接着，这位老师继续领着学生学习骆宾王的《鹅》。

老校长说，这节课上得好，好就好在偶发事件出现时，这位老师不乱方寸，因势利导，对事件处理得适度、适时、方法巧、时机巧、巧中见奇、奇中见功。在正迁移中，学生学到了更多的知识，在潜移默化中，学生受到了思想教育。

之后，我在一本《教育学》上，对这个故事得到了理论上的印证。

课堂教学是一种极其复杂的创造性劳动，是师生交往互动、心灵对话的过程，具有动态生成的特点。课堂教学绝不是导演下的剧本排练，教师的教学设想，在非常复杂、变动不居中，会有多种发展可能。它像大海永远变幻，就是在宁谧的时候，也孕育着丰富多姿的波澜。在瞬息万变的课堂教学中，随时有可能发生意料不到的各种事情，它需要教师正确而迅速地做出判断，化消极为积极，化对立为和谐，化偶然为必然。为此，教师要重视偶发事件的成因，灵活地加以妥善化解，正所谓"阵而后战，兵法之常，运用之妙，存乎一心"。

第三句话——精心掌控时间忌拖堂。

一日，我跟老校长聊天，无意中谈到了我小时候一件尴尬的事情。

我上小学三年级时，新学期，新老师，新课本，课堂上一片新感觉。教我们语文的是新毕业的大学生，他，大高个，近视眼，说话声音洪亮且带手势。一节课40分钟，或讲解，或朗读，或提问，或板书，这位新老师非常卖力气。下课铃声已响，他还在兴头上，刹不住"车"，全然不顾学生。此时，我要如厕，可是，老师还在洋洋洒洒地一味道来。我急得直搓手，直跺脚，不敢吱声。"不知东方之既白"，待到下一节老师推门入室，他才如梦初醒，面有愧色。就在这时候，我的一泡尿便撒在裤兜子里，顿时地上出现了一幅"大地图"，同桌大笑，全班哗然，我无地自容，便"哇"的一声哭起来。

听到这里，老校长哈哈大笑起来，他说，你可要记住这泡"尿"的教训，在教学中，精心掌控时间，切忌拖堂。为了不拖堂，上课时尽量做到像古人论述写文章有"凤头、猪肚、豹尾"之说那样，开头要美丽，中间要浩荡，结尾要响亮。就拿结课来说吧，一定要突出两个字，一个是"短"，另一个是"快"。短——言语不烦，干净利落，在一个短暂的时间内，用尽量少的话语使讲课的主题得到升华；快——快刀斩乱麻，紧扣目标，提纲挈领，画龙点睛，严格掌握时间，按时下课。如果确因某种情况实在讲不完，我就来一个像古典小说那样，"欲知后事如何，且听下回分解"，让学生带着问题下课，使他们欲罢不能，课后自己去思考。

上课，上的是生命。让学生静下来再上课，出现偶发事件莫慌张，精心掌控时间忌拖堂。这三句话看似简单，但做起来并不容易。45年过去了，我一直把老校长的这三句话奉为圭臬，并作为教学艺术去追求。

书房·课堂·文章

江南出才子，湘蜀多豪杰，一方水土养一方人。在江浙一带几所名校里，行走着这样三位校长——王崧舟、孙双金、薛法根，他们都是"60后"的，且在全国小语界享有盛誉的特级教师。

我喜欢他们，喜欢他们什么呢？喜欢王崧舟的书房，喜欢孙双金的课堂，喜欢

薛法根的文章。

先说说王崧舟的书房。

王崧舟是杭州市拱宸桥小学的校长。他亦剑亦气，酷爱语文，出经入史，博览群书。他家有一间书房，东南是一幅环形落地的玻璃窗，其余三面都是从上至下的书墙。书房里，他拟了一副对联。上联是，明月一帘无心照；下联是，诗书半斋随意读。若不出去讲学，那么每个晚上，他就会沉浸于此，不抽烟、不喝酒、不应酬。十数年来，一向如此。

在阅读上，王崧舟自称是个典型的杂家。他既读入世的书，如傅佩荣的《哲学人生》，也读出世的书，如六祖惠能的《坛经》；既读教育类的书，如苏霍姆林斯基的《怎样培养真正的人》，也读非教育类的书，如范曾的《吟赏风雅》；既读流行的书，如于丹的《论语心得》，也读不流行的书，如汪荣祖的《史学九章》；既读语文课程类的书，如潘新和的《语文：表现与存在》，也读非语文专业的书，如兰色姆的《新批评》。在古典文学方面，王崧舟偏爱《红楼梦》，在他的书房里，有关"红学"的书籍就整整占了一个书柜，诸如《脂砚斋重评石头记》的甲戌本、庚辰本、戚序本，还有冯其庸、王蒙的点评本，张爱玲的《红楼梦魇》、刘心武的《揭秘红楼梦》等。至于中国古代术数类的书，如《周易》《三命通会》《邵子神数》《奇门遁甲》等，在他的书房里也是应有尽有。有人说，读诗如饮酒，读散文如品茶，读小说如享佳肴，读历史如聆听沧桑老人漫话如烟往事，读哲学如对视一双深邃的眼睛，目光如炬，烛照灵魂。王崧舟的感觉，确实是这样。读书是一天也不能断流的小溪，它充实着王崧舟思想的河流。"一字一世界，一书一天堂，无意证菩提，随性见慧光。"学养、涵养、修养提高了，才使得他的"诗意语文"教学流派叫响全国。

2008年夏天，我在哈尔滨工人文化宫听王崧舟一节语文课。他的课举重若轻、诗情洋溢、浑厚大气，举手投足自有一种文人的味道。听他的课，既是一场思想盛宴，更是一次精神享受。同年秋天，我们又在山西太原相见，与武凤霞同台培训教师。他的讲座，妙语连珠，如行云流水，令台下千余名听众为之倾倒。王崧舟知识渊博，阅历丰富，他的底蕴是靠书堆起来的。他说："读书，改变的不仅仅是我的生活方式，同时也深刻地改变了我的思维方式、情感方式甚至精神存在的方式。"说得多深刻呀！

王崧舟是小学语文界极具个性的人，他的过人之处在哪儿呢？就在于他拥有一间属于自己的书房，他的书房是一道亮丽的风景线。在书香四溢中，他追逐着心中的梦。

再说说孙双金的课堂。

孙双金是南京市北京东路小学的校长。有人这样评价他："孙老师站在讲台前风度翩翩，光彩照人，他出众的才华、缜密的思维以及与学生之间特有的默契，把教学活动引入艺术的殿堂。听他的课是一种艺术的享受。"果真如此吗？请看《只拣儿童多处行》的教学。

清脆的上课铃声响起，孙双金扶了扶架在鼻梁上的宽边眼镜，右手轻轻一点，欢快的音乐《春天在哪里》响起来了。美丽的画面、动人的歌曲把学生一下子带进了明媚的春光里。音乐结束了，他用好听的男中音开始了与学生的谈话："春天来了，你们到哪里去找春天呢？"一双双胖乎乎的小手举起来了，有的说去田野里找，有的说到草地上找，有的说在校园中找……无论是谁，无论说得怎样，只要发言，他总是专心地听，从不随意打断学生。

学生初读课文之后，孙双金提出几个问题：一位62岁的老人，到大自然去寻找春天，为什么不走清静的地方，而只拣儿童多处行呢？"儿童多处"又有什么特别的呢？文中哪些地方写了冰心奶奶只拣儿童多处"行"呢？冰心奶奶为什么只拣儿童多处"行"呢？然后给学生充足的时间读书、讨论、感悟和体会。此时课堂上，书声琅琅，议论纷纷。孙双金一会儿俯下身子听听这组的讨论，一会儿问问那组的想法，一会儿夸夸这个学生"独具慧眼"，一会儿夸夸那个学生"火眼金睛"。在他的启发下，学生边读边悟，纷纷说出自己的感受：因为儿童多的地方，往往是春光最美丽的地方；因为儿童是朝气蓬勃的，是快乐的小天使；因为儿童充满活力，是春天的使者，他告诉我们春天来了……学生边说，孙双金边板书：儿童多处春光美，儿童是春天的使者，儿童是人间最美的春光。

接下来，孙双金朗读冰心的《雨后》和《小白船》，让学生感悟冰心那颗博大深厚的爱心。伴着优美的音乐，那浑厚而有磁性的音质、富有感染力的语言，回荡在教室里，紧紧地抓住了孩子的心，给人留下了深刻的印象。紧接着，屏幕上出现了巴金评价冰心的一段话："一代代的青年读到冰心的书，懂得了爱：爱星星，爱大海，爱祖国，爱一切美好的事物。"最后，孙双金用力地在课题的后面写了一个大大的"爱"字，教学戛然而止。

这节课赢得了满堂彩。课上，冰心活了，学生活了。一位听课的老师激动地说："教师的生命在课堂，这样的课堂才是生命迸射的课堂。听完这节课，我最大的感受就是真想好好去读一读冰心，了解这位了不起的百岁老人。"

名医一把刀，名厨一道菜，名角一出戏，名师一堂课。孙双金的课堂，既是本色的课堂，又是艺术的课堂，更是智慧的课堂。人即课，课即人，要上好课，要有扎实的功底、精彩的设计和真挚的情感。孙双金确实做到了。

孙双金常说，他的成功归功于课堂，课堂是他安身立命的根。早在 1989 年，他在成都就获得了全国阅读教学比赛一等奖，他教的是《白杨》。那"白杨"深深地扎根于每个听课教师的心中，孙双金也由此名扬全国，那时他才 27 岁。

最后说说薛法根的文章。

薛法根是苏州市盛泽实验小学的校长。一次，《现代教育报》副总编辑、资深教育记者雷玲采访名师管建刚，问他："对你影响最大的教育人是谁?"管建刚答道："薛法根。"2013 年，管建刚出版了《教师成长的秘密》，这是《不做教书匠》的姊妹篇。书中有这样一句话："吴江没有薛法根，一定没有管建刚。"管建刚与薛法根同乡，都是吴江人，他最佩服的是薛法根的教育写作，认为写教育随笔是教师最经济的成长方式。薛法根之所以是薛法根，就在于他坚持写教育随笔，就像吃饭喝水那样自然。他说："最能体现一个人真性情的，往往不是冥思苦想后所作的长篇大论，而是闲来无事、有感而发的随笔小文。"为此，夜深人静时，薛法根总是在灯下或敲打键盘，或奋笔疾书，记录当天的教育喜悦、教育烦恼、教育小失败、教育小智慧。一天天的记录，使得薛法根有了一份"才下眉头，却上心头"的教育痴狂。这一个又一个有意思的教育故事，让薛法根从"平凡"走向了"优秀"，又从"优秀"走向了"卓越"。三十岁他便评上了特教教师，之后又获得全国模范教师、全国"十杰教师"提名奖等荣誉，被评为 2007 年度"中国小语年度人物"。

于永正是薛法根的好朋友，请看他俩的对话：

"这样的随笔大约写了多少?"于永正问。

"印出来的话，也有一米厚了。"薛法根答。

"等身了，怎么没见发表啊?"于永正又问。

"都是自己粗浅的思考。我写东西是一种习惯——一种思考的习惯。写，是为了使思考深入一些，也是为了记住一些经验和教训，尤其是教训。不写，有些失误可能就马虎过去了。思考了，可能就变成智慧。"薛法根答道。

薛法根喜欢将自己一闪而过的想法，及时记录在本子上；将平时在校园中看到的现象、发现的问题，用简略的文字写下来，并做出自己的思考；将阅读书报时看到的精彩的言论，随手记下来，并加以归类与整理；备课时遇到的难题，有时在睡觉时突然有了灵感，想出了妙招，也会从被窝里爬出来写一写。没有记录，就没有真正的研究；没有研究，也就不会有真正的进步，这就是薛法根的观点。

薛法根教育写作，由"点"的起步，到"线"的铺开，再到"面"的突破，坚持了数年。2014年，他的又一本新作《做一个大写的教师》问世了。本书六十多篇教育随笔，真实地再现了一位特级教师专业成长的精神之旅。《教育的闲适》《不妨做个"教书匠"》《教育的名字叫"智慧"》《书不读三遍就没有发言权》《作文就是对话》《尴尬的朗读教学》，等等。读了这些文章，大有"眼前直下三千字，胸次全无半点尘"之感。跟随他的思想脚步，你会走入新的教育境界。

由艺谚想到的

我国民间文学宝库中的谚语，像一串串明珠，瑰丽多姿、光彩夺目。谚语中有一部分是艺谚，它科学地总结了前人艺术实践的经验，概括了艺人谈艺的精华和卓见。其中有些艺谚韵味隽永，言简意赅，可以借鉴到语文教学中来。下面采撷几条，结合文艺家轶事，略陈己见。

一、台上一分钟，台下十年功

程砚秋是著名的京剧表演艺术家。一天，他在北京前门大街看见几个人抬轿子，脚步走的十分稳健和谐。他心想：如果京剧青衣的台步能走得这样稳，那该多好啊！回家后，他立即在院子里练开了。他头顶一碗水，一步一步地练，累得腰酸背痛，还是走得不像样。可是他仍不懈劲，坚持苦练，每天走几十次，上百次。经过半年多的时间，程砚秋终于达到了能行走如飞而滴水不洒的程度，创造了一套稳重、端庄、灵活的台步，为表演增添了不少美感。

如果说唱、念、做、打是戏曲演员的基本功的话，那么听、说、读、写则是语

文教师的基本功。语文教学的根本目的就是使学生掌握语文知识，形成语文能力。因此，从事语文教学特别需要一套足为范式的语文能力，那就是：听能得要领，说能得人心，读能得真谛，写能得佳文。要想在那三尺讲台 40 分钟有限的空间和时间内，达到纵横捭阖、游刃有余那完美的境界，实现理想的创造，需要教师不断努力、不断求索，否则，名优教师的桂冠与你无缘。

二、演戏碰了钉，方知艺不精

抗战刚结束，著名评剧演员新凤霞在青岛演《法门寺》，她饰戏中的赵廉。由于一时疏忽，把戏演砸了，台下喝起倒彩声。新凤霞从小就有犟脾气，"哪里丢了哪里找"。她在《法门寺》这出戏上栽了，硬要在这出戏上挽回影响。从此，她硬功夫学练上马、抖袖、捋髯、甩发、台步，早晨起来就穿上厚靴子，苦学苦练。功夫不亏人，不久她又演《法门寺》，因为功夫扎实，博得了满堂彩声。

教学千古事，得失寸心知。我们上课不可能堂堂成功。由于种种原因把课上"砸"了，学生或昏昏欲睡，或无精打采，教学气氛呆滞沉闷，教师自己也怅然所失，感到有说不出来的遗憾。"教然后知困"，"知困，然后能自强也"。一些在教学艺术领域不懈地追求、不断进取的教师必然在遗憾中反思，在遗憾中积累，在遗憾中苦练，在遗憾中提高。

三、十戏九不同，追求贵在恒

一代京剧表演大师梅兰芳在演出《霸王别姬》的过程中，由于对戏剧情节和角色性格认识上的不断深化，曾对表演细节做过多次改进，达到了精益求精的程度。例如《巡营》一场，项羽在帐中休息，更夫在营外巡更。初演时，虞姬在这里作睡态。后来他觉得项羽进帐前曾嘱咐过虞姬："妃子，你要惊醒了！"于是改为坐在那里守卫着。看来，这种处理更合乎情理，更符合艺术的真实。

艺无定法，技无定规。语文教学的生命在于创造，"年年岁岁教此课，岁岁年年法不同"就是这个道理。比如，适合朗读的文章，就可以让学生去读；需要讲解的文章，就可以大胆去讲；适合自学的文章，就可以放手让学生自己去看；较为浅显的文章，可以来个浅文深教；比较艰深的文章，也可以深文浅教；篇幅较长的文章，可以长文短教；短小精悍的文章，可以细嚼慢咽。总之，教师要根据所教课文的特点确定教师的教法和学生的学法。只有辩证施教，才能克服千课一式，千人一面的程式化的弊端，使语文教学虎虎有生气。

贾志敏的拿手绝活

在全国小语界，贾志敏是一个响亮的名字。这位年近80岁且身患重病的老人，为祖国语文的健康与发展不断奔波、劳顿，真可谓"春蚕到死丝方尽，蜡炬成灰泪始干"。

了解贾老师的人都知道，他的语文课朴实无华到了极致，一支粉笔，一块黑板，一张嘴巴，如此而已。就在这本真、简约、灵动的课堂上，他有一项独门绝技，那就是眼观六路耳听八方，在转瞬即逝的学生发言中，能及时捕捉到语病，并给予准确的纠正。如此敏锐的语感，令人叹服。

请看贾老师执教二年级的《居里夫人小时候》一课，指导学生用"挑选"造句的一个教学片段。

师：小朋友，句子造好了吗？谁愿意把造好的句子念给大家听一听？

生：（念）小华挑选了两个最大的苹果送给爷爷、奶奶吃。

师：大家说，这个句子造得好不好？

生：（齐）好！

师：是吗？我看这个句子有点儿毛病。（老师又把刚才学生造的句子复述了一遍）谁能把毛病找出来改一改？

（全班学生无一举手）

师："两个最大的苹果"？"最大的"只能有一个呀！

生：（恍然大悟）把"两个"改为"一个"——小华挑选了一个最大的苹果送给爷爷、奶奶吃。

师：（微笑地）爷爷、奶奶吃一个苹果，显得小华多小气呀！再说，两人吃一个，你咬一口，我咬一口，也不卫生呀。（生笑）能不能把"最"字去掉，再换一个词语呢？

生：小华挑选了两个又大又红的苹果送给爷爷、奶奶吃。

师：改得多好啊！送给爷爷、奶奶两个又大又红的苹果，一人一个，可见小华的一片孝心。

北京市东城区小学语文教研员吴琳是贾老师的弟子，她讲了这样一个故事。有一次，杂志社要刊登吴琳写贾老师的一篇文章。由于贾老师年纪大了，视力不好，在发稿前她一句句念给贾老师听。当读到最后一句"贾老师以丰厚的文化底蕴、出色的创造才能和高尚无私的品德，谱写了他美丽的教育人生"时，贾老师突然说："我还没死呢！"吴琳一头雾水。贾老师说："把'了'字改成'着'。"吴琳恍然大悟，羞愧难当。用她的话说，真是一字之差，失之千里啊！

语感是比较直接、迅速地感悟语言文字的能力，是语文水平的重要组成部分。它是对语言文字分析、理解、体会、吸收全过程的高度浓缩。语感是一种经验色彩很浓的能力，其中牵涉到学习经验、生活经验、心理经验、情感经验，包含着理解能力、判断能力、联想能力等诸多因素。

境界咸归书本，乾坤自在学堂。贾老师极佳的语感能力，与他长期大量的阅读分不开。贾老师订了不少报刊，即便退休了，他每天从早上起了，就坐进书房，一天要读书、写作近十小时，真可谓台上一分钟，台下十年功，修炼功夫全在诗外。

看看周遭的青年语文教师，有这样看家本领的人简直太少了。课堂上，学生发言有语病，老师听不出来，即使听出来了，也不能及时纠正，习惯用一个"好"字让学生坐下；批改中，学生作文有语病，老师看不出来，即使发现了，也不能准确修改，习惯用一个"阅"字一笔带过。"好"也罢，"阅"也罢，都是语感能力太差的表现，不得已而为之。语文教师其实是一名"语言教练"，也是一名"语言医生"，咬文嚼字是基本功。要想练就摆弄文字过硬的本领，必须天天做课，日日练功，否则是不能登堂入室的，正所谓"要学惊人艺，须下死功夫"。

师天下者天下之师，法万物者万物之法。向贾老师学习吧，以身相许教语文，身怀绝技教语文，名师的梦想一定会实现的！

跟于永正老师学范读

在《做一个学生喜欢的老师》一书中，于永正写道："学生喜欢我的课的一个重要原因，是我'朗读得好'（学生语）。"名师周一贯不止一次地说："听了于永正的朗读，至少可以少讲三分之一。"从朗读作用的角度讲，此话一点也不为过。好的范读能够真实地、生动地表达出课文的思想内容，创造性地再现课文中各种人物的性格，把学生带到课文所描写的境界中去，引起想象，激发情感，加深印象。请看于老师教学《高尔基和他的儿子》的片段。

师：想不想听于老师来读？

生：想。

师：听一听于老师读的和同学们读的有什么不同，仔细听。

（教师范读课文，学生鼓掌。）

师：谢谢同学们的鼓励。再听一遍，这一遍不看书，看于老师的脸。为什么看于老师的脸呢？因为脸上有表情。表情表情，能表情达意，表达感情，一边听一边看于老师脸上的表情。

（教师表情丰富地朗读课文，全场鼓掌。）

师：于老师读的和你们读的有什么不同？

生：老师读得有感情。

师：谢谢！

生：您读得有一种亲切感。

师：能听出"亲切"二字不得了，握手。这儿的同学交流一下。（去另一组。）

生：读得很自然。

师：语气很自然，是吧？谢谢。不过我要告诉你，这点是跟他们学的。（教师指刚才朗读的学生。）

生：段与段之间有充分隔离。

师：不仅段与段之间有较长的时间隔离，而且……

生：句与句之间也有。

师：握手啊，你很厉害，这课我在三个班上过，没有一个学生听出这一点来，你听出来了。于老师读的句号停顿时间比较长，段与段之间停顿更长，记住啊，要学老师这一点，注意停顿。不过这一点不是马上能学会的，要慢慢练习。

生：您脸上的表情很丰富。

师：握手！

（该学生伸左手。）

师：伸右手，左手不礼貌。表情是表达感情的，这很重要。谢谢大家的鼓励。

从这一教学片段不难看出，于老师确实很会范读。在理解课文内容、感悟文章情感的基础上，指导朗读技巧，停顿、语速、语调都让学生在比较与练习中自己悟得。肌理清晰，充满智慧，颇具章法，不愧为语文大家。

在于老师的语文教学中，"范读"是不可或缺的重要环节。他认为，教师的范读是任何录音都替代不了的，具有看得见、摸得着、有温度的示范效果。我曾多次观摩过于老师的示范课，他范读时间大体可分为课始、课中、课末三个阶段。课始范读一般是读全篇，目的是帮助学生感知课文内容。这时的范读平稳、慢速，让学生边听边想，尽量与学生思维同步。课中范读一般是读片段，目的是指导学生掌握课文的重点和精华。这时的范读，他经常插入精要的评点和提示，以便加深对课文内容和读法的体味。课末的范读一般也是读全篇，目的是指导学生欣赏课文，提高鉴赏能力。这时的范读，声情并茂，读出形，读出情，读出神，读出教师的鲜明个性。这正是，范读犹如登山。课始范读，像在山底，仰望山势，目有全貌；课中范读，像在山腰，流连一石一涧，一草一木；课末范读，像在山顶，举目远眺，悠然自得。

范读，这是语文教师最见功底、也是最显才情的事之一。走进新课改十多年了，不知为什么，在课堂上很少看见教师的范读，取而代之的是播放名家的朗读录音。是不会还是不敢？不会不要紧，不敢也不要紧，跟于永正老师学习，听他是怎么说的："我的朗读能力一半是听来的，一半是跟着老师、播音员练出来的。听别人读非常重要。然后跟着模仿，一句一句地学。模仿到一定程度，他们的语气、语调乃至情感，便化为自己的了。再加上备课时认真的练习，所以朗读水平日渐提高。"经验之谈，说得多好，值得深思。

最后，模仿郑燮《咏竹》诗，写下四句话，与广大青年教师共勉：

咬定范读不放松，
立根原在备课中。
年年月月反复练，
不信教坛无东风！

听于永正唱京剧有感

我早就知道于永正会唱京剧，他宗梅派，唱的是旦角。2002 年 10 月 20 日他在杭州上的《梅兰芳学艺》，有两个教学环节给我留下了深刻印象。

镜头一：

上课伊始，于老师便对学生说："我知道你们都很喜欢听音乐，今天我要让同学们听一段京戏。"于是就播放了梅兰芳在《宇宙锋》中的几句唱词。优美动人的旋律，独具韵味的唱腔，激起了学生极大的兴趣。老师问："好听吗？"学生都说："好听。""你们知道这是谁唱的吗？""梅兰芳。"于老师在屏幕上打出梅兰芳的大幅照片，说："这就是梅兰芳。他是四大名旦之一，是著名的京剧大师。他的戏唱得这么棒，是勤学苦练的结果。他九岁那年，跟一个姓吴的师傅学戏。师傅说他眼睛没神儿，不是唱戏的料子。他没有灰心，下决心练好基本功，终于成为世界闻名的京剧艺术大师。想不想知道他是怎样唱戏的？""想！"一段唱腔，一幅照片，几句颇能勾起悬念的开场白，激起了学生学习这篇课文的兴趣。

镜头二：

课快要结束的时候，于老师说："我从小就喜欢京戏，二三年级刚开始学的时候，老师也说我的嗓音不好，声音不亮。但是我不服气，我反复地练习，唱了一遍又一遍，后来老师夸我说，于永正，你唱得还真行！你们想不想听我唱？"学生说："想！"接着，于老师唱了梅兰芳代表剧目《霸王别姬》中的南梆子"看大王在帐中和衣睡稳"唱段。他嗓音脆亮，甜美，这种以假乱真的男喉女声赢得了听课的老师和同学们的热烈掌声。

京剧是浓缩的生活，浓缩的历史。作为国粹，京剧代表中国传统人文精神的一种艺术形式。一段京剧唱词就是一首优美的诗，一部京剧大戏就是一本东方美学的书。博大精深的京剧给了于老师很多灵性和悟性。他说："如果我身上有一点灵性，比别人多一点悟性，我想，与我学京胡唱京剧、热爱艺术有很大关系。"于老师与京戏结缘，提高了他的艺术修养，使他具备了演员的某些素质。这种素质又无形中渗透到了语文教学之中，使他的语文教学有了更大的成就。

由此我想到，语文教师除了语文教学之外，还应该多懂得点艺术，如书法、绘画、音乐、舞蹈、戏剧、曲艺、电影等。语文教学不仅是知识与能力的传授、培养过程，也是进行审美教育的过程。在教学过程中，师生的审美活动贯穿始终。教材及生活是美的源泉，教师则是美的使者。教师具备了一定的艺术修养，极利于陶冶情操，开发智力，培养意志，增进健美，能潜移默化地给学生以美的熏陶。否则，教师备课就挖掘不出美，讲课就传达不出美，就无法以美启真、以美怡情、以美育人，只能机械地肢解课文，从而严重损伤语文教育特有的美。

使用教学参考书有门道

日前，我到一所小学听了两节二年级语文课，两位教者讲的都是《黄果树瀑布》。

第一位教者首先用谜语导入新课："悬崖挂块大白布，千手万脚捉不住。远听千军万马吼，近看银泉飞下谷。"然后引导学生采用默读、轮读、分组读、赛读的形式熟读课文。接着角色表演，学生当小导游，举着导游旗，用自己的话向"游客"介绍黄果树瀑布的水帘洞。最后，检查识字，推荐阅读叶圣陶先生创作的诗歌《瀑布》。

第二位教者如法炮制，也是用谜语导入新课，接下来的教学环节与流程和第一位教者一模一样，甚至教学用语也毫无二致。

这两节课对学生来说无所谓，两个班教学效果都一样，阅读课文是对主体课文的补充、丰富和发展，这样的设计倒也不错。可是对我来说，听第二节课不免让人有些索然无味了。这样的"双胞课"绝不是集体备课的产物，很可能是教学参考书"惹的祸"。可不是吗，一打听才晓得，二位教者的教学设计都是搬用同一本《语文教师教学用书》，只字不差。

对此，我倒想饶舌几句。

现在有些青年教师特别懒，备课时课文还没有读透，就急急忙忙抄教学参考书，把教学参考书照搬到备课本上，又从备课本上照搬到课堂里，甘心充当一名"二道贩子"。这样的做法，我很反对。教学参考书作为教师教学的指导用书，其价值、作用是不言而喻的。可是，具体到每位教师，在教学中用或不用、多用或少用教学参考书，应根据教师的具体情况而定，不能一概而论。"天机云锦用在我，剪裁妙处非刀尺"，剪裁时，必须从实际出发，考虑地区间、教师间、学生间的差异，努力追求属于我"这一个"的特点与风格，寻求适合面对的"这一群"学生的有效的方法和策略。比如，上述的"谜语导入"不妨改为"激趣导入"："同学们，我们刚刚学过一首描写瀑布的古诗，谁来背一背？（学生背《望庐山瀑布》）我国有许多有名的瀑布，庐山瀑布只是其中的一个。而我国最大的瀑布是贵州的黄果树瀑布，它比庐山瀑布更壮观更有名。今天，让我们看一看一位作者是怎样描写这个瀑布的吧！"

再比如，上述的"小导游"表演，不妨改为"伙伴互动"："假如你是《黄果树瀑布》的作者，请你穿越时光隧道，与喜欢游览祖国大好河山的唐代大诗人李白通电话，向他推荐黄果树瀑布这个旅游胜地。"，然后，一个学生扮演作者，一个学生扮演唐代大诗人李白，两人进行对话。

这样一改，就跳出了教学参考书设定的樊篱，避免千篇一律、千课一面了。如何使用好教参，这将直接影响一个语文教师的成长与发展。如果老师总是做教参和学生之间的"中间人"，必将在年复一年的"贩运劳动"中把自己变"傻"，变得知识贫乏，思维枯竭，能力退化，不会"赤手空拳"解读文本，不会个性化教学，更不会创造。现在有不少语文教师缺乏独立钻研和处理教材的能力，一旦离开教学参考书，便寸步难行。这事听起来有点匪夷所思，却是不可否认的事实。

四十多年前，我刚做语文教师时，只有一本语文书。一篇课文教什么，怎样教，重点在哪儿，全凭自己拿主意。这就逼得我备课时不得不痛下功夫去钻研课文，解读文本的基本功就这样慢慢地给逼出来了。后来即便有了教学参考书，我也仅作参考而已。尽管教学参考书是教育权威部门组织教学行家里手编写的，但我也不唯上，不盲从，既不妄自菲薄，也不盲目尊大，对其中的观点和设计进行一番去粗取精、去伪存真的筛选，最后再恰当地加以运用。

　　记得有一次，我给外校老师辅导杜甫的《春望》。其中有这么两句："白头搔更短，浑欲不胜簪。"当时的教学参考书是这样解释的：由于诗人总是忧烦，不免老搔头，头上的白发越搔越短，简直连簪子也别不住了。在去学校的路上，我反复琢磨这两句诗，头发怎么会越搔越短呢？即便是老杜满头银发，也不能越搔越短？想着想着，突然"短斤少两"这个词语出现在我的脑际。"短"和"少"并用，这里的"短"不就是少的意思吗？"白头搔更短，浑欲不胜簪"这两句诗正确的解释应当是：满头的白发越来越少了，简直连簪子也别不住了。给老师辅导时，我说出自己的见解，他们一致认为这样理解是有道理的。回家之后，我翻阅了《古汉语实词例释》一书，果然有这样的解释：短，少也。这正应了胡适说的那句话："做学问要在不疑处有疑。"

　　当下，有些教师把教学参考书奉为圭臬，对它迷信到无以复加的地步，一旦备课就迫不及待地捧起来，珍馐也好，鸡肋也罢，一律当成至宝。我不赞成这种做法。对教参要有质疑精神，不能用教参束缚自己，更不能用教学参考书束缚学生。

　　叶圣陶先生 1959 年 10 月 5 日在《答孙文才》的信中说："我很知道，一部分教师极需要参考书的帮助。但是我也希望教师不要完全依靠参考书，最要紧的是自己在教学工作中逐步改进教法，创造经验，足下一定会同意我这句话吧？"我也同样相信，大家一定会赞同叶老这句话的。既然同意叶老的观点，就不要再做教学参考书的"二道贩子"了。

有一种智慧叫倾听

　　网上流传着这样一个故事：美国有一位知名的主持人叫林克莱特。在一次电视直播现场，他采访了一名年仅四岁的小朋友："你长大后，想做什么呀？"小朋友天真地回答："嗯，我要当一名飞行员。"林克莱特接着问："如果有一天，你的飞机飞到太平洋上空，所有引擎都熄火了，你会怎么办？"小朋友想了想，用他那稚嫩的声音说道："我会先告诉坐在飞机上的人绑好安全带，然后我挂上自己的降落伞跳出去。"当现场的观众笑得前仰后合时，林克莱特继续关注着这个孩子。万万没有想到，接着孩子的两行热泪夺眶而出，这才使得主持人发觉这孩子的悲悯之情远非笔墨所能形容。于是，林克莱特以试探的口气问他："你为什么要这么做呢？"小孩子的回答透露出一个儿童真挚的想法："我去拿燃料，还要回来的！"此时，演播大厅的笑声顿时停止了，所有的观众目瞪口呆，不知道此时该说些什么，空气仿佛凝固了。瞬间，全场爆发出长久而热烈的掌声。林克莱特抱起这位小朋友，深情地吻着那淌满泪水的小脸蛋说："你是一个英雄！"

这个故事给我们的不仅是启发，简直是震撼。

林克莱特之所以能成为知名的主持人，是因为他有良好的职业素养，他的与众不同之处，在于能够让孩子把话说完，并且在"现场的观众笑得前仰后合时"，仍保持着倾听者应该具有的一份亲切，一份平和，一份耐心。正是这份亲切、平和、耐心，让林克莱特听到了这名小朋友最善良、最纯真、最澄澈的心语。假如他草率地、武断地终止了小朋友的想法，如此经典、真挚的故事恐怕就难以寻觅了。

由这个动人的故事，我想到了课堂教学。

课堂是让生命充盈着灵气、智慧、活力、激情和成长的地方。课堂上，回答问题是重要的教学环节，老师们因此也非常重视。可是，学生回答问题不可能每次都完全正确，当出现"旁逸斜出"的时候，有的老师便以"错了！请坐""不对，谁再来"这些语言来否定学生的发言，并期盼其他学生的正确发言。我认为，这种马上"判刑"的做法是不足取的。需知，课堂教学既是一门科学，又是一门艺术。科学需要严肃认真，一丝不苟；艺术需要丰富多彩，熠熠生辉。答问时，教师应当是机敏的倾听者，要沉住气，舍得让学生把话说完，千万不要急于打断学生的发言。因为用心倾听学生的心声，意味着还其思维的自由，意味着对其人格的尊重。当然，在认真倾听的同时，还需适时点拨，运用巧妙、机智的语言来纠正、鼓励学生的回答，并注意情绪导向，做到引而不发。在这方面，贾志敏老师堪称典范。一次，贾老师让学生用"姆"字组词，有个学生说："'养母'的'母'……"学生卡壳了，课堂上哗然一片。贾老师微笑着示意学生静下来："你们别急，他没说错，只是没说完！"接着又转向那位学生，"你说得对，是'养母'的'母'……"学生在贾老师的点拨下顿悟了，连忙说："是'养母'的'母'加上一个女字旁，就是'保姆'的'姆'。我组的词是'保姆'。"在贾老师不动声色的巧妙引导下，避免了这位学生在课堂上遭遇的尴尬，小心翼翼地保护了他的心灵。任何一个学生都会从内心深处佩服这样的老师的。

有时，学生说错了，贾老师会说："说错是正常的，老师最喜欢说错的孩子。没关系，再说一下。"有时，学生重复了前几个同学的回答，贾老师也不会指责学生没认真听课，而是笑笑说："噢！你认为这很重要，再强调一下，对吗？"这正印证了苏霍姆林斯基的那句名言："教育的全部技巧在于如何欣赏和爱护儿童。"

叶澜教授曾说："要学会倾听孩子们的每一个问题、每一句话语，善于捕捉每一个孩子的思维火花。"是的，倾听是一种责任，倾听是一种引导，倾听是一种智慧。让我们多些耐心和爱心，尊重学生的发言权，从自己的每一堂课做起吧！

板书设计应该注意的几个问题

何谓板书？板书就是教师上课时在黑板上所写的文字或其他符号。板书是学生感知知识信息的视觉渠道，是学生思维的指挥棒，是发展学生智力的桥梁和工具。板书设计得好坏，直接影响到教学的效果。任何事物都有两面性，即积极的一面和消极的一面。为了避免板书设计的消极影响，在备课和上课时应该注意以下几点。

一、在动机上，注意不能随心所欲

所谓随心所欲，就是板书缺乏通盘考虑，兴致勃发，眉头一皱，信手写来，东一摊，西一条，横七竖八，杂乱无章，犹如满天星斗。随心所欲的板书，会导致学生对教学内容的领会支离破碎，学生笔记凌乱不堪，难以形成思维的条理性、严密性。因此，板书设计要有计划，要有目的。教师上课之前，对板书内容出现的先后顺序、文字符号的详略大小、布局位置的虚实配合等，都要做到心中有数，手中有法，目中有人。

二、在内容上，注意不能喧宾夺主

所谓喧宾夺主，就是板书本末倒置，繁简失当，内容庞杂，甲乙丙丁，ABCD，面面俱到。把不该板书的内容板书了，把不该突出的内容突出了，把不该强化的内容强化了。喧宾夺主的板书，会导致学生对主要教学内容印象淡漠，要点不明，主次不分。因此，板书设计要有鲜明的针对性，从实际出发，因文制宜，因人制宜，因课制宜，要充分显示教学内容之精华，突出课文重点之所在，起到画龙点睛的作用。

三、在形式上，注意不能哗众取宠

所谓哗众取宠，就是脱离教学内容，违背课文实质，为板书而板书，为形式而形式，为艺术而艺术，搞一些中看不中用的花架子。就拿板书造型来说吧，就有"台灯式""阶梯式""鱼贯式""雁行式""宝塔式""纺锤式""扇面式""荷花式"等花哨的东西。哗众取宠的板书，会导致学生注意力分散，影响对教学内容的理解。内容决定形式，形式为内容服务。因此，板书设计不能单纯追求形式，不能滥用彩色的粉笔和蹩脚的简笔画。

四、在态度上，注意不能生搬硬套

所谓生搬硬套，就是不顾教学实际，贪图方便，采取"拿来主义"的办法，将教学参考书上看到的，或是在观摩他人教学中发现的优秀板书，盲目地搬用到自己的课堂上。这种削足适履的做法，很难收到良好的教学效果。因此，我们在学习借鉴时，一定要弄清他人为什么这样设计，做到不仅"知其然"，而且"知其所以然"。在经历一番理解、加工、改动、取舍后，方可用到自己的教学中来。否则，会贻误教学、贻误学生。

五、在书写上，注意不能龙飞凤舞

所谓龙飞凤舞，就是板书笔画潦草，字体不整，大则如斗，小似蝇头，行款不拘，胡涂乱抹。龙飞凤舞的板书，会导致学生视书写潦草为正当，视错字别字为正常，视笔顺舛误为正规。久而久之，学生笔下的字也会"飞"起来，也会"舞"起来。因此，板书的字要写得端正整齐，美观大方，清清爽爽，合乎规范。字体大小服从全局，图形要画得符合实际，各种符号要书写得准确，使学生"见贤思齐"，提高他们的书写质量。

"看似寻常最奇崛，成如容易却艰辛。"被誉为课堂教学"集成块"的板书，既是一门科学，又是一门艺术。教师一定要书之有用，书之有据，书之有度，书之有序，书之有时，书之有质，尽量使板书科学、精当、醒目、规范，这样才能达到应

有的教学效果。

杂课·闲书·短文

当了四十多年的小学语文教研员，回首往事，我养成了喜欢听点杂课、读点闲书、写点短文的习惯。这些习惯就像我的影子，每时每刻跟随在身后，躲也躲不开。

先说听杂课。

何谓杂课？于我而言，除了语文，其他的课都属于杂课，如数学、音乐、美术等。作为小学语文教研员，在"不务正业"中，我深感语文越来越不像语文了。何以言之？有例为证。音乐课上学生学唱，美术课上学生学画，这些课都体现了学科的特质，犹如一道芬芳、幽远的茶，沁人心脾。而语文课呢，学生正襟危坐，听老师没完没了地分析，味同嚼蜡。更有一些装神弄鬼的语文课，拉大旗作虎皮，以"灵魂""生命""成长"等道德说教为名，将语文上成了政治课。书声朗朗不见了，课堂动笔消失了，语感训练没有了，阅读课不读，习作课不写，口语交际课不说，语文的本体被淡化了，语文的灵魂失落了。再以数学课为例，数学教学清清亮亮一条线，教师讲完了定理、法则、公式，学生便开始大量做题，在反复练习中，知识转化为能力，能力转化为素养。而语文呢，语文教学则是模模糊糊一大片，教师讲课文，不教语文，眉毛胡子一把抓。课堂上，花里胡哨的东西太多，奇技淫巧太多，细枝末节太多，不乏浮躁之气、浮夸之风、浮华之象，语文教学中的非语文现象不断繁衍，假主体行为流行，使语文教学褪色、变质、错位。

再说读闲书。

我读书一向很杂，不成体系。当年在农村做民办教师时，近于疯狂地寻找一切可以读的书，如名人传记、经史子集、唐诗宋词、天文地理等。如果不读一点书，怎么能算"知识青年"？现在，我更爱看一些"闲书"，诸如《奇门遁甲》《邵子神算》等。有一天，我在街上遇到一位收废品的老汉，发现脚蹬三轮车里有一本繁体竖排的《周公说梦》，如获至宝，花了五毛钱买了下来。虽然这本书我并没有真正读懂，但这种"蜜蜂采蜜"式的阅读，对开阔我的视野确实大有裨益。我贪读各种课外书籍，并非见异思迁，而是感到语文教学需要有丰富的知识背景，不杂一点不行。

众所周知，著作完成叫"杀青"，而"杀青"为何解释为"完稿"，则众说纷纭，且大多语焉不详，不能自圆其说。在与同事交流时，我举出清人梁绍壬在《两般秋雨庵随笔》中的诠释："《青溪暇笔》：'古著书以竹，初稿书于汗青。汗青者，竹皮浮滑如汗，以其易于改抹。既正，则杀青而书于竹素。杀，音赛，削也，言去青皮而书竹白，不可改易也。'此说极明畅近理。"同事出生在黄山竹乡中，他说这段话令人信服。

最后说写短文。

一个不喜欢写作、不擅长写作的人，是不能底气十足地站在讲台上的，更遑论语文教师了。四十多年来，我一边做，一边想，一边写，千余篇短文让我发现了语文教学之美，让我发现了教学研究之美。开始写作的时候，我不懂为文之道，文字拙笨，尽管有时日吐千言，怎奈笔力不够，常常自觉满纸荒唐。后来，我练习把文字压缩、捶扁、拉长、磨利，在撕开拼拢折来叠去中，逐渐掌握了一些教育写作的方法。第一，"立足"要高。要站在"三个面向"的高度，以教育发展的新走势，以党的教育方针政策，以现行的《语文课程标准（2011版）》，以现代教育学、心理学基本理论为依据，去观察、分析教育教学现状，提出自己的观点和解决问题的策略。第二，"射点"要准。要切中时弊，符合教育客观事实和发展规律，"道前人所未道，作前人所未作"，对教改能起到推波助澜的作用。第三，"切口"要小。要大处着眼，小处着手，遵照"宁凿一口井，不挖一条沟"的原则，选题不能过大、过泛，做到小题目写大文章。这样，有利于文章深透开掘，富有新意。

播种行为，收获习惯；播种习惯，收获性格；播种性格，收获命运。听杂课，读闲书，写短文，早已内化为自己的一部分，终于让我变成了今天的样子。

语文老师的看家本领

2018年，语文出版社前任社长王旭明在社交平台中说：

我这次出席的会议是纪念《汉语拼音方案》颁布60周年学术研讨会。应主办方邀请，我主持会议开幕式并宣读国家语委原副主任、教育部语言文字应用研究所原

所长陈章太先生的书面致辞《敬祝研讨会取得圆满成功——兼忆周有光先生》。哇，好久没有在正式场合读东西了，只好把当语文老师的看家本领拿出来吧。陈先生的短文写得真好，文通字顺，且真情流露："周先生品格高尚，为人豁达、谦虚、包容、热情、幽默、谨慎，他生活简朴、淡泊名利、明辨是非、乐于助人、重情达理，人际关系很好，堪称'周善人'。他治学勤奋、学贯中西、博古通今、学识渊博，所以有'周百科'之称。"读这些文字，不仅朗朗上口，而且生动感人。有与会者说像播音员读的似的，问我是不是学播音的，哇，心里美滋滋的。

这段话里，王旭明喜形于色，溢于言表。我为他自豪！

早年，王旭明是北京师范学院（今首都师范大学）高才生，中文系毕业后，在北京市丰台区第七中学当了七年语文教师，师从著名语文教研员吴桐祯。他教的公开课《春》是区级优秀课，因此，他也成了区级优秀青年语文老师。

后来，因工作需要，王旭明进入《中国教育报》，当了记者。再后来，他被调到教育部，做了新闻发言人。王旭明说着一口流利的普通话，眼观六路，耳听八方，特别机智，应变能力非常强。他的发言风格流畅、形象、具体、生动、有效，深受中外媒体人的欢迎。

王旭明的字写得也漂亮。2017年9月，我拜访语文出版社，他送我一套《旭明说语文》。在扉页上，他挥笔写下了"金声老师指正"六个大字，铁画银钩，刚劲有力。

王旭明还有一手好文章。当新闻发言人时，他出版了《为了公开》；搞真语文活动时，他出版了《旭明说语文》。王旭明不但教研文章写得好，也是一位实力诗人。2017年，百花洲文艺出版社出版了他的抒情诗集《人与土》，"王旭明诗集《人与土》研讨会"也在北京商务印书馆涵芬楼书店召开。

2017年年底，王旭明退休了。他说，要在有生之年，继续教语文，从小学一年级一直教到高中三年级，在全国培养十万名合格的语文教师。王旭明有语文老师的看家本领，听、说、读、写样样在行。近年来，他在全国各地多次执教公开课，反响强烈。我相信，王旭明的愿望一定能实现。

在这里，我想和青年教师多啰嗦几句，那就是练好语文教学的基本功。

什么是语文教师的教学基本功呢？如果说，望、闻、问、切是中医大夫的基本功,说、学、逗、唱是相声演员的基本功,唱、念、做、打是戏曲演员的基本功的话,那么听、说、读、写则是语文教师的基本功。

语文教学的根本目的就是使学生掌握一些语文知识,有一定的语文素养。因此,从事语文教学特别需要一套足为范式的语文能力,那就是:听能得要领,说能得人心,读能得真谛,写能中规矩,也能得佳文。语文教学只有具备了听、说、读、写四项能力,才算获得了完整的语文教学基本功结构。具备了这些基本功,才可能在正确的教学思想指导下,不断地改进教学,提高教学质量,担负起新时代教书育人的重任。

青年教师朋友们,致天下之治在人才,成天下之才在教化,行教化之业在教师。愿你们走近王旭明,读懂王旭明,像王旭明学习,拜他为师,勤学苦练,掌握一套过硬的语文教学看家本领,用自己的知识和双手托起明天的太阳!

少点儿无效提问

深入小学调研,听了不少语文课。平心而论,其中不乏依《课标》、持教材、重学情的让人怦然心动的课。但是,也有的课堂教学让人不敢恭维,表现比较突出的就是阅读教学。这些情节,围绕课文内容打转,且问题设计散乱零碎,质低量滥,看似热热闹闹,实际上问与答缺乏思维含量,无法达到理解和运用语言文字的目的。

请看《凡卡》的教学片段:

师:同学们,凡卡告诉爷爷昨天晚上挨了一顿打,原因是什么呢?

生:因为凡卡给老板的孩子摇摇篮的时候,不知不觉睡着了,老板很生气,所以就打他了。

师:老板是怎么打的呢?

(学生纷纷要求发言)

生:老板揪着他的头发,把他拖到院子里,拿皮带揍了他一顿。

师:这个礼拜凡卡又挨了一顿打,这是怎么一回事呢?

生:老板娘叫他收拾一条青鱼,他从尾巴上弄起,老板娘就捞起那条青鱼,拿

鱼嘴直戳他的脸。

生：一次，伙计们捉弄凡卡，他们打发凡卡上酒店去打酒，叫他偷老板的黄瓜。老板随手捞起个家伙就打他。

师：（点点头，满意地说）大家说得真不错。你们说，凡卡的学徒生活痛苦不痛苦啊？

生：（有口无心地说）痛苦。

课例的执教者为了追求课堂上的活跃气氛，想拎起一根"藤"，让学生顺藤摸瓜，最后贴标签式地问学生凡卡的学徒生活痛苦不痛苦。学生嘴上说痛苦，其内心是否真的与本文产生共鸣，不得而知。另外，教师提出的问题，学生无须深入思考，无须潜心读书，张口就答，闭口能和。这样的问题对学生来说，充其量只能梳理一下相关的内容，而难以引领学生走进文本、走近人物去感悟、理解。

那么，怎样提问才能点燃学生的思维火花，确保其有效性呢？以此教学片段为例，可以这样引导：读了凡卡挨打的片段，在你眼前出现了怎样的画面？看了这样的画面，你想对凡卡说什么？想对老师说什么？这样，就能通过问题的引导，促进语言形象的还原，并引领学生与人物进行心灵的对话，从而深刻地感悟潜藏在语言文字中的意义内涵和情感内涵。

提问，是一种教学艺术。教师的课堂提问，不是交谈时的随想而问，而是事先精心安排设计好的。课堂提问应尽量做到既科学又经济，努力达到"多一问而嫌多，少一问却不足"的绝妙境界。要想实现这样的理想境界，就应当在备课中深入钻研教材，增强问题的整体性和凝练性。对备课中初拟的零散问题，还要善于发现其内在的联系，对之实行合并、简化，做到以少胜多，以一当十。只有这样，才能避免将重点给问散了、难点给问歪了、特点给问没了。

"运筹斗室之中，决胜课堂之上"。让我们正确把握语文教育的特点，在备课上多下功夫吧。

第七辑　教学留痕

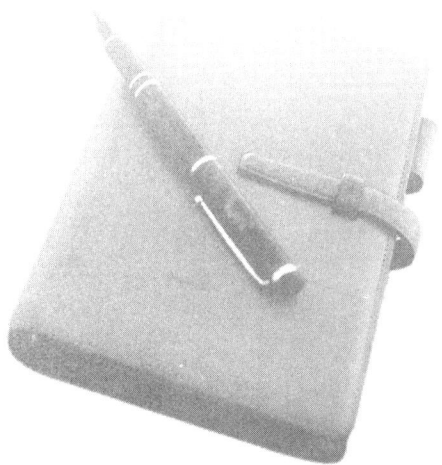

教学，是人类最复杂、最高级的认识和实践活动，也是人类最复杂、最高级的精神和物质生活形式之一。诚然，它是科学，因为它需要遵循客观世界的规律，遵循人的认识规律，一旦违反了科学的规律，它就失去了借以依赖的基础，就无法指导人们掌握知识、认识世界，就会误人子弟。然而，教学又是艺术，因为它毕竟是一种富于变化的创造性的艺术活动。要取得成功，就必须给人以生动形象的启迪，给人以美的享受，让人如坐春风，如沐春雨，否则，就可能味同嚼蜡，面目可憎，让人如坐针毡，如临大敌。

"动物大世界"教案设计

一、教学目标

1. 积累有关动物的词语，进行语言训练。

2. 了解动物与人类的关系，增强保护意识。

3. 开发课程资源，拓宽语文学习天地。

二、课前准备

搜集有关动物方面的成语、谚语、歇后语，制作多媒体课件。

三、活动过程

1. 谜语导入。

教师说出两条谜语，让学生猜：

（1）头戴大红帽，身披五彩衣。好像小闹钟，清早催人起。（公鸡）

（2）上肢下肢都是手，有时爬来有时走。走时很像一个人，爬时又像一条狗。（猴子）

2. 偏旁组字。

给下面的 10 个字加上同一个偏旁，就可以使这些字都变成动物的名称，你知道应该加什么偏旁吗？

师　苗　者　句　星　瓜　良　袁　章　包　（加反犬旁）

3. 猜动物谜。

全班分成 3 个小组，给每个小组发一张谜语卡片。小组长说谜面，大家猜，再说说这种动物的本领。

（1）胡子不多两边翘，开口总说妙妙妙。黑夜巡逻眼似灯，厨房粮库它放哨。（猫）

猫的胡子就像一把尺子，可以测量通道的宽窄和洞口的大小。

（2）粽子头，梅花脚，屁股挂把指挥刀，坐着反比立着高。（狗）

狗的鼻子特别灵，不管走出多远，也不管是白天还是黑夜，它只要闻着自己撒过的尿味，就能够准确地找到家。

（3）生来性暴躁，身穿黄皮袄。自称山中王，别猜它是猫。（虎）

老虎身上的斑纹是它的保护色。

4. 说同义词。

你能说出这些动物"叫"的同义词吗？

犬（吠）　虎（啸）　狮（吼）　马（嘶）　狼（嚎）　鸟（鸣）　猿（啼）

5. 填写动词。

表示下面这些动物动作的词该用哪一个？

（1）鱼在水里（游）得很快。

（2）乌龟在地上（爬）得很慢。

（3）长颈鹿的脖子（伸）得很长。

（4）大象的鼻子能（卷）起很多东西。

（5）青蛙一会儿（跳）出水面，一会儿（钻）进水里。

（6）猴子在树上（跳）来（跳）去。

6. 动物成语。

让学生看大屏幕，说出每种动物的有关成语。

（1）水族馆：

（图）青蛙，鱼，虾，蟹，鲸，龙，鳖。

（井底之蛙　如鱼得水　虾兵蟹将　蚕食鲸吞　龙飞凤舞　瓮中之鳖）

（2）飞禽馆：

（图）鸟，鹦鹉，仙鹤，鸡，燕子，麻雀，乌鸦。

（鸟语花香　鹦鹉学舌　鹤立鸡群　莺歌燕舞　鸦雀无声）

（3）走兽馆：

（图）狐狸，羊，狗，虎，兔，马，牛，鼠，象。

（狐假虎威　亡羊补牢　狗仗人势　虎视眈眈　兔死狐悲　车水马龙　牛头马面
鼠目寸光　盲人摸象）

7. 成语故事。

把全班分成3个组，每个小组准备一个成语故事，先在组内练说，再为全班同

学讲述。

（1）守株待兔。

宋国有个农民。有一天，他在地里耕作，看见一只兔子疾奔过去，正好碰上了地边的一棵大树，把脖子折断了，死在树下，那个农民就不费一分气力，把兔子拾了回来。这农民拾了兔子以后，就放下了锄头，老是坐在那棵大树底下，两手抱着膝盖等待兔子。可是，再也没有第二只兔子来碰树了。

（2）叶公好龙。

叶公是个出名的喜欢龙的人，他住的屋子里，墙上画着龙，柱子上也雕着龙。一句话，到处都是龙。天上的真龙，听说叶公这般喜欢龙，就飞到叶公家里去，把头伸进南窗，把尾绕到北窗。叶公见到了龙，就吓得浑身发抖，急忙躲了起来。这样看来，叶公所喜欢的是那些画在墙上、雕在柱子上的假龙，不是真的龙。

（3）狐假虎威。

老虎在森林中捕捉野兽做食物，捉住了一只狐狸。狐狸说："你可不能吃我，我是上帝派到森林里来统率百兽的。你要是吃了我，便是违抗上帝的命令。如果你认为我说谎的话，不妨当场试验，我走在前面，你跟着我到林子里去走一遭，看野兽们见了我哪敢不逃走呢？"老虎觉得这个办法很好，就跟着它一同走。森林中的野兽看见了，都吓得拼命地逃跑。那老虎不知道野兽是害怕自己而逃走的，还以为是野兽怕狐狸呢。

（每个故事讲完后，再说一下寓意。）

8. 十二生肖。

请学生试说十二生肖歇后语。

（1）老鼠过街——人人喊打。

（2）牛角抹油——又尖又滑。

（3）老虎嘴里拔牙——冒险。

（4）兔子的尾巴——长不了。

（5）龙王跳海——回家。

（6）打蛇打七寸——找要害。

（7）马尾搓绳——不合股。

（8）挂羊头卖狗肉——有名无实。

（9）猴子照镜子——得意忘形。

（10）鸡蛋碰石头——不自量力。

（11）狗拿耗子——多管闲事。

（12）猪八戒照镜子——里外不是人。

9. 动物谚语。

背一条谚语，再说一说这条谚语的意思。

（1）笨鸟先飞早入林。

（比喻勤能补拙）

（2）不见兔子不撒鹰。

（比喻要看准机会才下手）

（3）苍蝇不叮无缝蛋。

（比喻自身没有缺点，坏人就没有空子可钻）

（4）得志的猫儿欢似虎。

（比喻小人当了官，盛气凌人）

（5）好马不吃回头草。

（比喻认准方向就一干到底，绝不返回）

（6）狼在梦里也想羊。

（比喻坏家伙每时每刻都没有放弃做坏事的念头）

（7）按倒的母鸡不下蛋。

（比喻不按照客观规律办事就达不到目的）

（8）池浅不能养大鱼。

（比喻单位小容纳不了大人物）

10. 动物之最。

全班分成三组，每组介绍一个动物之最。

（1）世界上最大的动物是蓝鲸。一条蓝鲸，可抵得上三十多头大象，它的心脏像小汽车一样大。

（2）世界上最耐渴的动物是松鼠，在缺少水的条件下，它能活上 3 个月。

（3）世界上奔跑最快的动物是猎豹，每秒可跑三十多米。

（4）世界上最高的动物是长颈鹿，最高可达六米。

四、设计理念

很多动物都是人类的好朋友，它们为地球做了大量的有益的事情。比如，啄木鸟是森林的医生，青蛙是庄稼的保护神，猫头鹰是捕鼠的能手，等等。此则教案一方面让学生了解动物知识，另一方面增强学生保护动物的思想意识。如"猜动物谜语，晓动物本领"这一教学环节，告诉学生每种动物都有自己的特殊本领：有的嗅觉灵，有的触觉好，有的有保护色，等等。动物的这些本领都是为了适应环境保护自己的，是一种生存需要。

语文教学的主要任务就是引导学生理解和运用祖国语言文字，使其具备终身受用的听说读写能力。这则教案让学生说有关动物方面的谜语、成语、谚语、歇后语，目的是扩大学生的词汇量，感受汉语言的博大精深。如歇后语就是"语末之词隐而不言"的意思，它具有形象具体、生动活泼、诙谐幽默、浅显易懂的特点。学生说十二生肖歇后语，就能体会到劳动人民创造的这种语言的生活气息。另外，说动物"叫"的同义词，写动物动作的词语本身就是一种很好的语言训练。介绍动物之最和讲动物成语故事又是培养学生口头表达能力的有效方法。

语文至美，语文学习是快乐的，让学生幸福地享受语文是这则教学设计的又一个目的。从偏旁组字到猜动物谜语，从看图说动物成语到讲动物故事，从说动物之

图 10　作者在广东中山上公开课

最到说动物谚语，无不和动物有关，整个设计充满了情趣和活力。看大屏幕上那么多的飞禽走兽，空中飞的、地上跑的、水里游的，个个栩栩如生。让学生熟练地掌握、记忆这些动物成语，他们定会兴趣盎然。

咬文嚼字课

汉语言文字是我国几千年优秀文化的载体，是中华民族的命脉。正确地理解和运用祖国的语言文字，是社会主义精神文明建设的重要组成部分，更是基础教育的重中之重。《语文课程标准（2011版）》指出："语文课程应激发和培育学生热爱祖国语文的思想感情，引导丰富语言的积累，培养语感，发展思维……具有适应实际需要的识字写字能力、阅读能力、写作能力、口语交际能力，正确运用祖国语言文字。"在"无错不成书""无错不成报"、广告文理不通、街头告示洋相百出、电视节目主持人别字连篇、中小学生语文水平日趋下降的今天，我们的语文教师要像保护自己的眼睛一样，保卫母语的纯洁性。治理语文应用中的混乱现象，尽力消除语文生活中的不良倾向及其影响，实现语言文字规范化和标准化，是每一位语文教师义不容辞的责任。基于这种认识，日前，我给小学毕业班的学生上了一节语文课，重点是引导他们咬文嚼字，收到了比较好的效果。

一、课首笑话

新课伊始，我给学生讲了一个笑话：

有个人想吃杏，当地买不到，他便修书一封，托老丈人做采购员。老丈人接到书信后，横看竖看，不明所以。原来，此人写字龙飞凤舞，极难辨认。尤其是这个"杏"字，看上去至多是个"否"。丈人爱婿心切，四处打听，哪里有卖"否"的，结果一无所获。后来揣测其意，买了一筐杏寄去，老丈人并附诗一首，诗中写道：

贤婿来信要买"否"，
急得老汉满街走。

买了一筐小黄杏，

不知是"否"不是"否"。

学生们听到这里哄堂大笑。我说："字形是书面语言的载体，字形书写的规范与否直接影响到书面交流的效果，我们不能等闲视之。谁还能讲一个类似的笑话？"我的话音刚落，一只胖乎乎的手举了起来，原来是个戴眼镜的男生。他站起来笑眯眯地讲道：某医院候诊室，病人正在排队等候就诊。其中有位女病人，姓白，名月坡。这是个很有诗意的名字：一轮明月从山坡爬上来，清辉万里。然而，不知是她自己还是护士把她的名字写得龙飞凤舞，特别是"坡"字，字形分了家，左面的"土"字离"月"字非常近。在轮到她时，护士高声叫道："下面一个，白——肚——皮！白肚皮在不在？"学生们笑得前仰后合。

二、揭示课题

师：刚才的两个笑话够逗人的。接下来我们上一节语文课，来"咬文嚼字"。（板书：咬文嚼字）什么是"咬文嚼字"呢？请大家用手中的字典查出以"口"为部首的这六个字：咬、啃、含、嚼、咀、咽。

（学生查字典。咬——上牙和下牙对住压碎或者夹住；啃——把东西一层一层地咬下来；含——嘴里放着东西，不吐出来也不吞下去；嚼——用牙齿磨碎食物；咀——含在嘴里细细玩味；咽——吞食）

师：通过查字典，大家明白了，"咬文嚼字"就是把某些文章或某些语句"咬"住，把其中的某些字"啃"下来，先"含"在嘴里，然后再细细"嚼"，慢慢"咀"，对它的音、形、义进行一番玩味，最后把它"咽"到肚子里消化。"咬文嚼字"是学好语文的一项重要基本功，我们千万不能掉以轻心。

三、不妨一试

1. 不少播音员、节目主持人、演员，常常将一些经常用的字的声调读错，听起来很是别扭。你能将下面的词读准吗？

比较 挫折 氛围 曲折 几乎 肖像 结婚

召开 尽管 质量 危险 教室 复习 浙江

2. 请你找出下面成语的错别字，每个 10 分，你能得到 100 分吗？

穿流不息　迫不急待　唇枪舌箭　黄粱美梦　再接再厉

见利望义　一愁莫展　滥芋充数　甘败下风　通霄达旦

3. "启发""启示""启迪"是 3 个近义词，它们都有指点、开导，使之有所领悟的意思，但在含义和用法上也有所区别。你能准确地将这 3 个词填在下面的括号里吗？

A. 历史，不仅仅记载着过去，还给现在和将来以深刻的（　　　　）。

B. 这部动画片，通过生动的动物形象和引人入胜的故事情节，说明了许多深刻的道理，给我们很多的（　　　　）。

C. 我们老师讲课时，非常善于（　　　　）大家积极思考问题。

四、辨字析词

在课堂上，我让学生写两个词，一个是"冒险"，另一个是"篮球"，结果绝大多数学生都把"冒"上头写成"曰"，把"篮"写成"蓝"。我告诉他们，"冒"字上头不是"曰"，写时要注意两横左右都不靠。你可别说我太吹毛求疵，指导学生书写就要严格要求。为了避免学生以后再把"篮球"写成"蓝球"，我给他们讲了一个故事。我说："篮球运动始于美国。1891 年，有个名叫詹姆斯·奈史密斯的教师，见到学生由于怕冷，在冬天不敢到户外活动，他就想出一个有趣的游戏。他弄来两个盛梨用的竹篮子，把它们分别钉在学校体育馆二楼走廊两边的护栏上，让学生把球往篮里投。就这样，随着篮球运动传入我国，'篮球'一词的意译也就进入了汉语，沿用至今。"用"寻根溯源法"，追寻字义形成的渊源，搞清字形的来历，以加深学生对字形、字义的印象，效果非常好。

五、向你挑战

"向你挑战"这种形式，轻松活泼，生动有趣，兼具知识性和趣味性，但难易要适度，否则事与愿违。为了让学生乐于接受"挑战"，我出了这样一道题：

说出 20 个所以然，每个 5 分，看谁得分多。

（　）然于心　　（　）然不同　　（　）然大波　　（　）然成风

（　）然无恙　　（　）然心动　　（　）然悔悟　　（　）然一新

（　）然无味　　（　）然大怒　　（　）然而生　　（　）然不顾

（　）然纸上　　（　）然有序　　（　）然正气　　（　）然如故

（　）然开朗　　（　）然大物　　（　）然起敬　　（　）然大悟

六、语文门诊

1. 标点改错。

我不知道这条路谁能走通？但我一定要坚定不移地走下去。

"这条路谁能走通"虽然有疑问词，但它是"不知道"的宾语，整个句子是一个动宾结构的陈述句，故不能用问号。

2. 修改病句。

这时时间是晚上 8 时 30 分。

这句话叠床架屋，语意重复。"这时"中的"时"，即"时候"，指时间的某一点，因此，其后的"时间"一词应该去掉。

七、向我开炮

这一环节非常有意思，学生纷纷拿出自己的作文本，进行自我求"疵"。他们有的"即""既"错用，有的"带""戴"不分，有的"连""联"误写，有的"二""两"相代，有的"在""再"混淆，有的"作""做"难辨，"咬"得有声有色，"嚼"得有滋有味。在"引火烧身"中，最有趣的是，一个学生说他的作文本上有一句话："我哥哥去年上大学，享年 16 岁。"学生哈哈大笑。"享年"是敬辞，称死去的人活的岁数。多指老人而言。学生说："'享年'用得极不恰当，这句话应该为'我哥哥去年上大学，年仅 16 岁。'"

八、压轴大戏

俗话说，编筐编篓，全在收口。下课前，我又让学生做以下四道题。

1. 成语人物。

汉语中的不少成语都和历史上的人有关，如"铁杵成针"这个成语讲的就是李白的故事。李白小时候读书不用功，想中途不念了。有一天，他在路上碰见一个老太婆，正在磨一根铁棒，说要把它磨成针。他很受感动，回来就发愤读书，终于取得很大的成就。我让学生说出下列成语的主人公：

四面楚歌　望梅止渴　完璧归赵　三顾茅庐
负荆请罪　高山流水　煮豆燃萁　初出茅庐

2. 古诗积累。

古诗中有很多比喻，如白居易的《暮江吟》："可怜九月初三夜，露似珍珠月似弓。"诗人用"珍珠"比喻绿草上滴滴露水，写出了露珠的圆润，用"弓"来比喻镶嵌在深蓝色的天幕上的一弯新月，给读者以美的感受。我让学生写出下列古诗的比喻字。

（1）洞庭春尽水如（　）　（唐·柳宗元）

（2）清歌一曲月如（　）　（唐·高　适）

（3）子规声里雨如（　）　（宋·翁　卷）

（4）燕山雪花大如（　）　（唐·李　白）

（5）天街小雨润如（　）　（唐·韩　愈）

（6）中原北望气如（　）　（宋·陆　游）

（7）官仓老鼠大如（　）　（唐·曹　邺）

（8）鸭头春水浓如（　）　（宋·苏　轼）

（9）高城望断尘如（　）　（宋·秦　观）

（10）春来江水绿如（　）（唐·白居易）

3. 广告指谬。

当今，在市场经济大潮里，广告宣传花样繁多，铺天盖地。广告用语中，盛行"成语新编"，有时"编"得让你目瞪口呆。我让学生指出下列广告用语的错误。

（1）天尝地酒　　（烧酒坊广告语）

（2）有杯无患　　（磁化杯广告语）

（3）咳不容缓　　（止咳药广告语）

（4）一明惊人　　（眼镜店广告语）

（5）鳖来无恙　　（保健品广告语）

（6）鸡不可失　　（烧鸡店广告语）

（7）饮以为荣　　（饮品摊广告语）

（8）肠治久安　　（肠胃药广告语）

4. 春联整理。

春节将至，工会的小李请人写了不少春联，一时匆忙，把上下联全搞混了。我

请学生帮小李把上下联整理在一起。

东风化雨山山翠	向阳花木早逢春
万里山河添异彩	政策归心处处春
勤俭人家先致富	桃李杏春风一家
爆竹声声辞旧岁	喜临门第门生辉
松竹梅岁寒三友	梅花朵朵迎新春
春夏秋冬春为首	人寿年丰福无边
春到人间人增寿	千年历史写新篇
山青水绿春常在	梅桃李杏梅为先

九、简评

这是一节别开生面的语文课。这节课很好地体现了工具性和人文性的统一，且富有挑战性。教者通过字、词、句、篇和语、修、逻、文的巧妙设计，引导学生在兴趣盎然中咬文嚼字，把语文课堂教学与社会语言文字应用有机地结合起来，在批评语文生活时弊的同时，教育学生运用语言文字不得自行其是。

语言文字学家早就指出：汉语自成体系，字词句篇有章可循，假如不按照规范和标准使用字词，不遵循遣词造句规律，恣意妄为，犯规破律，就会践踏汉字严密、统一的科学体系，从而失掉汉语在世界语言大体系中的地位。

或许有人说，这节课过宽、过广、过深，远远地超越了课堂语文教学的界墙。是的，这节课不拘泥于课本，上下左右有效地利用了课程资源，尤其是令人担忧的社会语文混乱现象的引入，更使得这节课更充满了时代气息。

另外，在"外语热，母语冷"的现实中，我们翻开学生的作文本看看，姑不论其内容假、大、空，就说语句之不通，错字别字之多，真可谓"不可卒读"。教者针对这种状况，让学生"自我开炮"，在匡谬正误中，教者针对错讹，诊断开方，寻根清源，强化了语言文字的规范教育。

语文教师是语言文字规范的教育者、维护者和宣传者，语文规范，舍我其谁？但愿这样的语文课多一些，这样的语文教师多一些。

图 11　作者在江苏常州上公开课

指导学生写红杏

现在多数小学生对作文感到头疼，他们说："作文难，作文难，提起作文我心烦。"为什么学生对作文有如此心态呢？我想，无非是他们对写作无意向、无储备、无兴趣罢了，因而执笔为文时就出现了搜索枯肠、冥思苦想的被动局面。那么，怎样把学生从无话可说、无事可写、无情可抒、无感可发的困境中解脱出来，实现由"要我写"转变为"我要写"上来呢？前不久，我在一所乡村小学上了一节作文指导课，下面就这节课谈谈自己的做法和体会。

一、看红杏

课堂上，我给每个学生分几个红杏。我说："看，这就是咱们家乡的特产——红杏。它长得多么大，多么圆，多么红，真惹人喜爱。大家把红杏拿起来，仔细看看。"学生一边抚摸，一边观察，个个爱不释手。

二、吃红杏

我说："别的地方的杏子又酸又硬，咱们村的杏子又甜又软，现在大家亲口尝一尝。"学生一边品尝，一边赞叹，人人喜形于色。

三、说红杏

师：大家想一想，杏树什么时间开花？杏树开花时，咱们村子景色是怎样的？

生：每到"五一"的时候，杏树枝头的蓓蕾就惊醒了，那些微笑的花朵，一簇簇、一串串，千姿百态，整个山村被雪白的杏花罩住了。远远望去，好似银色的世界、花的海洋。

师：从近处看，杏花是什么样的？

生：杏花外层有五片红绿色的萼片，萼片上有五片白色的花瓣，花瓣里面有一层银丝状的花蕊。杏花引蜂逗蝶，散发着浓郁的芳香。

师：杏子什么时候开始成熟？刚成熟的杏子什么颜色？

生：麦收前后杏子慢慢地熟了。这时，杏子有的绿里发青，有的青里带白，有的白里泛黄，有的黄里透红，也有的一半黄一半红，可爱极了。

师：熟透的杏子什么样？味道如何？

生：放暑假的时候，杏子熟透了。又大又圆又红，有的干脆裂开了，露出鲜红的果肉，它们把枝条压得弯弯的，低低的。这时你摘下一个尝尝，软绵绵的，甜津津的。尤其在闷热的中午，在杏树底下乘凉，吃几个红杏，会感到轻松凉快，舒服极了。

师：咱们村这么美，而且还有这样好的特产，你们有什么感想啊？

生：我们在这美丽的山村中居住，是多么自豪，多么快乐啊！

四、写红杏

为了让学生写好红杏，在动笔之前，我又做了两件事。一是引导学生反复阅读《我爱故乡的杨梅》，指导学生学习怎样抓住中心，抓住特点，有层次、有重点的状物方法，使学生在作文时有所借鉴。二是给学生列出两个简要的写作提纲，学生可任选其一，也可自己编拟写作提纲。

写作提纲 A：

(1) 总起段——点明中心

(2) 写杏树——充满生机

(3) 写杏花——色美香浓

(4) 写红杏——形状、颜色、滋味

写作提纲 B：

杏树花开→杏花色美香浓→刚熟的杏子的颜色、形态→成熟的杏子色、香、味→点明中心。

五、简评

自我感觉，这次作文指导是比较成功的，效果是比较好的。究其原因，是我做到了"五个注意"。

第一，我注意了激发学生作文的兴趣。

兴趣是作文的原动力。学生对作文有兴趣，写作就如开闸放水，一涌而出，欲止不能。在整个作文指导过程中，我紧紧抓住一个"爱"字，处处用热情的语言唤起学生热爱家乡的思想感情，从而把作文变成学生的乐事，使他们乐在其中。

第二，我注意了对进行学生写前的感知训练。

感知是写作的基础。学生对要写的事物感知越深刻，写出的文章就越具体，越生动、形象。因此，我让学生观其形、察其色、尝其味、触其质，将眼中红杏变成腹中红杏，将腹中红杏化作笔下红杏。

第三，我注意了让学生先说后写。

口述是笔述的先导。心理学实验表明，初学作文的儿童，对同样的题材，说清了再写与不说就写，效果大不一样，前者优于后者。因此，我引导学生从杏树说到杏花，从杏花说到杏子，从杏子说到自己的感想，先出口成章，后下笔为文。

第四，我注意了发挥文本的指导作用。

读写结合是作文教学的基本原则。读是内化的吸收，写是外化的表达，二者相辅相成。我用《我爱故乡的杨梅》为例子，引导学生照杨梅这个"葫芦"画红杏这个"瓢"，符合儿童善于模仿的心理特点。

第五，我注意了作文指导的发散性。

图 12　作者在村小学上的一节作文指导课

　　辩证施教是作文指导的灵魂。它可以避免习作中出现千人一面、千篇一律的现象。为了开阔学生思维，我给他们列出两个写作提纲，同时，还提倡学生自拟提纲，目的就是为了训练学生的求异思维能力。

激情造境　有效指导

　　毋庸讳言，当前，作文教学还是处于疲软状态。这种疲软状态可以用"少、慢、差"3个字来概括。具体说来就是作文数量少、速度慢、质量差。一般是小学高年级每学期写六至八篇作文，每写一篇文章至少要用两节课，拖拉的甚至一个星期还完不成。而且作文普遍存在着内容不具体、层次不清楚、语言不通顺的毛病。如何"让学生易于动笔，乐于表达"，在规定的时间内"文从字顺地表述自己的意思"呢？我在某小学上过一节作文课，就提高作文教学效益问题做了点尝试。

一、激情造境

　　作文心理研究表明，兴趣是直接推动儿童作文的一种强大的内在动力。有了这种动力，写作文就不再是强加给学生的任务，而成为学生自己的主观要求。怎样才能使作文变为学生的"乐事"呢？上课伊始，我激情造境，用两分钟的时间给学生表演了一个"火烧旺运"的魔术。师生问好后，我说："咱们第一次见面彼此不认识，首先自我介绍一下：我叫白金声，是教师进修学校语文教研员。现在请同学们大声地、大胆地、大方地自报家门。"学生先是面面相觑，接着他们不约而同地喊出了自己的名字，教室里一片哄堂大笑。我说："初次见面，我给大家带来一个礼物。"学生迷惑不解，坐在前排的一个男生急切地问："什么礼物?"我神秘地说："魔术。"学生立刻鼓掌。我说："来而不往非礼也，我给大家表演魔术，大家看完了节目得即兴写一篇文章，行吗?""行!"从学生的回答中我看出他们的信心和热情。我说："大家酝酿感情，做好准备，我去化妆。"半分钟后我出现在学生面前。一个女生是这样写我闪亮登场的："白老师在'锵、锵、锵'的锣鼓点中亮相了。只见他头系一条紫色英雄巾，酷似日本武士;身披一件粉色斗篷，宛如江湖大侠;手舞一缕红色飘带，活像下凡神仙。看着白老师这副打扮，可把我们乐坏了，刚才还是西装革履的语文老师，现在却变成了神秘莫测的魔术大师。"

二、有效指导

节目表演完了，学生沉浸在美好的回忆中。怎样趁热打铁，让他们从欣赏表演迅速转到自主写作，这里的关键是文前指导和写中点拨。以往的作文指导有两种做法是不足取的：一是作前指导过细，从审题到立意，从取材到构思，从组材到表达，不一而足，弄得学生无所适从;二是学生起草，教师"放羊"撒手不管。在这节课中，写前指导我只用了三分钟，要言不烦地讲了三点意见：一是为什么写——我们喜欢白老师表演的魔术;二是写什么——写魔术表演的过程以及自己看后所产生的联想;三是怎样写——描写叙述相结合，写外貌、语言、动作和场面，分段描述，文题自拟。说完之后，我桌间巡视学生打草稿，面对面地帮助写作有困难的学生。一个小男生在我的具体指导下，终于把我表演时说的话写出来了："白老师振振有词地说：'想当年，我脚踢北海蛟龙，拳打南山猛虎，十八般武艺样样精通。戏法人人会变，各有巧妙不同。我的魔术叫'火烧旺运'，同学们看出破绽，笑一声;我表演成功了，大家给点掌声。光说不练是假把式，只练不说是傻把式，我是边说边练，这叫真把式。'"

三、限时作文

文章总是逼出来的，或是别人逼，或是自己逼。美国著名作家海明威在介绍写作诀窍时，曾幽默地说，他是站着，而且是单腿站着写的，写不完就绝不放下那条腿，绝不坐下来。这样可以迫使自己处于紧张状态，全神贯注地用最简练的语言和最快的速度把文章写好。这种说法虽然带有开玩笑的性质，但也给我们许多启发。这节课，我在注意激发写作兴趣、提高写作自觉性的同时，也给学生施加了一点压力：25 分钟内完成一篇 300 字左右的作文。学生参加考试，无论是期中考试、期末考试还是毕业考试，作文大都能按时完成，为什么平时就不能够呢？只要严格要求，加强训练，把压力变为动力，同样也是可以的。我认为，无论是从生理特征、心理特点、思想基础还是从知识结构来看，小学六年级的学生，已经具备了快速作文的潜力。实践证明，这次作文绝大多数学生都在规定的时间内打完了草稿。请看一个学生写我变魔术的过程："精彩的魔术拉开了帷幕。只见白老师首先从讲台上快速拿起一个用报纸卷成的大喇叭筒，用火柴将其点燃。然后白老师高高举起这支'火炬'，把它放到自己的鼻子上顶了起来。顿时，教室里响起了掌声。纸筒越烧越旺，同学们屏住呼吸，目不转睛地看着这位'魔术大师'。就在那纸筒快要变成灰烬的一刹那，白老师猛然用手一捂，在红丝带飘舞中他变出了两张百元人民币。这时，教室里又一次爆发出雷鸣般的掌声。"

四、互动讲评

奇文共欣赏，疑义相与析。这节作文课最后我留出几分钟讲评，对全班作文情况进行分析和总结。这次讲评我没有面面俱到搞满堂灌，而是抓住全文的结尾部分，师生之间，生生之间互相交流、讨论、评价，从而撞击出思想的火花。经过议论，同学们认为以下 4 个结尾写得比较好：

（1）魔术都是假的。你看这个"魔"字，上面是一个"麻"，下面是一个"鬼"，白老师手疾眼快，在我们的麻痹大意中他搞了鬼。白老师不但语文课上得好，而且他还是一位魔术大师。佩服！

（2）钱是身外之物，没它万万不行，但钱又不是万能的。假如我会变魔术，我不变钱，我要变书，一天一本，十天十本，小学毕业时我肯定会有自己的书房。这叫有书真富贵，无事小神仙。

（3）我想，我要学会了这个魔术，那该多好啊！不上学了，天天在家变钱，一天变出两张百元大票，用不上几年，我保证能成为世界首富。

（4）假如我能变出钱，首先支援灾区，捐款给希望工程，让所有的贫困小朋友都能坐在明亮的教室里读书写字，唱歌跳舞。另外，我还要买一艘航空母舰，做新中国第一位少年舰长。

自我感觉，这节作文课是成功的。在总结时，我说："我给大家变个小魔术，大家送我一篇大文章。这叫'投之以木瓜，报之以琼琚'。"

最后我想说，从表面上看，学生的作文是在这节课写出来的，其实并不这么简单，如果学生没有平时的积累，绝对不能有这样的效果。这正是：写作的源泉是生活，写作的基础是阅读，写作的秘诀是多练，写作的生命是真实。

图 13　作者给学生变魔术

"为中华之崛起而读书"综合活动课实录

一、教学目标

1. 学习名言、警句中的精辟语言，提高学生语文素养。

2. 开发语文课程资源，增强学生学用语文的强烈意识。

3. 凸显人文特点，体验生活，关爱学生的生命发展。

二、教学过程

师：认识我吗？

生：不认识。

师：从大东北到大西北，八千里路云和月。现在陌生的老师在陌生的地方面对陌生的同人给陌生的学生上一节陌生的语文活动课，可以吗？

生：（疑惑不解）可以。

师：此时此刻，你们一定在想：这位老师姓什么？这节语文课什么内容？我怎样表现自己的才华？我怎样展示自己的个性？我怎样向老师提问题？对吗？

生：对。

师：我姓"枯泉"。

生：老师，您姓白。

师：你怎么知道我姓白？

生：泉里的水枯干了，泉少了水，就是白。

师：（和学生拉手）你猜对了，咱们一见如故，并不陌生。

生：（大笑）

师：我叫白金声。白老师再说一条谜语，请大家猜：学问真大，不会说话。要学知识，动手翻它。打一物。

生：（异口同声）书。

师：（板书：书）我有两个爱好，一是读书，二是旅游。读万卷书，行万里路，是我人生的追求。大家都有什么爱好？

生：我也喜欢读书。

师：咱们志同道合。

生：我喜欢踢足球。

师：老师希望你将来能成为国脚，为中国足球争光。

生：我特别爱好唱歌。

师：老师祝你将来能当一名歌唱家。

生：谢谢老师的鼓励。

师：同学们，不管将来你们干什么，要想实现自己远大的理想，必须从小刻苦读书，努力学习。说到读书，古今中外有许多这方面的名言，大家平时积累了不少，现在试着背几条。（板书：名人名言）背的时候，要尽量做到声音洪亮，吐字清晰，落落大方。

生：高尔基说，"书籍是人类进步的阶梯"。

生：莎士比亚说，"书籍是人类知识的总结"。

师：莎士比亚又说，"书籍是全世界的营养品"。

生：歌德说，"读一本好书，就像和许多高尚的人谈话"。

生：英国作家波尔克说，"读书而不思考，等于吃饭而不消化"。

师：是的，读书有三到，心到、眼到和口到。其中心到最为重要。

生：别林斯基说，"阅读一本不适合自己阅读的书，比不阅读还要坏"。

师：读书要有选择，选择精品图书武装自己。

师：刚才大家背的都是外国人的读书名言，难道我们中国人就没有读书名言吗？

生：有！

师：现在请同学们背中国关于读书的名言。

生：大诗人臧克家说，"读过一本好书，像交了一个益友"。

生：郭沫若说，"人是活的，书是死的。活人读死书，可以把书读活，死人读活书，可以把书读死"。

师：谁还能说说古人的读书名言？

生：伟大诗人杜甫说，"读书破万卷，下笔如有神"。

师：元代程端礼讲了读书和作文的关系，那就是"劳于读书，逸于作文"。

生：宋朝的朱熹说，"读书切戒在慌忙，涵泳工夫兴味长"。

师：这是两句诗，你能谈谈含义吗？

生：读书最要防备的是慌忙，而深入细致地阅读、领会，那兴趣、味道是很深长的。

师：说的好。中外读书谚语浩如烟海，同学们能说上几则吗？

生：书山有路勤为径，学海无涯苦作舟。

师：我也说一句，学海无涯勤可渡，书山万仞志能攀。

生：眼睛是人们心灵的门窗，书籍是人们精神的食粮。

师：我也说一句，开卷一瞥教益匪浅，破书万册造诣必深。

生：（热烈鼓掌）

师：和名人相比，咱们是凡人。名人有名言，但名人说的话并非都是名言。咱们凡人说出的话有时也能闪烁出思想的火花。下面每人说一句关于读书的话，看谁体会得深，感悟有新意，说得漂亮。（板书：凡人凡语）

生：书籍是瞭望世界的窗口。

师：耐人寻味。

生：一本新书像一艘船，带领我从狭隘的地方，驶向无限广阔的生活海洋。

师：富有诗意。

生：生活里没有书籍，就好像没有阳光。

师：发人深省。

生：读书越多，精神就越健壮，越勇敢。

师：寓意深刻。

生：书籍好比河流，使人四通八达。

师：韵味隽永。

生：老师，您有两个爱好，其中一个爱好是读书，请您谈谈好吗？

师：买书、读书、教书、写书，是我生命交响曲的主旋律。先说买书，这次玉门之行，我在北京图书大厦购了两百多元的图书，这些图书我上车下车硬扛到油城。如果说我买书成癖，读书我则如饥似渴。昨天，我在宾馆房间读书到深夜，收获很大。买书是为了读书，读书的目的在于更好地教书。教书育人，做辛勤的园丁乃是我人生的一大快事。读书必有心得，教书必有体会。在读书教书过程中，我有感而立，有积而发，有思而作，写了 28 本书，其中有 8 本是给同学们写的。三十多年，我心不旁骛，虔诚一念，一直沿着"买书—读书—教书—写书"这条人生轨迹走的，一辈子与书结下了不解之缘。如今，我虚龄已经 58 岁了，58 岁意味着什么呢？

生：意味着您已经老了，未来的时间不多了。（学生大笑）

师：你说的未免太悲哀了，"春蚕到死丝方尽，蜡炬成灰泪始干"，三尺讲台，我魂牵梦绕，退休之后，我更有时间读书了。以书为友，天地长久。

生：（热烈鼓掌）

师：谢谢同学们对我的鼓励！下面咱们来对对子。所谓对对子就是用结构相同、字数相等、词性相对、平仄相拗的一对句子，来表达相关的意思。名家作诗文往往以对子囊括其旨，如大家熟悉的"欲穷千里目，更上一层楼""野火烧不尽，春风吹又生""两个黄鹂鸣翠柳，一行白鹭上青天"，无不成为千古绝唱。现在老师说上联，你们对下联，下联必须和读书有关。要求看起来整齐醒目，听起来铿锵悦耳，读起来朗朗上口。

师：走不完的路。

生：读不尽的书。

师：漂亮！

师：不吃饭则饥。

生：不读书则渴。

师：谁能把"渴"字改一下？

生：不读书则愚。

师：对，不读书学习就愚昧无知。

师：粮食滋补身体。

生：读书丰富头脑。

师：粮食是表示事物名称的，读书是表示一种行为的，词性不对。谁能帮他修改一下？

生：书籍丰富头脑。

师：对！

师：牛吃草要倒沫。

生：人读书要回味。

师：好！

师：蜂采百花酿甜蜜。

生：人读群书明真理。

师：妙！

师：三更灯火五更鸡，正是男儿读书时。黑发不知勤学早，白首方悔读书迟。同学们，你们是早晨的太阳，朝气蓬勃，让我们"为中华之崛起而读书"吧！

生：（齐）为中华之崛起而读书！

师：咱们下课行吗？

生：不行！

师：老师建议，每人将自己准备的名人名言和凡人凡语外加一副读书对联写在一张白纸上，由班长整理，打印一本小册子，封面大家设计，书名大家定，好吗？

生：（齐）好！

三、教学后记

这是我 2004 年 5 月 15 日在甘肃玉门上的一节语文综合活动课。这节课，我力图用一些闪耀光芒的语言，作为箴诫，给学生以有益的启迪和美的享受，同时，把这些锦言长久地刻在他们的心里，从而起到播种信念、收到行动、收到习惯、收到性格、收到命运的作用。

这节课，学生说名人名言，讲凡人凡语，巧对对联，目的是开发课程资源，让他们多积累些文学语言中绚丽多彩的瑰宝。在活动中，我没有充当学生课堂学习的召集人、课堂交流的旁听人、课堂活动的捧场人，而是孩子们的指导者、合作者和支持者。另外，这节课也不是无度开放，盲目综合，每个环节都是围绕读书这一中心组织教学的。

四、教后反思

教学千古事，得失寸心知。2004 年 5 月 15 日，我有幸在甘肃为玉门油田外国语学校六年级二班上了一节语文综合活动课。点评者说我这节课有三个亮点，我觉得这节课还有三点缺憾。第一，学生"心灵呼应"的时空还略嫌狭窄些，也可以说，我的主导性偏强，学生主体性偏弱，这主要是受借班上课客观条件的制约。今后，我不管在哪上课，都应还课堂给学生，还主体给学生，还差异给学生。第二，在我说完"生命交响曲"一段话后，应给学生时间，让他们即兴演讲，或说感受，或谈认识，或讲体会，广开言论，如果把这一环节加进去，能更好地为学生撑起一片自由学习的天空。第三，对对子环节中，我去掉了有关读书的两个上联，一个是"有书真富贵"，另一个是"读书做人成天下事"。当时我想，见好就收，不能搞得太难，否则，会影响教学效果。其实，这是不对的。

五、他人评析

划一根火柴，闪亮一下，就熄灭了。倘若用一根火柴去点燃一堆火，可以散发出比一根火柴大十倍、百倍、千倍，乃至无数倍的热量。一句精辟的名人格言，也是如此。名人格言文字精练，富有哲理，耐人寻味，有时甚至一语铭刻在心，终生受惠匪浅。这是名人格言的德育作用。白老师这节语文综合活动课凸显了人文特点，从关爱学生的生命发展出发，用一些闪耀智慧光芒的箴言，给学生以有益的启迪和美的享受，同时，把这些箴言长久地镌在他们的心里，从而起到播种信念，滋育行为、习惯、性格的作用。这是本节课的第一个特点。

名言、谚语、警句，是语言菜肴中的"盐"，是语言大海中的"浪"，是语言林苑中的"花"。有它，语言菜肴则津津有味；有它，语言大海则生机勃勃；有它，语言苑林则春色满园。从小让学生多积累文学语言中绚丽多彩的瑰宝，不但能陶冶性情，通晓事理，而且还能丰富语汇，提高表达能力。这是名人格言的智育作用。白老师这节语文综合活动课让学生说名人名言，讲凡人凡语，巧对对联，目的是开发课程资源，学习语言。从整个教学过程看，教者让学生幸福地享受语文，让语文学习充满情趣，从而提高学生学习能力和语文素养。这是本节课的第二个特点。

新课程理念认为，课堂教学不是简单的知识学习的过程，它是师生共同成长的生命历程，它五彩斑斓，生机勃勃，活力无限。现代教学论认为，课堂教学既是一门严肃的科学，又是一种巧妙的艺术。教学艺术的真谛在于激励、唤醒和鼓舞，在于对人的真切眷注，在于开发学生的生命。白老师这节语文综合活动课，设计巧妙，他根据学生好奇好胜的心理特点，通过系列活动，尽展学习主人的风采。整堂课师生在生命情感的涌动中，知识与技能、方法与情感相互交流，学生学得有趣、有疑、有情、有益。白老师把语文教学演绎得出神入化，使人如沐春风，如饮甘露，让我

图 14　有效的启示

们充分领略了语文教学艺术的魅力。这是本节课的第三个特点。

莫让语文迷失自我　不为时尚丢弃永恒

中国语文单独设科，已经艰辛地走过了百年历史。百年以来，论辩不断，攻讦不断。尤其是 1997 年，一场令人猝不及防的暴风骤雨席卷大陆的语文教育界，见诸报端的口诛笔伐是新中国成立以来少有的。语文教学之所以遭受那样严厉的指责，除了新闻炒作造成的社会误解之外，当然与语文教学存在的问题有关。新课改已经十年多了，在语文教学上，仍然有一些教师感到"似雾似雨又似风"。如何让他们在"乱花渐欲迷人眼"中，走出浮躁，走出困惑？我不顾浅陋，给小学语文教师上了一节语文课，感到这节课对当前的语文教学有所助益。现将教学纪实整理如下。

一、第一个环节：读文章

教研员：上课。老师好！

教师：（面面相觑）教研员好！

（教研员、教师们同时大笑）

教研员：我是教研员，你们是教师，在这里，咱们合作，共同上一节语文课，好吗?

　　教师：好!

　　教研员：我首先发给大家一篇文章，这篇文章被各门户网站广泛转载。请大家认真读读。(教研员发文章)

　　教师：(认真读文章)

怀念姚典老师

　　我是一介书生，学语文，教语文，用语文，研究语文，一生一世一件事，从未改换门庭。在我的语文生涯中，有一位老师让我没齿不忘，他便是姚典。

　　1962年，早春。寒风料峭，瑟瑟袭人，一辆小驴车把他拉到我们学校。那时我读六年级，不知来者姓甚名谁，何方人氏，只听说是个"右派"。在我心目中，"右派"肯定是个面目狰狞的人。

　　大约过了一周的时间，早会，校长领着一个人走进教室。说："这就是你们班新来的语文老师。"他，戴着眼镜，头秃，嘴阔，脸盘长得像知了，瘦且黑，全是皱痕。哦，就是他，果然长得难看! 校长走后，他在黑板上写下几个大字：

　　我叫姚典，大学教授，酷爱母语，命途多舛，因言获罪，发配此地，请多关照。

　　他的字，如刀刻斧凿，遒劲挺拔，像跳动的音符，一下子就抓住了我的心。字写得漂亮，人就漂亮，姚老师并不丑陋。

　　那年，姚老师才48岁，看上去却老得多。他患有喉病，发音困难，声音沙哑，所以他在课堂上很少说话。

　　姚老师上课有两个习惯的动作，一个是点头，一个是摇头。点头表示满意，摇头表示不满意。于是乎，同学们在他的名字里加上两个"头"字，称他为"摇头点头老师"。在学习上，大家都希望他多点头，少摇头，因为得到赞许是最快乐的事情。

　　写字课上，他让我们临帖，临得不好的，他摇头；说话课上，他让我们讲故事，讲得不好的，他摇头；阅读课上，他让我们朗读课文，读得不好的，他摇头；有时还让我们把课文背下来，背得不好的，他摇头；作文课上，他让我们写日记，写得不好的，他摇头。直到全班同学都临好了，都说好了，都读好了，都背好了，都写好了，他才满意地点点头。姚老师上语文课竟如此简单!

有一次，姚老师上《小英雄雨来》公开课，全校老师都来观摩。两节课，他没说几句话，也没有板书，而是让我们反复读课文。在小组合作学习后，他把目光转向了我，示意让我站起来，朗读第一段：

"晋察冀边区的北部有一条还乡河，河里长着很多芦苇。河边有个小村庄。芦花开的时候，远远望去，黄绿的芦苇上好像盖了一层厚厚的白雪。风一吹，鹅毛般的苇絮就飘飘悠悠地飞起来，把这几十家小房屋都罩在柔软的芦花里。因此，这村就叫芦花村。12岁的雨来就是这村的。"

开始读的时候，我有些紧张，感情上不来。姚老师摇摇头，让我再读一遍。第二遍，我鼓足了勇气，酝酿了情绪，读得摇头晃脑，仿佛看见了芦苇荡一样。这时，校长带头给我鼓掌，姚老师笑着对我点点头，并用沙哑的声音自言自语道："读到有情时，文也通大半。"同学们点头。接着，姚老师问："第一段还需要讲吗？"同学们摇头。听课的老师都点头了。

一晃，4个月过去了，我校参加全县小学升初中考试，我们班一举夺魁，分数远远超过其他学校，这就是奇迹！

在毕业联欢会上，师生同台演出。那天，姚老师显得特别高兴，即兴朗诵了一首诗：

文为衣兮字为裳，

书作饰兮笔作妆。

朝读诗兮暮读赋，

气自华兮容自芳。

大家报以热烈的掌声。老泪纵横的姚老师摘下眼镜，用衣襟不断地擦拭镜片，连声说道："谢谢，谢谢！"

9年后，我从教了，也教小学语文。一天，我去拜访姚老师，已值他在病中。医院里，白色的床单，白色的大褂，白色的墙，一切都显得那么洁白。姚老师躺在床上，拉着我的手，用沙哑的声音有气无力地说："金声，你当老师了，要记住，语文姓语名文字实践，语文不是靠老师教会的，在课堂上少说为佳。千万，千万！"病榻前，我不断地点头，思忖回味老师的话。

由于癌变，不久，姚老师便遽归道山了。后来，不知是谁，在他的坟前立了一块石碑，上面镌刻着：一位小学语文教师和他的妻子长眠在此。

　　2008年，我办完了退休手续，并没有离开小学语文教学。一日，一场入夏的及时雨把家乡小城洗得一尘不染，我决定去看望姚老师。经过一个多小时的车程，我来到老师的坟地，把一束白菊花竖在碑前。

　　那天夜里，我梦见了姚老师，他戴着一条鲜艳的红领巾，迈着矫健的步伐，微笑着向我走来，显得那么年轻。此刻，我赶忙迎上去，将一束粉绿色的康乃馨献给了他。姚老师紧紧握着我的手，没有说话，只是微微点点头。醒来，我的枕边留下了一片潮湿，和脸上尚未风干的泪痕。

　　往事已矣。

　　老师，您用生命演绎了精彩的语文课堂，在语文教学上，您是我心中的一座丰碑。您的教诲我珍存在心，我将让您的在天之灵永远点头。

　　老师，您安息吧！

二、第二个环节：写感言

　　教研员：读后有何感想？请大家各写一句感言。

　　（教师们纷纷动笔，在文章空白处写感言。）

　　教研员：站起来，大胆地、大方地、大声地读一读你的感言。

　　教师：如闻其声，如见其人。

　　教师：云山苍苍，江水泱泱，先生风范，山高水长。

　　教师：这篇文章很有文采，不由得使我想起一句古话："虎豹无文，则鞟同犬羊。"

　　教师：感叹，才华横溢之师已作古。

　　教师："删繁就简三秋树，领异标新二月花。"姚老师很会上语文课！

　　教师：一语惊醒梦中人：语文姓语名文字实践，语文不是靠老师教会的，在课堂上少说为佳。

　　教研员：这些感言都是发自肺腑的，都是真实的，非常经典，佩服！

三、第三个环节：练书法

　　教研员：读了这篇文章，你认为姚典是个怎样的老师？

　　教师：姚老师字写得好，他的字如刀刻斧凿，遒劲挺拔。

教研员：文章是怎样描写的？

教师：校长走后，他在黑板上写下几个大字："我叫姚典，大学教授，酷爱母语，命途多舛，因言获罪，发配此地，请多关照。"他的字，如刀刻斧凿，遒劲挺拔，像跳动的音符，一下子就抓住了我的心。

教研员：请大家拿出一张纸，写姚典的字，写后同桌交流。我再请两个老师在黑板上写一写这几个字。

（教师认真写字。）

教研员：姚典的字，刀刻斧凿，遒劲挺拔，像跳动的音符；你们的字，铁画银钩，笔意劲秀，像动人的图画。字是人的第二容颜，练字就是练人，学写字就是学做人。进入 21 世纪，随着电脑的普及，键盘代替了书写，学生的写字能力下降了，这种现象令人担忧。汉字是尊严，书法是国粹，学好语文，当从写好第一个汉字开始，大家任重而道远！

四、第四个环节：背佳句

教研员：大家学过《小英雄雨来》这篇课文吗？

教师：学过。

教师：没学过。

教研员：有的学过，有的没学过。《小英雄雨来》早在五十多年前就被选入中、小学语文教科书，作者是管桦。提起《小英雄雨来》，我们就会想起一句话："我们是中国人，我们爱自己的祖国！"学过也好，没学过也好，咱们一起把"晋察冀边区的北部有一条还乡河"这一段读一读，背一背。

（教师读、背这一段。）

教研员：朗读，是语文教师最见功底也最显才情的事。朗读绝不是一个见字读音的过程。它要准确、鲜明、生动地体现原作的基本精神，表达原作特有的风貌，传达出读者独特的感悟。我请一个女老师朗读这一段。

（教师读得有声有色。）

教研员：你的朗读是叮咚的山泉，是美妙的音乐。是不是体会到了"读到有情时，文也通大半"这句话的含义了？

教师：是。

教研员：大家试着背一背这一段。

（教师不到 3 分钟都背下来了。）

教研员：语文学习是一个多方面积累的过程，要学好语文，离不开读和背这些"笨"功夫。一节语文课上下来，如果学生不能把课文读好，不能把要求背的段落背下来，无论从哪个角度说，都不能算是一节成功的语文课。

（教师鼓掌。）

五、第五个环节：谈认识

教研员：大家读了《怀念姚典老师》这篇文章，请结合实际，围绕文章内容谈谈您的认识。

教师：我是一名青年教师，入道语文才 10 年，语文教学怎样守正出新，尚未明确。在以往的课堂上，课文说什么我就讲什么，误把教材内容当成了课程内容。语文教师跟着课文内容跑，是一件吃力不讨好的事情。教师累，学生苦，负担重，效率低，能力差。读了这篇文章，我顿开茅塞，语文课不应该是教课文，而应该是用课文来教语文。

教研员：语文教学无论怎样改革，书写、朗读、背诵等传统项目总是"不废江河万古流"。

教师：我是一名老教师，自幼与母语相伴。在我的生命中，它如影随形，与我结下了不解之缘。我爱母语，爱它的博大精深，爱它的奥妙无穷，爱它的丰富多彩，爱它的勃勃生机。

教研员：说得好。热爱母语是语文教师教好语文的原点。

教师：姚老师教语文，方法非常简单，就是让学生在课堂上听、说、读、写、背。他明白，书是读出来的，字是练出来的，文是写出来的。阅读课不能不读，说话课不能不说，写字课不能不写，作文课不能不作。"大道至简"，姚老师把语文课上得如此简单，实在是一种智慧，一种艺术，一种能耐，一种功夫，一种水平，一种境界。他不是把教育简单化了，而是艺术化了。

教研员：姚老师的课，教学目标简明，教学内容简约，教学环节简化，教学方法简便，教学媒介简单，教学用语简要。他赤手空拳地凭借粉笔、黑板和教材，释放自己多年职业生涯所积累的非凡的人生底蕴，在教学中演绎出精彩的教育故事，

是一种唯美主义的原生态课堂。

教师：学习母语，不是靠传授，而是靠积累，背诵是最好的积累。依照心理学的规律，背得滚瓜烂熟，张口就来，那就变成自己的了，背到心里去的东西可以陪伴一辈子。中国许多文学大师都是童年练就的背诵童子功，那些在儿童记忆力发展的黄金时期积淀下来的经典，会印刻在身上，并随着年龄的增长，成为一个人的素质与修养。这是我读了《怀念姚典老师》这篇文章一点粗浅的体会。

教研员：说得深刻！

教师：我主张，阅读教学要以读为主，要动情诵读，要静心默读，少搞没完没了的分析。语文课本本是很有魅力的，可是由于习惯于搞烦琐的理性分析，结果把很有感染力、很有审美价值的课文肢解得七零八落，学生听来味同嚼蜡，毫无美感与情趣可言。这就好比一只古代的青瓷花瓶，古朴典雅，极具审美价值，若是跌成碎片，撒满一地，哪里还有美感可言？无论是过去的教学大纲，还是现在的课程标准，都明确地指出：语文学习就是培养学生理解和运用祖国的语言文字的能力。不阅读，怎么理解祖国的语言文字？不积累，怎么运用祖国的语言文字？让学生借助文本去反复阅读，凭借语言文字自己去读懂，自己去汲取语言，这才是语文的要义。

教研员：以读为本是由汉语的特点所决定的。汉语以汉字为基础，汉字一字一音，一形一义，独立性、灵活性、组词性强，其义要从上下文联系中去体会。这种意会极强的语言，其语音也表达着一定的情感，再加上四声的变化，有音乐般的旋律，读来不仅有领会汉语语音之效，更有理解文章内涵之妙。也只有口诵其声，心想其意，才能达到"使言皆若出于吾口，使其意皆若出于吾心"的境地。久而久之，作品的神气和音节就会在学生的喉舌筋骨上留下痕迹，积淀成自己的语文素养。

教师：近几年，我被卷入课程改革中，经常做公开课。每次公开课，几乎无一例外地都用课件，在感情升华处还配以音乐、影像。表面上热热闹闹，形式上花里胡哨。这种"花拳绣腿""满汉全席"式语文教学，实在要不得。我很欣赏姚老师的课，他的课，没有优美音乐的播放，没有华丽课件的展示，没有澎湃的激情，没有迷人的诗意。话语间只是带着一颗心，带着一种情，他就像土地一样朴实、自然、宽厚。

教研员：公开课不拒绝"漂亮"，但不能刻意追求"漂亮"；公开课应该拒绝"完美"，拒绝"做秀"。不装，不演，不做作，慎用多媒体教学设备，这是我对公开课的看法。

教师：语文课离不开人文教育，这是语文课程性质决定的。按照课程标准的精神，语文课的人文教育目标应该是在语文学习过程中自然渗透的，应该注重的是"熏陶感染，潜移默化"，让学生在语文学习的同时接受思想感情教育，感受到心灵的震撼和情感的认同，应该是一种"润物细无声"式的教育。如果生硬说教，语文课的魅力必然丧失殆尽。

教研员：真正的语文课就必须做语文自家的事，以"语文的方式"走"语文的路"，凸显语文的个性，把语言的感悟、品味、积累、运用放在首位。先觉者的思考和先行者的实践无不在说明，语文就是语文！

教师：我十分欣赏姚老师在毕业联欢会上即兴朗诵的那首诗："文为衣兮字为裳，书作饰兮笔作妆。朝读诗兮暮读赋，气自华兮容自芳。"在课堂上，教师要挥洒自如，挥斥方遒，游刃有余，炉火纯青，不是凭借几招雕虫小技就可以支撑的。必须依托于丰厚的文化积累。所以，教书者必先读书，而且要多读书。

教研员：对语文老师来说，语文天生重要，阅读终生需要。才如江海文始壮，腹有诗书气自华。

教师：语文教学要彻底改变"少慢差费""天怒人怨"的局面，必须回归本真。什么是语文的本真？那就是尊重文本，走进文本，讲究过程的真实、活动的朴实、对话的平实、训练的扎实，从而上出实实在在的语文课。进入新课改以后，新的东西很多，我们在接受新事物的同时，也不能忘记语文教学最纯正的本真——学语习文。无论我们的改革走得多远，"星星还是那颗星星，月亮还是那个月亮"。语文最本质的东西以及学生学习语言的规律，是永恒的。

教研员：面向未来的语文教育绝不能割断历史，面向现代化语文教育绝不能拒绝继承，面向世界的语文教育绝不能抛弃民族化的东西。走向本真，应该是准确地吸收传统语文教育的精华，在科学的新理念的指导下，不断地探索务实高效和谐的语文教学。

六、第六个环节：揭谜底

教师：《怀念姚典老师》这篇文章是您写的吧？

教研员：你怎么知道的？

教师：根据有三：一是文章的开头写道："我是一介书生，学语文，教语文，用语文，研究语文，一生一世一件事，从未改换门庭。"您就是这样的人。二是"1962年……我读六年级"，这与您的年龄相符。三是"金声，你当老师了"这句话中的"金声"和您的名字相同。

教研员：你判断得非常准。这篇文章就是我写的。

教师：您为什么要写这篇文章呢？

教研员：回首课改这十年，没有哪一门学科像语文这样不断地被社会所关注，甚至被诟病。语文论坛最热闹，语文教学最混乱，语文教师最焦虑。人文性给弄玄乎了，工具性给弄模糊了。许多传统的语文元素消失了，许多传统的语文学习的好方法被抛弃了，语文课堂变得味不浓、气不纯。面对"剪不断，理还乱"的语文教学，大部分教师左也不是，右也不是，进亦忧，退亦忧。造成这种现象的根源之一，就是语文教学缺乏专业尊严。对于语文教学的积弊，我是炮手，所以这篇文章就诞生了。

教师：请问白老师，您是怎样写这篇文章的？

教研员：这是一个真实的故事，也是一个凄美的故事。我读小学六年级的时候，从北京来了一位大学教授，姓姚，单名典，云南人，无儿无女，病死黑龙江。在给我们上课的时候，姚老师有个特点，那就是文不读熟不开讲。有时一句话也不说，总是让我们自学，因为他患有喉病，说话困难。就这样，他只教我们一学期，升学考试，我们班的成绩遥遥领先。仔细想想，有趣的是，"姚"与"摇"同音，"典"与"点"同音，姚老师的名字与他的语文教学方法多么巧合。课堂上，他用"摇头"和"点头"指导学生的学习，风格真是独特。文章放在我的博客上，一夜走红，点击率不断攀升，看来是切中时弊了。

教师：文章说："在语文教学上，您是我心中的一座丰碑。"能不能做一下具体的解释？

教研员：作为教师，我教过小学语文，也教过中学语文；作为教研员，我研究过中国的语文教学，也研究过外国的语文教学。光阴荏苒，物换星移，蓦然回首，在语文教学与研究的路上已走过四十多个年头。我为母语教育事业孜孜矻矻，执着一念，不离不弃，退而不休，其动力是什么？是姚典老师的语文教育思想对我的影响。他酷爱母语，一窗疏竹，两袖清风，几卷书本，万壑雨润，为自己钟爱的母语教育事业奋斗到生命的尽头。在我的心中，他的确是一座丰碑！

（教师们鼓掌。）

七、第七个环节：发邀请

教研员：课上时间有限，余下的问题咱们课下接着聊。我有一个博客，叫"白金声语文网志"，在任何一家搜索网站上输入"白金声"就可以找到。这个网志，是我教研工作的平台，也是我与他人沟通的窗口，欢迎大家到我的房间坐一坐。但愿这节课，能给当前的语文教学带来一股骀荡的春风、一阵清爽的春雨、一顷蓬勃的萌芽。让语文教学从虚假的繁华中走出来，从肤浅的喧嚣中走出来，回归本真状态。下课。

八、教后絮语

这是我第一次给教师上语文课。给教师上语文课，不能像给学生上语文课那样，学字、词、句、篇，练听、说、读、写。给教师上语文课，其实就是一个教学沙龙活动，和教师在一起探讨问题，交流思想，在同伴互动中，帮助教师解决一些认识问题。

进入新课程以后，教研工作重心下移，课题研究前移，教研员的角色发生了根本的变化。教研员不仅仅是课程标准的诠释者、共同化课程的规范者、教师教学水平的鉴定者，而且更是课程理念的宣传者、个性化课程的催生者、教师专业发展的促进者。

教研员给教师上课，很容易形成强势，变成"自己的舞台"，以教师爷的身份出现，居高临下，发号施令，目空一切，这是要不得的。这节课，我围绕"语文姓语名文字实践"这个主题，通过《怀念姚典老师》这篇文章，引导老师审视当前语文教学中的种种乱象，思考语文课本真旁落的原因，树立"简简单单教语文，本本分分为学生，扎扎实实求发展"的思想。在教学过程中，我尊重主体，悦纳异己，尽量让教师们多参与，通过读文章、写感言、练书法、背佳句、谈认识、揭谜底、发邀请这些环节，尽展教师风采。在这七个环节中，谈认识是重点，也是亮点，它告诉我们：语文教学无论怎样顺时演变，怎样与时俱进，都应万变不离其宗。这个"宗"就是语文之本，语文之源，语文之魂，语文之脉。新课改以来，小学语文教学

图 15　教学沙龙

吸纳了很多后现代教育理论，的确给我们的语文课堂带来了很有价值的东西。但是，我国是一个有着五千年悠久历史的文明古国，有着灿烂丰富的传统文化。只有民族的才是世界的，一个国家只有使自己的传统文化发扬下去，传承下去，才能立于世界民族之林。

第八辑　他人评说

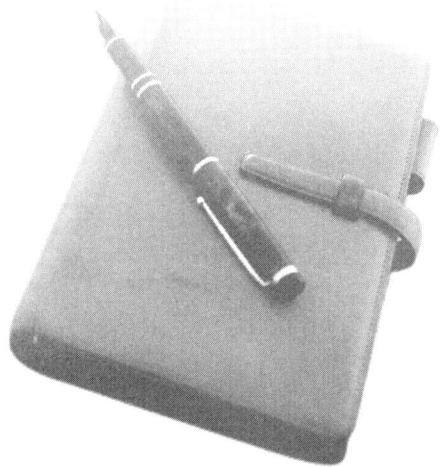

"此情无计可消除"

全国著名特级教师、语文教育研究专家　周一贯

　　闻名白金声同志，早在 20 世纪 80 年代初，那是从报刊发表的署名文章中知道的。引起我关注的原因有很多。首先，是从名字中联想到了成语"金声玉振"。《孟子·万章下》有言："孔子之谓集大成。集大成也者，金声而玉振之也。"后来，以"金声玉振"常喻人之有学问，或声誉之广为传播。于是，觉得这个名字大气，志存高远。其次，从文章中知道他也是教研员，而且是语文教研员，我们原是同道中人。最后，是他发表的文章不少，而且颇有见地。

　　见到白金声同志则是近几年的事。第一次握手言欢是在"千课万人"的语文课堂观摩活动上。我们两个虽然都是银发老人，但他小我十一岁。我的白发喜欢梳理有致，似乎带着一点儿严谨；他的白发长而披散，颇有几分浪漫的艺术气质。

　　深交白金声同志，更是因同道的声气相和。之后，他专程来绍兴，造访寒舍"容膝斋"，还特地写了一篇文字。而后，他又出席了我们"越语文"的全国教学展示讲习会，考察了金近小学，参观了"越语文陈列馆"，并且留下了墨宝。此外，我还邀他在鉴湖之畔参加了湖塘小学"读写鉴湖"的语文综合实践活动……于是，当他的新作《拥抱语文——白金声教研小品》行将付梓前，才有了邀我作序的事。凡请人作序者，对方大概一属大家名流，二属知己好友。我当然不是前者，应该是接近于后者。能被白金声同志视为知己好友，我深感荣幸，所以，虽然笔拙，也欣然应命。

　　白金声同志已出版过不少专著，自然是关于语文教学研究方面的。我手头就有《中国语文教育五千年》，是他赠送的。这次新作是语文教研小品的一本文集。"小品"是一种体裁，诸如随笔、杂感等比较短小的文章，大概都可以通称为"小品"。这本文集辑录了八十篇文稿，若每篇独立地看，可谓短小精悍，而且确实是有思而发、妙手成文的随笔，或是借题相生、放而有旨的杂感。将其视为"小品"，不无道理。但若从整本书着眼，则学理高远、体系严谨，全然是一部"大品"，一部专著。其实，"小品"与"大品"，在中国古代即有这种说法。有人认为，其名始见于 4 世纪时，鸠摩罗什对《般若经》的翻译，译者将较详的译本（二十七卷本）称作《大品般若》，较略的译本（十卷本）称作《小品般若》。由此可见，"小品""大品"之说，不是妄语。纵观白金声同志的这本《拥抱语文》，八十篇文章是被严谨地分成五个部分的。第一卷是"语文课程篇"，从"七十年的叩问：语文是什么"起笔，辑录了二十五篇文章；第二卷是"识字写字篇"，从"儿童识字的几个问题"写到了"写字的姿势和习惯"，从引导儿童"在生活中主动识字"写到"汉字文化"的教育，辑录了十篇文章；第三卷是"阅读教学篇"，从"语文教学回归本位"之必要，写到阅读教学需要"倡简·务本·求实"，还特别探讨了古诗教学问题，辑录了十三篇文章；第四卷是"作文训练篇"，从"我的作文教学观"，写到作文批改的"一文一得"，辑录了十二篇文章；最后一卷是"教师修为篇"，以二十篇文章，畅叙语文教师的专业修炼。从历史到当代，由宏观到微观，作者对语文教育展开了洋洋洒洒的论述，上下沟通，左右补证，所论几乎遍及语文教育全域，就本质而言，这样的整体结构优势远远超越了单篇小品的意义。我称其为"大品"，难道不是实至名归吗？

图 16　作者与周一贯先生

白金声同志从事小学教研工作凡四十三年，可谓是一个人，一辈子，一件事，从未改换门庭。在我六十七年的教育生涯里，除却教了三十年的小学、初中语文课，从调任教研员到退休之后继续从事语文教学研究也有三十七年了。简单地说，我们都是择一事终一生的，为语文教学研究来人间闹腾一场，然后肯定悄然离去。但遗憾的是，前些年我因撰写一篇关于教研室和教研员工作的文章时，查遍《辞海》乃至专业的《教育大辞典》，却并无"教研室""教研员"的词条，未免心里戚戚然。原来有那么多人在从事的教研工作，竟名不见"经传"。之后好不容易在《现代汉语词典（第6版）》中查到了"教研室"，心中才稍有安慰。我与白金声同志都是在小学语文课堂上积累了相当经验之后，才专门从事教学研究工作的，而且一发不可收拾，即使在退休之后，未居体制之高的情况下，也继续着语文教研事业的

江湖之远。如此将生命许之于语文专业，其忠贞不二的追求，借用李清照《一剪梅》词中的话来说，皆因为"此情无计可消除，才下眉头，却上心头"！我们和教研事业也一样有着一生的不了情……

语文教研员：听说读写寻常事，皓首穷经天地心！

是为序。

最有故事的教研员

全国著名特级教师、反馈教学研究会会长　刘显国

从事现代教学艺术研究以来，天南海北，我结识了不少教研员，其中最有故事的人便是哈尔滨的白金声。

在全国语文教研界，白金声的人生极具传奇色彩。"老三届"，插过队，赶过大车，扛过脚行，做过"民师"，练过武功，教过体育，在市里当过政协副主席，有过失败的婚姻，还受到过邓小平的亲切接见。在生命的进程中，苦辣酸甜、悲欢离合他都尝过。"人不能为别人眼中的自己而活，要为自己眼中的自己而活"，这是他的座右铭。他常说，成功是精彩的，失败是美丽的，成功与失败对我来说都是财富。人生最大的错误是自弃。人要善待生命，善待自我，在转瞬即逝的一生中，做些让自己感到温暖、高尚和愉快的事儿，这才叫好好活着。

下面我就来讲讲白金声的故事。

——白金声的身份。

白金声的职业身份是小学语文教研员。教研工作对他来说，是职业，是事业，又是专业；是科学，是技术，又是艺术。他，志存高远，严谨踏实，民主平等；他，甘当绿叶，甘为人梯，甘于奉献；他，博采众长，开拓创新，勇于担当。他有敬岗爱业的职业操守，他有海纳百川的博大胸怀，他有兼容并蓄的学术风格，在平凡的工作岗位上，做出了不平凡的贡献。四十多年来，通过实践，他总结出了许多当教研员的经验，如发扬"三个作风"——理论联系实际的作风、实事求是的作风、全心全意为教学服务的作风；如增强"三个意识"——改革意识、质量意识、合作意识；如提高"三种能力"——教学研究能力、教学指导能力、教学管理能力。抚今

追昔，感受历史的厚重，我们不能不对白金声油然而生深深的敬意。他的奉献精神、学术思想、精深学识，着实影响着新一代教研人的成长。

——白金声的性格。

从身材看，白金声是一个典型的东北汉子。他额头宽阔，眉骨高耸，眼睛深邃，讲话声音洪亮，走路嗖嗖带风，我们吃饭时，在脸色酡红、超然、怡然、陶然的微醺状态下，他会突然从座位上站起来，自由、自在、自得地给大家朗诵诗词，或"大江东去"，或"北国风光"，或"怒发冲冠"，语惊四座，掌声四起。我想，是东北的黑山白水铸就了他的豪爽粗犷的性格。白金声平时不修边幅，总是蓄着胡须，头发长长的，看上去老气横秋。然而一旦有课，或外出讲学，他一定会事先拿出刮脸刀和剪子，对照镜子细心整理一番。

——白金声的生活。

孔子曾赞扬他的弟子颜渊："一箪食，一瓢饮，在陋巷，人不堪其忧，回也不改其乐。"白金声又何尝不是如此呢？他一辈子衣、食、住、行再简单不过了。一件衣服，新三年，旧三年，缝缝补补又三年。一双袜子穿破了，他爱人将其扔到垃圾箱里，他捡回来接着穿。夏天一双黄胶鞋，冬天一双棉布鞋，春秋一双旧皮鞋。一年四季他骑着一辆花20元钱买的破自行车上下班，每天十公里，风雨不误，这是何等的精神！当了十年市级领导，他家没有冰箱，没有彩电，他本人也没有手机，过着与时代相脱节的"刀耕火种"的生活，这是何等的古怪！他仰慕老子、庄子的境界，"大象无形""大音希声"的思想给了他很深的影响。他说："平平常常才是真，实实在在才是美。"1995年，他头一天拿到曾宪梓教育基金奖，第二天就把奖金全部捐给学校，济困助学，这是何等的品质！

——白金声的学习。

三年小学，两年初中，两年高中，这便是白金声的学历。为了弥补先天的不足，为了拥有"一览众山小"的从容与自信，在业余的时间里，他拼命地读书。哈尔滨有一家最大的书店叫学府书城，毗邻黑龙江大学。走进书店大楼，他就像飞翔在花丛中的蝴蝶，眼睛都看不过来了，在这个书架前转转，在那个书架前晃晃，翻翻这本，瞧瞧那本。在浏览中，一旦发现看在眼里就拔不出来的书，他就找个没人的角落，或站、或坐、或蹲、或卧，左手一口馍，右手一本书，兜中一瓶水，一读就是一小天，直到书店打烊他才悄悄离去。黑龙江省图书馆是他休闲的天堂，每逢周日，

他便早早地挤进人群，在阅览室里抢个位置，拿出笔记本和放大镜，开始一天的"不动笔墨不读书"的学习生活。三更有梦书作枕，每天晚上灯火阑珊时，他也要捧起书本读上几页。深夜里，睡着了，心如秋月朗，古今多少事，上下五千年，尽在鼾声中。

——白金声的教学。

"白金声老师的嗓音极具特色，像是开了混响，整个教室里回荡着'立体声'。"学生如此形容。他说："很难想象，一个没有激情的人，能够同时又是一位真正的教育者。"如果说课堂教学是乐，那么白金声的教学无疑就是气势恢宏的交响合唱；如果说课堂教学是水，那么白金声的教学无疑就是激越澎湃的长江黄河；如果说课堂教学是画，那么白金声的教学无疑就是洒脱从容的泼墨写意。语文教学像个魔方，有无穷的变化，有无穷的组合。白金声在每一堂课上，都能"以情感激发情感，以思想点燃思想，以自由呼唤自由，以生命提升生命"，凡受教于他的学生，莫不为之激励所感染。在甘肃玉门上的"为中华之崛起而读书"，好评如潮；在云南昆明上的"白老师变魔术"，网上疯传。教学是一门科学，又是一门艺术，什么是艺术？艺术就是"无意于法则，而自合于法则"，"从心所欲不逾矩"的完美体现，在这里，情感当然是它的基石。

——白金声的文章。

白金声善于写教研小品。文章短小，文笔流畅，文风泼辣，是他行文的特点。在教学研究中，他不断积累，不断思考，不断探讨，针对语文教学中出现的问题，他常常有感而言，有积而发，有思而作，用手中的笔传播先进教育理念，引领教学改革方向。他的教研小品文每篇都在千八百字左右，一事一议，小巧玲珑，鞭辟入里，耐人寻味。如收在本书中的《永远持守着语文的本色》《莫让语文教学成蝌蚪》《死记硬背学语文何罪之有》《板书乱象的背后》《古诗背诵当戒有口无心》等随笔，就是在他听课的过程中形成的。另外，在我编辑的"现代教学艺术研究"丛书中，就有白金声的六本，其中的《语文德育渗透艺术》《小学语文课堂教学艺术》和《家庭语文教育艺术》再版多次，拥有众多的读者。

——白金声的报告。

白金声经常在全国各地做报告。不管是学术报告，还是事迹报告，听他的报告，自始至终都会被一种浓浓的感动包围着。他讲话纵横捭阖，汪洋恣肆，不仅深具学理，而且机智幽默，发人慧思。他的报告，会一下子把你带入一个新的境界，让你

图 17　作者与刘显国先生

的心头为之一震，耳目为之一新。哦，原来语文还可以这么教，学问还可以这么做，教研员的活儿还可以这样干。人活着，不但是一种追求，更是一种责任。在报告中，白金声把他对语文的理解、体会和感悟，以及他丰厚的学养、多彩的人生和执着的教研情怀，通过生动活泼的语言传递到听众的心里。听他的报告，如坐春风，如沐春雨，不但能解开你的教学之谜，更能提升你的精、气、神，让你勇立潮头唱大风。

　　岁月悠悠，转眼间，我和白金声相交已经三十多年了。他在北国，我在南粤，见面很难，但，他睿智、粗犷、执着的品貌时刻萦回在我的脑际。如今他已经迎来了自己的古稀之年。有道是："莫道桑榆晚，为霞尚满天。"祝愿这位把夕阳当作黎明的至纯至真之人永远年轻，在事业上层楼更上，宏图再展！

名师白金声印象记

《黑龙江教育》记者　王丽华

　　这次双城之行，最大的遗憾就是没有见到特级教师白金声——他外出讲学刚离开教师进修学校。

　　白老师是我们《黑龙江教育》的老朋友、老作者。每逢我们刊物有重大活动，

我们都请他来参加。

编辑部的同事们熟悉他，是从他的作品开始；读者熟悉他，是因为读过他指导性、针对性、参考性都极强的一篇篇文章；我对白老师印象深刻，除了因为他的文章外，还有他的"节奏"。

第一次见面，他给我留下了一个大步奔跑的身影。

1990年，我第一次去双城采访（当时我做理科编辑），此行目的之一是想拜访白老师：一是小学语文编辑有事托付，希望我带回他和白老师交流的资料；二是编辑部的老编辑们对他评价很高，不断地推崇他，而他来编辑部时我都恰巧不在，我真想拜访他。

刚到进修校时，他不在，听说去基层学校了。我只好先行采访。

完成预期任务回到进修校，刚进院儿，就见有人向院门口跑来。旁边有老师告诉我："白金声老师回来了。""是吗？谢谢你……"我停下来答应着。没等我缓过神儿来打听白老师在哪儿，跑过来的人已停住脚步站在我的面前，随之是干脆、洪亮的问候："您好！我是白金声。"我很是惊讶。见过面，我开始说明来意："白老师手头的小语资料如果看完了，我想顺便带回去……""看完了，在家呢，你等着！"还没等我说下面的话，他突然转过身，朝校门外奔去……一下子，大家都愣住了。望着他大步奔跑的背影，我简直不敢相信，这就是白金声老师。

"他回家去取书了。""白老师就是这样，做什么都快，时间抓得非常紧。""白老师很严谨，什么事情都不马虎……"站在院子里的教委领导、老师向我解释着。"好洒脱！这是他的风格了？"我脑子里立刻画了一个大大的问号。

第二次见到白老师是在编辑部，他应邀来编辑部研究选题。工作一结束，白老师迅速起身，说还有工作要做，要立即回去。在我们的挽留声中，他匆匆离去……

以后每次在编辑部见到他，他都是这样，一路小跑儿似地离开编辑部。有时在一些业务活动场所看到他时，他总是快步来到我面前，握手、问候、说事，然后匆匆离去……看来，白老师是一个讲速度的人，那么他教学时、指导工作时，也是这样"匆匆忙忙"的吗？

在小学校里，我"看"到了一个舒缓有致的白老师。

双城区第十小学是白老师"学法指导"和"大语文教学"的实验基地。校长何玉茹是白老师亲手培养起来的特级教师。

在这里我们了解到，白老师经常与学校领导、教师进行广泛的交流，他说："学无止境，教无止境，研无止境。""作为一名教师，最为重要的是业务能力，就是不管使用什么样的教材，遇到什么样的学生，在课堂上都能得心应手、举重若轻，把课上得扎实、轻松。"

不久前，白老师在该校上了一节公开课，让所有听课的领导，教师深受启发。

白老师领着学生猜字谜，课堂上高潮迭起：

白：刚才是老师出谜大家猜，现在请同学出谜老师猜，看谁能把老师难住。（学生兴奋起来。）

生1：（走到讲台，带动作说）切九块，打一字。

白：（费解，想了半天，没有结论）可以给我一个提示吗？

生1：（神秘地）切九块需要几刀？

白：八刀。

生1：（笑着对白老师说）八刀是哪个字？

白：（在生1的启发诱导下，字谜迎刃而解）原来是"分"字！

生2：（这时，又有一个学生站起来笑着说）3除以2等于1，打一字。

（多有趣的字谜，竟是一道数学题。正当白老师动脑思考的时候，旁边的一个学生关心地小声说："白老师，您猜不着不妨列列竖式。"）

白：哦，原来3除以2等于1是"疗"字！老师非常感谢这位小同学。你叫什么名字？

生3：（声音洪亮地回答道）我叫陈小彬。

白：为了感谢你，白老师单独给你出一个谜：去掉左边是树，去掉右边是树，去掉中间是树，去掉两边还是树，打一字。

生3：（没等老师说完，她便开口了）是"陈小彬"的"彬"。

白：（带头鼓掌）老师为她鼓掌叫好！

生3：鼓掌也是一个字谜，老师，您猜猜看。

（这叫"投之以木瓜，报之以琼琚"。白老师不但要猜，而且得猜对。）

白：（满有信心地演示着）鼓掌要用手，光一只手不行，要两只手，两只手不合在一起不行。是"拿"！对吗？

（学生不约而同地笑了，笑得那样痛快、开心。）

欣赏着白老师机智、幽默的教学艺术，我沉浸在热烈、欢快的教学情境中。在白老师那舒缓有致、民主和谐的教学中，我无论如何都找不到他那"匆忙"的影子。看来压缩工作之外的时间，是白老师早已形成的习惯。讲究速度，更注重效果，是白老师的特点。我想，用有"节奏"来概括他或许更恰当些。

事实上，白老师是该"匆忙"的时候"匆忙"，该舒缓的时候舒缓，该下功夫的时候下功夫。

双城区实验小学教导主任刘正生是白老师的高足。白老师与他在这里合作搞"小学语文愉快教学"改革实验已经十多年了。现在这项课题被黑龙江省教育厅评为省"九五"期间优秀科研成果的特等奖。

搞教学改革实验不是轻而易举的事情，从课题论证到资料积累，从数字统计到现象分析，从过程管理到经验总结，都需要科学的态度和艰苦的劳动。在商风炽盛、物欲横流的今天，白金声老师能忍耐寂寞，心无旁骛，虔诚一念，和他的实验教师们默默地走着教改之路，着实令人钦佩！

据悉，白老师现在正在和一所小学的教师进行全国教育科学"十五"规划国家重点课题"教育与发展——创新人才的心理学整合研究"的研究。我预祝他们成功！

在他的家里，我体会到了他潇洒的心态。

到白老师家里走访，让我进一步体会了白老师讲究速度的内涵和他那潇洒的心态。白老师住在承旭小区。这套住房是当地政府 1992 年奖励给他的。跨进他的书房，只见室内书架、书橱、书柜错落有致，占据了屋中大部分空间；资料、报刊、邮包、书信，随处可见；写字台上放着一摞厚厚的书稿，这是白老师正在写的一本关于语文课堂教学艺术的书。

经他妻子介绍，我们了解到：三十多年了，白老师每天备课、读书、研究、写作，直到深夜，甚至大年初一仍笔耕不辍。

"终日辛辛，未觉苦苦，常年忙忙，不甘碌碌"是白老师的座右铭。白老师认为："教师的一生，是工作的一生，也是思考的一生、积累的一生、创造的一生。"他说得何等精彩！更精彩并令人赞叹的是言如其人，因为这正是白老师从教生涯的真实写照。站在这儿，我被深深地感动了，一种无以言表的钦佩之情油然而生……

客厅里有一条幅:"荣辱不惊看庭前花开叶落,去留无意望碧空风卷云舒。"落款是"向白金声老师学习,李燕杰,戊辰秋日于北京"。看了全国著名演讲大师的题词,我领悟了白老师"事能知足心常泰,人到无求品自高"的潇洒心态。

在博物馆里,我了解了名师的事迹。

听说白老师事迹在双城的博物馆展览,我特意赶去参观。

这是一座雄浑厚重、古色古香的老式大宅院,由东三合院和西四合院组成。

走进朱红大门,首先看到文昌书院。书院收藏着白老师许多学术专著,并设立了陈列专柜。

西厢房是"天南地北双城人"展厅。双城,是"解放战争重镇,松花江畔名城"。多少年来,这片神奇、富饶的黑土地,孕育和培养了数不清的学子,白金声就是其中的佼佼者。

我仔细端详他的照片:身材修长、面容清癯、眉骨高耸、目光炯炯。照片下面有他的小传。特定职务:哈尔滨市政协委员、双城市政协副主席、黑龙江省人大代表、民革黑龙江省委常委。主要荣誉:哈尔滨市一级功勋教师、黑龙江省劳动模范、黑龙江省优秀中青年专家、全国优秀教师、享受国务院政府特殊津贴专家。代表著作:《实用语文教学法》《小学语文教学心理学》《作文知识与小学作文教学》《语文德育渗透艺术》《小学古诗教学理论与实践》《小学语文课堂教学艺术》《家庭语文教

图 18 作者在基层学校指导教学

学艺术》《教师必备的 10 项修炼》。

从博物馆出来，正值夕阳西下，一缕橘红色的晚霞洒落在这座大雪覆盖的古老大宅院里。蓦然间，我仿佛看见，在共和国 960 多万平方公里的土地上，无数个像白金声这样的名师正在为太阳底下最辉煌的事业快节奏地工作着。

我与师傅白金声

哈尔滨市双城区教师进修学校初教部主任　刘正生

像遇到浙江的老师要问起周一贯，遇到江苏的老师要问起于永正，遇到上海的老师要问起贾志敏，参加省内外一些语文教科研活动时，当同行知道我来自双城，就要问起白金声，敬仰之情溢于言表。白老师是享受国务院政府特殊津贴专家、全国著名特级教师。作为他的徒弟，我从他身上学到了许多书本上学不到的东西。

结识白老师，让我知道了什么是缘分。世上有很多事可以求，唯缘分难求。

白金声这个名字，是我师范毕业后，在通河县实验小学教音乐时知道的。那时，我住在学校，晚上没事做就翻翻教育刊物，偶然在一本教学刊物上看到一篇双城人写的文章。身在异乡，读到家乡人的文字备感亲切，就仔细阅读起来，内容是关于杜甫的《春望》中"白头搔更短，浑欲不胜簪"中"短"字解释的探究。参考书的解释是：由于诗人总是忧烦，不免老搔头，头上的白发越搔越短，连簪子都别不住了。白老师产生疑问，认为这种说法不合理，以"短斤少两"来印证：短，少也。从此知道双城有个白金声，想有一天能结识他。

没想到两年之后，我调回家乡，在双城市第五小学工作，白老师的爱人徐老师就在这个学校。因为学校缺班主任，我就从音乐老师变成了语文、数学老师。我是师范毕业，学的是音乐专业，对小学语文、数学教学是一张白纸，只有边学边教，有一些困惑，也有一些自己的做法，但苦于不得要领。后来，我就写了一个类似教学做法的材料，托徐老师转交给白老师指教，从此得到了白老师的真诚的鼓励和耐心的指导。

2003 年，我也成为一名小学语文教研员，与白老师成为同事，在一个办公室办公，在一块听课、辅导、命题、搞研究。2008 年，花甲之年的白老师退休了，但并没有卸弓，而是受聘于黑龙江省语言文字工作委员会办公室，主抓科研工作。我与他在业务上仍然有往来，经常可以见到他。

《资治通鉴》中说："经师易遇，人师难遭。"我是幸运的。与白老师相处也有二十多年了，确实是一种缘分。我体会到，缘分不是诗，但它比诗更美丽，缘分不是酒，但它比酒更香浓。

结识白老师，让我知道了什么是执着。

什么是科研？有人说科研是流行歌曲，有人说科研是照葫芦画瓢，有人说科研是移花接木。如果不结识白老师，或许我现在也不知道它的真谛。

从 1988 年起，在白老师的指导下，我结合自身特长，根据"儿童是凭形状、色彩、声音和一般感觉思考事物的"观点，提出把艺术教育渗透到语文教学中的构想，开始了"小学语文快乐教学"的探索。在教学改革实验中，我挖掘教材的"快乐"因素，精选媒体，系统设计，把板画、弹唱、表演、音像、文学等因素优化组合，融合一体，通过创设感受氛围、展示生活画面、再现动人情境、品评妙语佳句等，激发学生的学习兴趣，寓学习于快乐之中，从而促进了学生智、情、意、行全面发展。这项实验得到了省内外语文专家的关注。1994 年，我应牡丹江市教育科学研究所邀请，在牡丹江与全国著名特级教师、国家有突出贡献专家于永正先生同台献课。于先生书"桐花万里丹山路，雏凤清于老凤声"赠予我。同年，原双城市委书记到学校视察实验，为实验欣然题词："快乐教育教学之路。"1995 年，此项实验获得双城市优秀科研成果奖。

我曾以为实验到此应结束了，想换点流行的实验。白老师不以为然，说："要挖井，专掘一口。荀子说：'蟹六跪而二螯，非蛇之穴无可寄托者，用心躁也。'搞课题研究要咬定青山不放松。"后来，我们这项课题申报为黑龙江省"九五"重点科研课题。我从第五小学调到第二小学，从第二小学调到实验小学，风风雨雨十余载，白老师一直跟进指导我搞这项实验，从未间断。记得开题之初，我们经过反复研究，最后决定把识字教学作为实验的突破口。为了使学生在单位时间里，字识得多、会得快、记得牢，白老师从现代教学论和儿童心理学理论方面加以指导，还介绍了全国各地识字教学经验，跟我一起收集大量资料。我起早贪黑，用半年时间把小学语文 12 册的生字一个一个编成谜语或顺口溜、妙语，然后一个一个抄录在稿纸上，最后集成厚厚一摞快乐识字手册。当省里课题专家看到我们的快乐识字手册，非常感

动，说："这是你用心血凝成的资料。"

付出与收获是成正比的，我们师徒在努力的同时也收获着喜悦，体验着快乐，憧憬着希望。对于我而言，累并快乐着，苦点、累点是很值得的。因为课题研究使我完成了由单纯的"经验型教师"向"研究型、学习型教师"转化。现在看来，这一切都是美妙的，生活因科研工作而变得充实饱满，有滋也有味。多少的酸甜与苦辣，多少的艰辛与无奈，全都融入了我的心底。2000 年 9 月，实验获黑龙江省"九五"优秀科研成果特等奖第一名，开农村地区获最高奖的先河，为哈尔滨争了光，为双城添了彩。2001 年 7 月，哈尔滨市教育学会在双城市召开现场会，向七区十二县推广这项科研成果。记者提议我们师徒合影留念，哈尔滨电视台对此做了报道。

结识白老师，让我知道了什么是人梯。

白老师常说："教研员的光荣在于甘为人梯，默默奉献，使自己的才智成为青年教师的才智，以自己的心血融于名优教师的辉煌创造之中。"他不仅是这样说的，也是这样做的。

我第一次做公开课是在 1989 年冬，是在双城市一个大型教学工作会议上，是白老师的举荐新人的结果。我做了《跳水》一课，课后做了近两个小时的经验介绍。记得当时说了许多狂放之言，如"王有声是王有声，白金声是白金声，我刘正生是我刘正生"。当时引起了不小的震动，一些老师纷纷索要讲稿。其实我没有讲稿，只有一个粗略的提纲，因为讲的是自己平时所做的，所以说起来滔滔不绝。会后，白老师很满意，但告诫我要谦虚谨慎，叮嘱我好好整理一下文稿。我就其中的"语文课外活动"整理了约五千字的文稿，共十多页稿纸，参加了原松花江地区教学经验论文评比。后来贴了两张邮票，悄悄寄给我心仪已久的《黑龙江教育》。没想到，在第二年三月号全文发表了！第一次投稿就中了，而且整整占了两个版面。手捧油墨飘香的《黑龙江教育》，我喜出望外，白老师也为我高兴。这一年我 25 岁，只有五年教龄，现在想起来还觉得仿佛是在做梦。

1991 年 5 月，我代表松花江地区参加黑龙江省东部地区镜泊杯阅读教学大赛，采用将板画、弹唱、表演等融为一体的立体情景导读指导学习李白的《早发白帝城》。课堂气氛活跃，教学效果颇佳，征服了评委，荣获总分第一名。当我站在高高的领奖台上，台下的白老师露出甜甜的微笑，眼里不禁泪光闪闪。随后他将我引见给全国小学语文导读法创始人李守仁先生，让我有幸随李守仁先生进京献课。

1992 年 8 月，周庄秋主编的《小学语文愉快教学教案集锦》，由中国国际广播出版社出版，收入了我执教、白老师点评的《早发白帝城》一课。

1994 年 1 月，《黑龙江教育》"小荷初露"专栏，发表了白老师《使教与学成为愉快的艺术享受——双城市第五小学刘正生老师古诗教学特色谈》一文，介绍了我的古诗教学特色。

1995 年，在白老师的大力推荐下，我有幸和哈尔滨名师刘克、庞光辉等成为黑龙江省教育学院兼职语文教研员，认识了秦锡纯、钱勤书、张新光等人。

2001 年，我作为一线教师代表被选为全国"注音识字，提前读写"讲师团专家组成员，不但做课还要做理论辅导，又得到白老师的有力支持和帮助。

2002 年，当得知我应邀参加全国教科版小学语文课标教材的编写工作，白老师与我畅谈他参与原省编乡土教材的经验与体会，让我珍惜机会。

2009 年，中文核心期刊《小学语文教师》在全国范围内招聘网络工作室导师。2010 年 2 月，历时一年的考核、选拔，我与全国名师薛法根、张祖庆等人被聘为首批名师工作室导师，担负起发现新人、提供指导、扶持成长的职责，白老师予以极大的关注。

2011 年，白老师从电视上得知我被评为哈尔滨市首批未来教育家培养对象，特地从外地打来电话祝贺。

图 19　作者与徒弟刘正生

....

白老师让我知道，教研员就是人梯，人梯是一种高尚品格，更是一份沉甸甸的责任。

结识白老师，让我知道了什么是勤奋。

俗话说，"站如松，坐如钟，行如风"，用它来形容白老师是再恰当不过了。白老师经常站着做报告，像松树一样挺拔，不知疲累；走起路来一股风，慢的人都跟不上；读书、写文章像座钟那样端正，耐得住寂寞，不受外面世界的干扰。当你在单位看到他，他正伏案做笔记；当你在他家看到他，他在灯下写东西；当你在乡下检查的间隙抽烟、喝茶，他在学校报刊栏前抄录……真是惜时如金，废寝忘食。

1993 年冬，在白老师的引荐下，我见到了时为《黑龙江教育》编辑部的语文编辑魏永生老师。以往都是书信往来，这是我第一次与编辑面对面。记得当时魏老师对白老师的评价是：黑龙江小学教育研究最勤奋的人，是小学教师里走出的大家。而白老师是那样谦逊，连连摆手，说："我很笨，勤能补拙，勤能补拙。我只想成为一位成功的语文教师，而成功的语文教师都是一本精彩的教科书。要写好这本书，就要倾注生命。"

潮平两岸阔，风正一帆悬。白老师的思想之舟，在小学教育的千年长河里扬帆前行。我们时时都能看到他那矫健的身影，听到了他那洪亮的声音。早年，他是读文章、写文章，忙里偷闲，一篇接一篇。后来，他是写书，文思泉涌，一部接一部。

2004 年，出版《小学语文课堂教学艺术》和《家庭语文教学艺术》。

2005 年，《教师必备的 10 项修炼》问世。

2007 年，《怎样当老师，怎样教语文》和《小学语文教学关键问题精解》付梓。

2008 年，《我为语文而来——白金声教学艺术》摆上全国各大教育书店的展台。

2012 年，我们又读到了他的新作《小学语文教学新体系》。

2016 年，《中国语文教育五千年》出版。

2017 年，《相伴语文》脱稿。

在白老师的影响下，我也勤于笔耕，这些年来发表了上百篇文章，出了几本书，乐此不疲。白老师让我懂得，世界上最宝贵的除了良好的心理素质，还有一个最宝贵的东西，就是勤奋。最宝贵的勤奋，不光是身体上的勤奋，而是精神上的勤奋。勤奋靠的是毅力，更是坚持。

仰之弥高，钻之弥坚。流金岁月，师恩难忘。

后 记

教研，我心中的那片蓝天

1953年，国家建立教研室制度，从此，各地便有了教学研究室和教学研究人员。

教研员是具有中国特色世界上独一无二的职业，在理论与实践断层间的教研工作让我赶上了43年。43年来，我从未改换门庭，从一而终。其间，或耕耘桃李，或驰骋课堂，或文海放舟，在生命的旅途上，我感恩岁月。教研工作是纷繁的，"树欲静而风不止"。回溯往事，在当下这样一个浮躁与浮夸的社会中，做一个坚守自己理想与信念的小学语文教研员，实在不容易。人生朝露，事业千秋。抚今思昔，守望教研，一路高歌，"此心到处悠然"。

一、做一名学习型的教研员

"文化大革命"肇始那年，我读高二，至今没登过大学的门槛，"高中肄业"便是我一生中的最高学历，是一个地地道道的"土八路"。"土八路"做教研员，"土枪"加"土炮"，既缺少理论支撑，又无良好的学业修养。虽然此前我教过几年书，但那毕竟是村小学的民办教师，乃井底之蛙。为了弥补先天不足，为了拥有"一览众山小"的从容与自信，必须先学，多学，厚学。为此，我把读书当成我人生的头等大事，刻苦修炼，不断充盈自己的文化底气。

读书得有书，书籍哪里来？买。为了买书，我外出开会时抽时间跑书店，外出讲学时抢时间逛书店，外出办事时挤时间找书店。这一辈子，在衣、食、住、行上，我舍不得花钱，我出差常常是乘火车坐硬座，坐轮船买散席，住旅店睡加床。但是，不管走到哪里，只要见到用得着的书，不管多少钱，我非把它买到手不可。一次，我去昆明讲学，在哈尔滨上火车的时候，想买点水果，一打听，非常贵。正当我犹豫不决之际，一位小摊主看出了我的心思，指着一纸壳箱子烂梨说："师傅，您给五毛钱全拿去。"俗话说，"烂梨不烂味"。我付了五毛钱，捧着一纸壳箱子烂梨，找了一个没人的地方，用小刀做了精心的"处理"。在车上，开始我偷偷摸摸地吃，因为不好意思。后来我大大方方地吃，梨是我花钱买的，怕什么？最后我是狼吞虎咽地吃，不吃全烂了。就这样，从哈尔滨到昆明，"八千里路云和月"，我花了五毛钱，吃了一路水果。归来时，我在北京图书大厦购了五百多元钱的教学用书。这五百多元钱的书，我既没有邮寄，也没有托运，而是上车下车硬扛回哈尔滨。我觉得，印在纸上的文字，从来就有魔力，能使人上天入地，博览古今。守着一堆书过日子，是幸福的。

读书需要时间，时间哪里有？挤。时间是一个无头无尾的系列，昨天已经逝去，明天还没到来，可以抓得住的就是今天。我常这样想，补昨天之非，创明日之是，必须通过今天的努力；要想今天胜过昨天，明天又胜过今天，也只有努力于今天。因此，我给自己规定读书时间定额：每天一小时。在正常情况下，每天保证一小时学习，这是可以办得到的，在非正常情况下，我也尽量完成读书的时间定额。一次，我去四川丰都开会，在成都换车时，有点空闲时间，本应当到诸葛亮的武侯祠参观游览一番，好好感受一下"丞相祠堂何处寻，锦官城外柏森森"的幽雅环境，赏梅凭吊这位"三顾频烦天下计，两朝开济老臣心"的孔明先哲。可是，我的脚步却迈向了四川图书馆，在那里坐了一下午，查了三个多小时的文献资料。有失有得，我失去了一次了解祖国文化遗产的机会，而得到的是对中西部现代语文教育的切身感受。

这里我特别提及的是，开始我读书不成体统，属"杂学"类，五方四部、三教九流、杂文小说、名人传记、经史子集、唐诗宋词、天文地理，无所不及。虽然有些书并没有真正读懂，囫囵吞枣，不求甚解，但这种"蜜蜂采蜜"式的阅读，对开阔我的视域确实大有裨益。后来，随着年龄的增长和阅历的丰富，我喜欢吃"史"

了，如《中国语文教育史纲》《中国小学语文教学史》《中国现代语文教育发展史》《小学语文教材简史》《中国当代教育实验史》等。学习这类知识，对语文教学与研究有一种历史厚重感。有很多东西我们以为是创新，实际上仅仅是继承而已。几十年前，几百年前，甚至上千年前，前辈关于母语教育的见地已经鞭辟入里，经验十分成熟，而我们还在绕弯子，争来吵去，玩弄名词术语，实在可笑。

二、做一名实践型的教研员

不下水，一辈子不会游泳；不扬帆，一辈子不会驾船。实践是一切智慧的源泉。教研员如果长期脱离教学实践，不介乎其中，不身体力行，就会对一定的时间和空间的课堂要素及其组合感到陌生，最终，教研员将会因为自己的肤浅而懊悔，而悲哀。为此，我从做教研员那天起，就坚持上"下水课"。

记得，那是1980年4月间，我带领一名青年教师到省里参加小学语文教学大赛。会场设在影剧院，有上千人参加活动。由于这位教师赛前偶感风寒，参赛时病情加重，上完《司马光》第一课时就倒下了。她面色苍白，有气无力地对我说："白老师，我实在坚持不住了，放弃吧！"学生在台上焦急地等待着，评委反复催促说："如果第二节不上，就取消竞赛资格。"救场如救火，我作为指导教师，不能让学生失望地离开舞台，更不能让这节即将成功的语文课堂前功尽弃。在这千钧一发的关键时刻，我登上了讲台，站在学生面前，面带微笑，用温和的语气说："小朋友们，这节课咱们接着学习《司马光》。"学生惊呆了，台下哗然了。"变了！变了！刚才是个女的，现在变成了男的；刚才是个矮的，现在变成了高个的；刚才是个长头发的，现在变成了短头发的。"听课的老师在七嘴八舌议论着，整个会场乱成了一锅粥。于是，我顺着教者的教路和学生的学路，再加上自己对教材的一些感受，读读讲讲，读读画画，读读议议，读读练练，读读背背，很顺利地上完了这节课。评委当场亮分，没想到竟获得了一等奖。有位专家说："这堂课，不是狗尾续貂，而是锦上添花。整堂课以读为主，'读'占鳌头，'读'具匠心，'读'出心裁，'读'领风骚，读有目标，读有指导，读有层次，读有质量。老师把课上得如此简单，实在是一种智慧，一种艺术，一种能耐。"对于这样的评价我实在不敢当。三十多年前的那节课，用现在流行的话说，就是顺学而教，尊重主体，在预设与生成过程中注重三维目标的整合。从此，一发不可收，一有时间，我便出现在学生中间。

　　有一次，我根据叶圣陶先生的"天地阅览室，万物皆书卷"思想，给学生上了一堂课外活动课，题目是《春游诵春诗》。

　　一个阳春三月的下午，课外活动时间到了。迎着清脆的钟声，我满面春风地走进教室："同学们，春天，这是令人神往的季节，大地复苏，万象更新。今天，咱们一起到城外踏青，观察大自然，看谁能触景生情，将眼前的景物准确地与大家在课内外学过的古诗联系在一起。"

　　城外，刚下过一阵春雨，空气格外清新。同学们跑啊、跳啊，快活极了。不知是谁大声朗诵道："胜日寻芳泗水滨，无边光景一时新。"同学们报以热烈的掌声。一个女生凝眸远望，沉思片刻，旋即低声吟诵："天街小雨润如酥，草色遥看近却无。"可不是吗？远远地望去，大片土地微露绿色，可是走近一看，枯黄的草茎还不少，似乎找不到什么绿色的草。学生观察得多细致啊！接下去是一个男生高亢的声音："离离原上草，一岁一枯荣。野火烧不尽，春风吹又生。"每年野草都有一次枯萎，也有一次繁茂，岁月常新，野草常在，这就是大自然的客观规律。学生认识得多深刻啊！同学们顺着羊肠小道徜徉，来到一棵刚刚抽芽的柳树旁边，我问道："贺知章的《咏柳》诗你们还记得吗？"学生们异口同声地背诵："碧玉妆成一树高，万条垂下绿丝绦。不知细叶谁裁出，二月春风似剪刀。"春风像一把看不见的神奇的剪刀，剪出这满树碧玉般的嫩叶。是春风使万木嫩绿多姿，生机勃勃，是春风把大地打扮得如此美丽动人。学生捕捉得多准确啊！同学们又来到一条小溪边，看见一群白鹅在水中嬉戏，便脱口而出："鹅，鹅，鹅，曲项向天歌。白毛浮绿水，红掌拨清波。"学生游兴颇浓，到处寻找诗意。他们发现农家小院里的一株杏树正含苞待放，橘红色的蓓蕾缀满枝头。学生们齐声朗诵："春色满园关不住，一枝红杏出墙来。"归途，小鸟在梢头唧唧喳喳地叫个不停。这鸟的叫声又唤起学生的记忆："绿阴不减来时路，添得黄鹂四五声。"到了学校，我也用诗的语言做了巧妙的总结，说："春天在哪里？春在枝头，春在空中，春在小河，春在田野。'等闲识得东风面，万紫千红总是春。'"同学们沉浸在美好的回忆之中。

　　有人认为，这次活动课别开生面，体现了语文教学的外部规律。它得法于课内，得益于课外，课内与课外自然结合，学习语文同认识事物辩证统一。通过春游诵春诗的方式，这次活动课开阔了学生的视野，陶冶了学生的情感，同时也调动了他们的观察、记忆、想象、思维等智力因素，提高了学生感受美和鉴赏美的能力，满足了学生的创造欲，真是一举数得。

三、做一名服务型的教研员

教研工作是绿叶的事业，教研员的光荣在于甘为人梯，甘于奉献，使自己的才智成为广大教师的才智，以自己的心血融于名优教师的辉煌创造之中，与他们一道滋兰养蕙。尤其是进入新课程以后，教研工作重心下移，课题研究前移，教研员的角色发生了根本的变化。教研员不仅仅是课程标准的诠释者、教育理论的传播者、学科教研的引领者，而且更是教学工作的实践者、校本教研的参与者和教师发展的服务者。教研员要扎根学校，扎根课堂，通过听课、评课，充分发挥"中介"和"纽带"的作用，上及"天"下着"地"，在与教师交流与研讨中，发现新问题，探求新方法，谋求新发展，使教研工作落到实处。

先说听课。

43年来，我听课坐的位置前后是不一样的。

记得刚做教研员时，我听课习惯于面对授课教师而坐，听的、看的、记的、想的都是教师的行为，诸如教学目标是否明确，教学内容是否恰当，教学结构是否严谨，教学语言是否规范，教学方法是否灵活，教学手段是否先进，等等。我把听课的注意力几乎全部集中在教师身上，很少顾及学生的表现。

后来，我听课喜欢面向学生而坐，目的是便于关注学生的一举一动，听他们是如何回答问题的，看他们是如何参加小组讨论的，记他们是如何在接受"鱼"的同时得到"渔"的，思他们学习的主动性、积极性是如何发挥的。总之，我听课不但看教师怎样教，而且重点看学生是怎样学的。

走进新课程以来，我听课愿意坐在学生中间，这样，可以有效地观察学生的学习情况，全面接受和综合处理信息，在零距离的接触中，还能与学生真诚平等地交流。有时发现教师讲课出现错误，可以机敏地借机亲自跟学生交往互动，使课堂气氛更加和谐融洽。

上课是艺术，听课也是艺术；上课不是演戏，听课也不是看戏。如果说上课的本质在于开发学生的生命，那么听课艺术的真谛在于对学生真切的眷注。

再说评课。

教研员面对的教师群体是庞大的、多元的，教研员应以海纳百川的胸怀，在评课中坦诚开放，尊重多样，悦纳异己。

我喜欢用互动的评课方式，先请执教者谈谈自己的教学设计，然后我再以商量的口吻与其促膝谈心，平等交流，允许教师解释、说明，甚至申辩，通过你来我往的交谈切磋，真诚地帮助教师不断成长。

评课要因人而异，切忌程式化。对待老教师要尊重，持虚心态度，抱着学习的心理。对于有多年教学经验的中年教师，要把评课的重点放在教学指导思想方面，对于一般性的问题可以讲得概括一点，不要不厌其烦地谈论教学细节问题，同时要帮助其总结经验，并使之上升为理论性的东西。对待刚参加工作的年轻教师，要细心指导，持扶持态度，评课要具体，可以就教学细节提出具体的改进意见或努力方向，但不要求全责备，可结合实际讲一些教学理论问题，并注意不宜太多太深。

评课应做到以下几点。第一，言之有据。以课程标准和经典的教育著作为依据，切忌信口开河。第二，直面文本。必须以文本为依据，不要脱离文本泛泛而谈。第三，大处着眼，小处着手。要以"小"说"大"，从教学细节入手，分析教学规律的运用，要求"优点说透，缺点不漏，方法给够"。第四，要有重点，切忌吹毛求疵。有的教师在听课时往往抓不住课堂教学中的要害问题，总喜欢对教学中出现的偶发性错误抓住不放，这是一种舍本逐末的做法。

对于评语的使用最好选用老师们易于接受的语言，例如，提建议时多用如果能、还可以、最好能、就更好、可适当地、需加强等词语，相信老师们会更爱听。适当的善意的诙谐调侃也是评课的调味剂。

在建设开放而有活力的语文课程中，为营造一片朗朗晴空、耕耘一方茵茵绿洲、发掘一泓汩汩清泉，我和广大教师一起搜集资料，一起编写校本教材，一起制订科研计划，几乎没有双休日和节假日。为教师服务，或专题报告，或跟进培训，或现场指导，或专业咨询，有效地转变了教师的教学行为和学生的学习方式。说实在的，在与广大教师同伴互动中，也提升了我的人生价值。

随着年龄的增长，我更加深知，教育事业必然是长江后浪接前浪、长江后浪推前浪、长江后浪超前浪。培养青年教师责无旁贷，乐做青年教师攀登的阶梯，是我追求的境界。四十多年来，我先后带过百余名研习生和徒弟，经过培养及其个人的努力，他们都有了很大进步。有的成长为特级教师，有的担任了学校的领导，有的在全国教学大赛中获奖，有的搞起了教育科研……看到他们的进步，我感到无比的欣慰。

四、做一名研究型的教研员

教研员是教学研究的先行者，是教育理论的普及者，是校本教研的合作者，是新课程理念的共同实践者。教研员要努力提高自身的科研能力，真正成为本专业领域新知识、新技术、新方法、新理念的代表。在这方面，我有两点做法。

第一，努力开创独具魅力的网上教研文化。

关于互联网，我是后知后觉之人，2005年才开博客。在浩瀚的网络世界里，有人给我圈了一块地，盖起了一座温馨的小屋。从此，我便有了自己的博客。鼠标连广宇，键盘敲古今。栖居博客中，是精神的皈依，是灵魂飞翔的领地，是生命自由的天地。有时一天没打开电脑我就觉得忽忽若有所失。在网络世界里，恰似老子在《道德经》中指出的一样，"不出户，知天下，不窥牖，见天道"。只要打开网络，关于教育的理念与实践、思考与探索、尝试与指导扑面而来。

我的博客名曰"白金声语文网志"。之所以起这样一个名字，源于自己内心深处对语文教学"剪不断，理还乱"的情愫。使用我自己的真实名字，而不是匿名或者笔名，可以让别人更信任，让自己更负责任。个性是灵魂，特色是动力，不怕另类，就怕同质；不怕狭窄，就怕芜杂。于是我就用了"白金声语文网志"这个名字。

建立网页不到半年，被称为第四种网络交流方式给我带来了"坐地日行八万里，巡天遥看一千河"的快感。朋友五湖四海，声音四面八方，访问者几十万，留言者、回复者上千，有褒有贬，有扬有抑，各说杂陈，不一而足。在坦诚的交流中，提起了我的精、气、神；在智慧碰撞中，我这个老顽童竟变得如此美丽、可爱。

每天晚上，我坐在电脑前，移动鼠标，敲击键盘，在全新的虚拟化与人性化的公共空间里与趣味相同的访客探讨交流，感到十分惬意。在网上，我与农垦建三江的网友讨论"教师下水"问题，首次接受膜拜，感到坐立不安。他说："作为一名垦区教师，以前哪有机会和外面的专家交流，即便是参加培训也只是远远地看一眼听一下罢了。时下能在网上与名师对话，收获颇丰。"网友小草给我发帖子，我们各执一词，就"古诗教学"问题展开争论，唇枪舌剑，好不痛快。

博客，是我梦开始的地方。博客光阴转瞬间在指尖流过十多年了。在无限的网域中，装着我的七情六欲、喜怒哀乐和冥思苦想；在咫尺万里、一瞬百年间，修炼自己的职业与生命的素养。它改变了教研行走方式，也给我退而不休的生活带来了无数乐趣。

第二，用钻劲、挤劲、韧劲搞教育科研。

我认为，教研离不开科研。教研靠科研提升，科研靠教研落实，经验型教研需要科研引领，玄奥式科研需要教研转化。教研员的事业在基层，课题、活动乃至成果要回归学校，回归教师。

开始搞教育科研时，我也遭遇了"方法误区"，看着什么课题呀，假设呀，自变量、因变量、信度、效度等一套又一套的规矩，实在头晕。后来我明白了，教育科研其实并不那么神秘，就是选择一个题儿，确定一个法儿，根据一个理儿，写出一篇文儿。这就是我的教育科研观。问题即课题，教学即研究。在教育教学改革中，重点、难点、热点、疑点问题常常是我思考的问题。选题要小一点，近一点，实一点，精一点，要把大题做小，把小题做大，做有用有效的教育科研。可以这样说，我对教育科研不离不弃，竭尽驽钝，不懈实践，不断探索，不辍研究，真正达到了"此情无计可消除，才下眉头，却上心头"的境地。"江湖夜雨十年灯"，在日积月累中，43 年，我先后出版了《小学语文教学新探》《实用语文教学法》《小学语文教学心理学》《作文知识与小学作文教学》《语文德育渗透艺术》《小学古诗教学理论与实践》《小学语文课堂教学艺术》《家庭语文教学艺术》《教师必备的 10 项修炼》《怎样当老师，怎样教语文》《小学语文教学关键问题精解》《我为语文而来——白金声教学艺术》《小学语文教学新体系》《中国语文教育五千年》《讲台上的智慧——跟名家名师学教语文》《相伴语文》等二十余本教学专著。

有人问我："白老师，您又上课，又搞研究，又经常外出讲学，还写了那么多的书，哪来的时间？"我说，我搞研究和写东西都是有感而言，有积而发，有思而作。至于时间，还是鲁迅先生说得有道理：时间，就像海绵里的水，只要你愿意挤，总还是有的。一天 24 小时，除了 8 小时正常睡眠之外，其余时间我几乎都在"干活"。上班抓事务，下班搞业务，这是我的习惯，也是我的生活方式。孔子做学问，常常达到了"发愤忘食"的程度。我不敢与孔老夫子相比，只是学习。有时我伏案备课，仰面沉思，埋头爬格子，真忘了吃饭，乃至爱人和孩子千呼万唤，才清醒过来。有时激情提起我的精、气、神，使我心血来潮，灵感突发，不能自已，常常夜半时分披衣而起，凌晨三点奋笔疾书。我的许多文章就是在这种状况下写出来的。说实在的，开始写作的时候，我不懂得为文之道，行文之法，尽管有时日吐千言，怎奈笔力不够，常常自觉满纸荒唐。后来，在朋友的启发下，我练习把文字压缩、捶扁、拉长、磨利，在撕开拼拢折来叠去中，逐渐掌握了一些码字的规律和方法。

43年来，我心无旁骛，虔诚一念，尤其是在教育教学理论思潮多元化的今天，处于互联网、云计算、大数据时代，我只是一个草芥之辈。一介凡夫俗子，能"不畏浮云遮望眼"，将职业作为事业去完成，将事业作为专业去研究，将专业作为科学去探究，将科学作为艺术去追求，在追梦中，实现了自己的人生价值，于愿已足矣。

扯得太远了，到此打住。再简单说说这本书稿。

在我的书房里，有多本由北京师范大学出版社出版的"教育家成长丛书"。这套丛书都是名师写的，主编张新洲。教育家顾明远在总序中写道："'教育家成长丛书'，旨在把我们本土教育实践中蕴含的中国智慧提炼出来，从而形成具有时代意义的中国特色教育话语体系，再以此去观照、引领、改造中国的教育实践，为伟大的教育改革提供经验、理论支持，也为未来的教育家提供丰富、可资借鉴的精神养料。"读丛书，想嘱托，于是乎，我也想写一本书，讲一讲自己的成长故事。

一年半的时间，书稿形成了，又沉淀了一个月，我便与张新洲联系。他非常热情，说要看看书稿。既是造化，又是缘分，这一看不要紧，相中了。不长的时间后，他就把书稿转给了策划编辑伊师孟。

在这五谷丰登的季节里，《白金声与小学语文教研艺术》问世了。感谢张新洲的青睐与厚爱，感谢倪花、伊师孟的热情襄助！另外，对张柳然付出的诸多辛苦，我当铭记五内。希望这本书能得到更多的识者批评指正，网上留言请搜索白金声，我的公众号是 bjs-1947。

白金声
己亥秋日于哈尔滨天地书斋